职业教育校企合作精品教材

Photoshop 综合实训项目
——商业广告制作

主　编 ◎ 何军
副主编 ◎ 洪琦　向夕阳
参　编 ◎ 袁晓丽　张雨潇　田倩

电子工业出版社
Publishing House of Electronics Industry
北京·BEIJING

内 容 简 介

本书紧密结合当前广告行业的发展趋势和需求，通过大量的实际案例和详细的操作步骤，帮助学生掌握使用 Photoshop 软件进行商业广告设计与制作的专业技能。本书共 8 章，内容涵盖汽车、房地产、食品、电子产品、服装、杂志、公益及画册书籍等多个领域的广告设计，旨在培养学生的设计思维、创意思维和技术能力。

本书可作为中等职业学校广告设计、计算机平面设计、视觉艺术等相关专业的教学用书，也可供广告设计领域的从业人员参考学习。

未经许可，不得以任何方式复制或抄袭本书之部分或全部内容。
版权所有，侵权必究。

图书在版编目（CIP）数据

Photoshop 综合实训项目 ：商业广告制作 / 何军主编. -- 北京 ：电子工业出版社, 2025. 1. -- ISBN 978-7-121-49368-3

Ⅰ. F713.81-39

中国国家版本馆 CIP 数据核字第 2024GV3139 号

责任编辑：寻翠政
印　　刷：天津千鹤文化传播有限公司
装　　订：天津千鹤文化传播有限公司
出版发行：电子工业出版社
　　　　　北京市海淀区万寿路 173 信箱　邮编　100036
开　　本：880×1 230　1/16　印张：15　字数：307.2 千字
版　　次：2025 年 1 月第 1 版
印　　次：2025 年 3 月第 2 次印刷
定　　价：59.00 元

凡所购买电子工业出版社图书有缺损问题，请向购买书店调换。若书店售缺，请与本社发行部联系，联系及邮购电话：（010）88254888，88258888。

质量投诉请发邮件至 zlts@phei.com.cn，盗版侵权举报请发邮件至 dbqq@phei.com.cn。

本书咨询联系方式：（010）88254617，luomn@phei.com.cn。

前言

在当今视觉信息爆炸的时代，广告作为传递信息的重要手段，其设计质量直接影响信息的传播效果和品牌形象的塑造。本书基于广告设计行业对高质量视觉作品的迫切需求，以及 Photoshop 软件在该领域的广泛应用而编写，旨在帮助读者通过系统学习，掌握商业广告设计与制作的核心技能。

本书共 8 章，内容涵盖了汽车、房地产、食品、电子产品、服装、杂志、公益及画册书籍等多个领域的广告设计。本书采用实践导向的教学方法，注重实践与综合应用。每章围绕特定的广告领域展开，通过详细的作品介绍、设计思路、设计步骤等环节，使读者能够在实际操作中学习并掌握相应的设计技能。同时，本书重视创意思维的培养，鼓励读者将技术知识与个人创意相结合，创作出既专业又具有独特魅力的作品。

本书由何军担任主编，洪琦、向夕阳担任副主编，袁晓丽、张雨潇、田倩参与了本书的编写，四川省第三批省级紧缺领域教师技艺技能传承创新平台计算机平面设计工作室的罗顺良老师协助完成本书的编写工作。其中，何军完成前言和每章概述部分的编写，洪琦完成第 1 章和第 2 章的编写，向夕阳完成第 3 章和第 7 章的编写，袁晓丽完成第 6 章和第 8 章的编写，张雨潇完成第 4 章的编写，田倩完成第 5 章的编写。全书由何军负责统稿并对配套数字资源进行整理。

为方便教师教学，本书配备了 PPT 课件、教学指南、素材、源文件、效果图等教学资源，有此需要的读者可登录华信教育资源网后免费下载使用。

由于编者水平有限，书中难免存在不足之处，敬请广大读者批评指正。

编 者

目 录

第 1 章 汽车广告 001

1.1 汽车广告漫谈 003
1.1.1 汽车广告 003
1.1.2 汽车广告制作基础知识 003
1.1.3 汽车广告的设计与制作 005
1.1.4 拓展内容 005

1.2 案例一 时尚风格汽车广告 007
1.2.1 作品介绍 007
1.2.2 设计思路 008
1.2.3 设计步骤 009

1.3 案例二 环保汽车广告 019
1.3.1 作品介绍 019
1.3.2 设计思路 021
1.3.3 设计步骤 021

1.4 本章实训 031

第 2 章 房地产广告 034

2.1 房地产广告漫谈 036
2.1.1 房地产广告 036
2.1.2 房地产广告制作基础知识 036
2.1.3 房地产广告的设计与制作 038
2.1.4 拓展内容 038

2.2 案例一 现代风格房地产广告 040
2.2.1 作品介绍 040
2.2.2 设计思路 041
2.2.3 设计步骤 042

2.3 案例二 欧式风格房地产广告 051
2.3.1 作品介绍 051
2.3.2 设计思路 051
2.3.3 设计步骤 052
2.4 本章实训 061

第3章 食品广告 063

3.1 食品广告漫谈 065
3.1.1 食品广告 065
3.1.2 食品广告制作基础知识 065
3.1.3 食品广告的设计与制作 067
3.1.4 拓展内容 067
3.2 案例一 燃情可乐广告 073
3.2.1 作品介绍 073
3.2.2 设计思路 074
3.2.3 设计步骤 075
3.3 案例二 水果广告 083
3.3.1 作品介绍 083
3.3.2 设计思路 084
3.3.3 设计步骤 084
3.4 本章实训 092

第4章 电子产品广告 094

4.1 电子产品广告漫谈 096
4.1.1 电子产品广告 096
4.1.2 电子产品广告制作基础知识 096
4.1.3 电子产品广告的设计与制作 098
4.1.4 拓展内容 098
4.2 案例一 智能手环广告 102
4.2.1 作品介绍 102
4.2.2 设计思路 103
4.2.3 设计步骤 104
4.3 案例二 笔记本电脑广告 114
4.3.1 作品介绍 114

		4.3.2 设计思路	115
		4.3.3 设计步骤	115
	4.4	本章实训	124

第 5 章　服装广告 …… 126

- 5.1 服装广告漫谈 …… 128
  - 5.1.1 服装广告 …… 128
  - 5.1.2 服装广告制作基础知识 …… 128
  - 5.1.3 服装广告的设计与制作 …… 130
  - 5.1.4 拓展内容 …… 130
- 5.2 案例一　旗袍广告 …… 133
  - 5.2.1 作品介绍 …… 133
  - 5.2.2 设计思路 …… 134
  - 5.2.3 设计步骤 …… 135
- 5.3 案例二　运动鞋广告 …… 141
  - 5.3.1 作品介绍 …… 141
  - 5.3.2 设计思路 …… 143
  - 5.3.3 设计步骤 …… 143
- 5.4 本章实训 …… 152

第 6 章　杂志广告 …… 154

- 6.1 杂志广告漫谈 …… 156
  - 6.1.1 杂志广告 …… 156
  - 6.1.2 杂志平面广告制作基础知识 …… 156
  - 6.1.3 杂志平面广告的设计与制作 …… 157
  - 6.1.4 拓展内容 …… 158
- 6.2 案例一　旅游风格杂志广告 …… 159
  - 6.2.1 作品介绍 …… 159
  - 6.2.2 设计思路 …… 161
  - 6.2.3 设计步骤 …… 161
- 6.3 案例二　电商促销广告 …… 170
  - 6.3.1 作品介绍 …… 170
  - 6.3.2 设计思路 …… 171
  - 6.3.3 设计步骤 …… 172

6.4　本章实训 ... 179

第 7 章　公益广告 ... 181

7.1　公益广告漫谈 ... 183
- 7.1.1　公益广告 ... 183
- 7.1.2　公益广告制作基础知识 ... 183
- 7.1.3　公益广告的设计与制作 ... 185
- 7.1.4　拓展内容 ... 186

7.2　案例一　世界森林日公益广告 ... 188
- 7.2.1　作品介绍 ... 188
- 7.2.2　设计思路 ... 189
- 7.2.3　设计步骤 ... 190

7.3　案例二　节约用水公益广告 ... 196
- 7.3.1　作品介绍 ... 196
- 7.3.2　设计思路 ... 197
- 7.3.3　设计步骤 ... 198

7.4　本章实训 ... 205

第 8 章　画册书籍广告 ... 207

8.1　画册书籍广告漫谈 ... 209
- 8.1.1　画册书籍广告 ... 209
- 8.1.2　画册书籍广告制作基础知识 ... 209
- 8.1.3　画册书籍广告的设计与制作 ... 211
- 8.1.4　拓展内容 ... 211

8.2　案例一　卡通风格书籍封面设计 ... 214
- 8.2.1　作品介绍 ... 214
- 8.2.2　设计思路 ... 215
- 8.2.3　设计步骤 ... 216

8.3　案例二　企业画册设计 ... 222
- 8.3.1　作品介绍 ... 222
- 8.3.2　设计思路 ... 223
- 8.3.3　设计步骤 ... 224

8.4　本章实训 ... 230

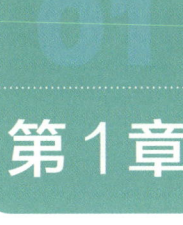

第1章

汽车广告

　　广告作为重要的商业宣传手段之一,在现代社会中扮演着举足轻重的角色。随着汽车市场的竞争日益激烈,汽车广告不仅需要传达产品的基本信息,更需要通过创意和设计来吸引消费者的目光,提升品牌形象和产品销售。

　　在本章,我们将深入探讨汽车广告的设计与制作。通过学习Photoshop软件的基本操作和技巧,学生们将能够掌握汽车广告制作的基本流程和技术,了解广告设计的原则和技巧,提高自己的设计能力和创意思维。

学习目标

🏆 知识目标

1. 掌握 Photoshop 的基本功能和特点，理解其在汽车广告设计中的应用价值。
2. 学习汽车广告设计的基本理论，包括广告创意、广告构图、色彩搭配等。
3. 熟悉汽车广告中常用的特效处理技巧，如光影效果、动感模糊等。

📝 技能目标

1. 能够熟练运用 Photoshop 的各种工具，如画笔工具、钢笔工具、形状工具等，进行汽车广告的设计和制作。
2. 掌握汽车广告中常见的特效处理技巧，能够独立完成汽车广告的设计和制作任务。
3. 能够与其他设计软件（如 Adobe Illustrator）配合使用，提高广告设计的整体效果。

📋 素质目标

1. 培养学生的创意思维和审美能力，提高其对汽车广告设计的敏感度和洞察力。
2. 培养学生的团队合作精神和沟通能力，使其能够更好地与团队成员协作完成广告设计任务。
3. 培养学生的职业素养和责任心，使其能够认真对待每一个广告设计任务，并注重细节和品质。

1.1 汽车广告漫谈

1.1.1 汽车广告

汽车广告是一种市场营销手段，主要用于推广和宣传汽车产品、品牌或服务。其主要目标是通过各种媒体和平台吸引消费者的注意力，提升品牌的知名度与美誉度，并最终促进销售。汽车广告通常涵盖多种形式，包括电视广告、平面广告（如杂志、报纸和海报等）、网络广告（如社交媒体、视频平台和搜索引擎推广等），以及户外广告（如广告牌和公共交通工具上的广告等）。

1.1.2 汽车广告制作基础知识

1. 了解汽车广告的目的

汽车广告的目的在于向潜在消费者展示汽车的特点、优势和价值，以激发他们的购买兴趣。不同车型的广告侧重点各不相同，旨在满足各自目标市场的特定需求和偏好。

（1）轿车：广告通常强调其舒适性、操控性、燃油效率及设计美学，以吸引那些寻求日常通勤和家庭用车的消费者。

（2）SUV：广告侧重于其多功能性、越野能力和空间宽敞，旨在吸引那些需要应对各种路况和寻求更大载物空间的家庭。

（3）MPV（多用途车）：广告着重于其载客能力、舒适性和灵活性，适合那些有较多家庭成员或需要经常运送乘客的消费者。

（4）卡车：广告突出其载重能力、耐用性和工作效率，针对的是商业运输和工程行业的需求。

（5）公共汽车：广告强调其载客量、节能和环保特性，以及为城市交通提供的解决方案，吸引公共交通运营商和市政部门。

（6）传统燃油汽车：广告强调其功能特点、性能、燃油经济性和安全性能等优势。

（7）新能源汽车：广告侧重于其环保性、节能效果和技术创新，如电动汽车的零排放、混合动力车的高效节能等，以吸引环保意识强和追求新技术的消费者。

2. 熟悉汽车广告设计的原则

（1）真实性原则：广告内容应真实反映汽车的性能、特点和价格，避免夸大或虚假宣传。在设计中，应使用准确的数据和真实的车辆图片，确保消费者对产品有正确的预期。

（2）吸引力原则：广告应具有视觉冲击力，吸引目标消费者的注意力。设计时可以采用鲜明的色彩、独特的构图和创意的文案，以提高广告的吸引力。

（3）简洁性原则：信息传达要简洁明了，避免复杂难懂的设计。在广告中突出重点信息，如品牌标志、车型特点等，使消费者能够快速抓住广告的核心内容。

（4）目标性原则：广告设计应针对特定的目标市场和消费者群体。了解目标受众的喜好和需求，设计符合他们审美和兴趣的广告，以提高广告的针对性和有效性。

（5）合法性原则：遵守相关法律法规，不发布违法或违规的广告内容。在设计中避免使用可能引起误解或争议的元素，确保广告的合规性。

违背这些原则可能会产生以下不良效果。

（1）如果广告内容不真实，可能会误导消费者，损害品牌形象，甚至引发法律纠纷。

（2）缺乏吸引力的广告可能无法引起消费者的兴趣，导致广告效果不佳。

（3）过于复杂的设计可能会使信息传递不清晰，消费者难以理解广告的真正意图。

（4）不考虑目标受众的广告设计可能无法引起目标消费者的共鸣，降低广告的转化率。

（5）违反法律法规的广告可能会被禁止发布，损害企业声誉，甚至面临罚款等严重后果。

3. 掌握 Photoshop 基本操作

汽车广告图像处理技巧和特效制作方法包括以下 10 个方面。

（1）色彩调整：使用图像编辑软件调整汽车的色彩饱和度、对比度和亮度，以突出汽车的质感和光泽。

（2）清晰度增强：通过锐化工具提高图像的清晰度，使汽车的细节更加鲜明。

（3）光影效果：模拟自然光线或创造特定的光影效果，增强汽车的立体感和动态感。

（4）背景处理：选择与汽车风格相匹配的背景，或者通过合成技术将汽车放置在理想的环境中。

（5）特效添加：运用特效滤镜或手动绘制效果，添加如光晕、火焰、烟雾等动态效果，提升视觉冲击力。

（6）修图技巧：去除不必要的瑕疵，如污点、划痕等，使汽车看起来更加完美。

（7）透视校正：确保汽车在图像中的透视关系正确，避免因拍摄角度导致的变形。

（8）合成技术：将汽车与不同元素合成，如赛道、城市景观等，以增强广告的场景感。

（9）动态模拟：通过连续帧的图像处理，模拟汽车的运动效果，如行驶、转弯等。

（10）3D渲染：利用3D建模和渲染技术，创建汽车的虚拟图像，以展示汽车的各个角度和细节。

1.1.3　汽车广告的设计与制作

汽车平面广告的设计与制作主要包括以下10个阶段。

（1）市场调研：了解目标市场、竞争对手及潜在消费者的需求和偏好。

（2）创意构思：基于调研结果，构思广告的主题和创意，确保与品牌形象和市场定位相符。

（3）草图设计：绘制广告的初步草图，包括汽车的摆放位置、背景元素和文字布局。

（4）素材准备：收集或拍摄所需的汽车图片和背景素材，确保图片质量高且符合广告主题。

（5）图像处理：使用图像编辑软件对素材进行处理，如调整颜色、对比度、亮度等，以增强视觉效果。

（6）文字排版：设计广告中的文字内容和排版样式，确保信息传达清晰且吸引人。

（7）整体布局：将处理好的图像和排版好的文字进行整合，形成完整的广告设计。

（8）审核修改：提交给客户或团队审核，根据反馈进行修改和优化。

（9）最终输出：完成所有修改后，输出最终的广告设计文件，准备用于印刷或数字媒体发布。

（10）发布与评估：将广告发布到指定的平台，并跟踪其效果，收集数据进行评估和后续改进。

1.1.4　拓展内容

（1）如何处理客户提供的实体图片进行排版？

A 操作流程：打开如图 1-1-1 所示的汽车实体图片，在主体背后添加一层烟雾元素，效果如图 1-1-2 所示。这样的效果既突出主体，又增加了版面的层次感。最后在空白处添加文案，效果如图 1-1-3 所示。

图 1-1-1　汽车实体图片 1

图 1-1-2　添加烟雾元素效果　　　　　　图 1-1-3　添加文案及完成效果

图 1-1-4　汽车实体图片 2

B 操作流程：打开如图 1-1-4 所示的汽车实体图片，在背景中添加标题字母，效果如图 1-1-5 所示。将标题字母分布在主体周围，最后在空白处添加文案并调整背景颜色，效果如图 1-1-6 所示。

图 1-1-5　添加标题字母效果　　　　　　图 1-1-6　添加文案及完成效果

（2）如何处理客户提供的满版图片？

操作流程：打开如图 1-1-7 所示的汽车实体图片，使用色块覆盖图片，效果如图 1-1-8 所示。接着在色块上添加文案，如图 1-1-9 所示，最后露出一部分主体图片，完成效果如图 1-1-10 所示。

图 1-1-7　汽车实体图片 3

图 1-1-8　用色块覆盖图片效果

图 1-1-9　在色块上添加文案

图 1-1-10　完成效果

1.2　案例一　时尚风格汽车广告

1.2.1　作品介绍

这幅作品是一幅精心设计的汽车广告宣传海报，它以鲜明的视觉效果和丰富的信息内容，成功地吸引了潜在消费者的目光。

海报中央，一辆白色的 SUV 车型傲然展示，车身上的"雪佛克（SNOWFALK）"标志和文字彰显了品牌的独特魅力。车辆穿梭在沙地之间，扬起的沙尘如同波浪般翻滚，展现出强烈的动感和探险精神。这一设计不仅凸显了车辆的越野能力，还为品牌形象注入了力量与活力。

背景中的沙漠景观、岩石和远处的山脉，为整个画面增添了一份广阔与深远的感觉，不仅营造出一种自然与自由的氛围，也进一步提升了车辆的视觉冲击力。

在海报的顶部，"科技。生活。"四个大字赫然在目，这是对雪佛克品牌理念的高度概括。

"科技"代表了先进的技术和创新的思维,"生活"则寓意着舒适、便捷的驾驶体验。这两个词汇的结合,既展示了雪佛克汽车的技术实力,也传达了品牌对于生活品质的不懈追求。

四个大字的旁边是一系列详细的促销信息。从"新生代操控王"到"新科朗兹购车召集令 3",再到"强劲动力""运动操控"和"超低油耗"等具体描述,无不凸显了雪佛克新款SUV 的卓越性能和优越配置。这些信息的呈现,不仅让潜在消费者对车辆有了更深入的了解,也进一步增强了他们的购买兴趣。

最后,海报还提供了一个网址链接,方便感兴趣的消费者了解更多关于雪佛克品牌和产品的信息。这一设计既增加了海报的互动性,也为品牌提供了一个有效的线上推广渠道,作品效果如图 1-2-1 所示。

图 1-2-1　作品效果

1.2.2　设计思路

本作品的设计思路主要是围绕雪佛克 SUV 车型的特色和优势进行展现,以吸引潜在消费者的注意力并激发其购买兴趣。

首先,通过在海报中央展示 SUV 车型,直观地呈现出车辆的外观和姿态。白色的车身在沙地背景中显得格外醒目,行驶时扬起的沙尘强调了车辆的动感和越野性能。同时,沙漠、岩石和山脉的背景也为海报增添了一份探索和冒险的气息,与雪佛克 SUV 车型所倡导的户外运动和休闲生活方式相契合。

其次,海报上方的品牌标志和下方的宣传语"科技。生活。万元礼遇"构成了设计的核心。品牌标志的存在强调了雪佛克的品牌形象,而"科技。生活。"则传达出这款车具备先进的科技配置和贴合生活的实用功能,为消费者的日常生活带来更多便利和舒适。同时,"万元礼遇"则突出了购车的优惠信息,是吸引潜在消费者的重要因素。

此外,海报上的文字信息也起到了关键作用。通过详细介绍车辆的性能和特色,如强劲动力、运动操控、超低油耗等,进一步增强了消费者对雪佛克 SUV 车型的了解和信任。同时,提供网址和服务热线等联系方式,方便消费者获取更多信息并进行咨询和购买。

最后,整个海报的设计注重色彩搭配和排版布局,确保画面既醒目又美观。通过使用鲜明的色彩和对比强烈的字体,突出了海报的主题和重点信息,让消费者仅看一眼就能被其吸引。

综上所述,本作品的设计思路是通过展示雪佛克 SUV 车型的外观、性能和优惠信息,结合探索和冒险的背景氛围,以及醒目的色彩和排版设计,来吸引潜在消费者的关注并激发其购买兴趣。

1.2.3 设计步骤

1. 核心技能展示

- 应用"图层蒙版"命令合成融合图像
- 应用"钢笔工具"绘制路径
- 应用"高斯模糊"效果模糊图像
- 应用"曲线工具"提亮图像
- 应用"镜头光晕"模拟镜头反光效果
- 应用"椭圆工具"绘制圆形
- 应用"渐变工具"制作颜色渐变效果
- 应用"投影"图层样式制作投影
- 应用"文字工具"制作文字
- 应用"剪切蒙版"控制图层显示内容

2. 操作步骤

（1）打开 Photoshop 软件，执行"文件"→"新建"命令，在弹出的"新建文档"对话框中设置"宽度"为 70.6 厘米，"高度"为 50.6 厘米，"分辨率"为 150 像素/英寸，设置完成后单击"创建"按钮，如图 1-2-2 所示。

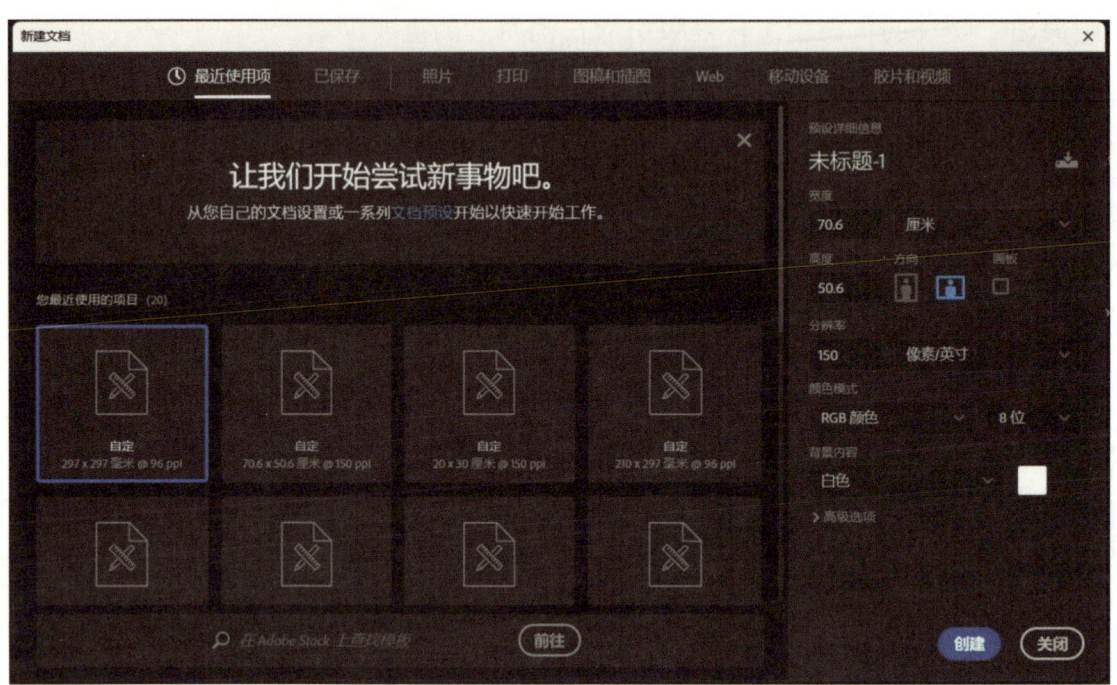

图 1-2-2　"新建文档"对话框

（2）执行"文件"→"打开"命令，在弹出的"打开"对话框中选择本章素材中的"背景 1.jpg"素材图片，如图 1-2-3 所示。

图 1-2-3　打开"背景 1.jpg"素材图片

（3）选择左侧工具栏中的"移动工具"，如图 1-2-4（a）所示。将素材图片拖动至背景图中，按"Ctrl+T"组合键执行"自由变换"命令，如图 1-2-4（b）所示，调整素材图片的大小，使其铺满背景，如图 1-2-4（c）所示。

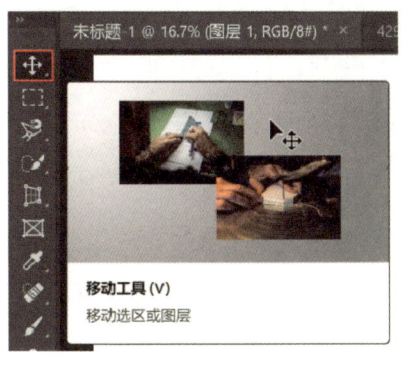

图 1-2-4（a）　移动工具　　　　　　　　图 1-2-4（b）　"自由变换"命令

图 1-2-4（c）　铺满背景 1

（4）执行"文件"→"打开"命令，在弹出的"打开"对话框中选择本章素材中的"背景 2.jpg"素材图片，选择左侧工具栏中的"移动工具"，将其拖动至背景图中，按"Ctrl+T"组合键执行"自由变换"命令，调整素材图片的大小，使其铺满背景，如图 1-2-5 所示。

（5）选择"图层 2"图层，并为其添加图层蒙版，如图 1-2-6（a）所示。再选择"图层 2"中的白色蒙版区域，在左侧工具栏中将前景色设置为黑色（#000000），如图 1-2-6（b）所示。选择左侧工具栏中的"画笔工具"，调整画笔工具大小，擦除背景多余的部分，保留右侧石头部分，效果如图 1-2-6（c）所示。

图 1-2-5 铺满背景 2

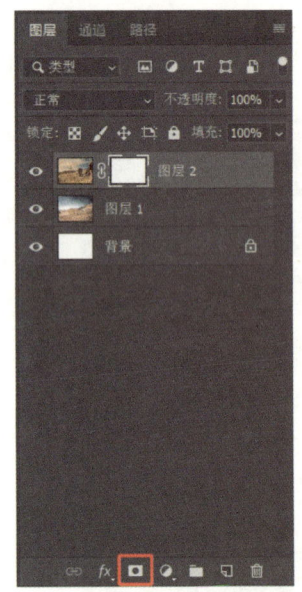

图 1-2-6（a） 添加图层蒙版

图 1-2-6（b） 设置图层蒙版前景色

图 1-2-6（c） 擦除背景图片效果

（6）执行"文件"→"打开"命令，在弹出的"打开"对话框中选择本章素材中的"汽车.png"素材图片，选择左侧工具栏中的"移动工具"将其拖动至背景图中，按"Ctrl+T"组合键执行"自由变换"命令，调整素材图片的大小及位置，效果如图1-2-7所示。

图1-2-7　调整素材图片大小及位置的效果

（7）执行"图层"→"新建"→"图层"命令，选择左侧工具栏中的"钢笔工具"，在参数栏中设置"形状"，"填充"为黑色（#000000），"描边"为无，如图1-2-8（a）所示。使用钢笔工具绘制出阴影选区，如图1-2-8（b）所示。执行"滤镜"→"模糊"→"高斯模糊"命令，在弹出的对话框中选择"转换为智能对象"选项，如图1-2-8（c）所示。在"高斯模糊"对话框中设置"半径"为25像素，设置完成后单击"确定"按钮，如图1-2-8（d）所示。

图1-2-8（a）　钢笔工具参数

图1-2-8（b）　使用钢笔工具绘制选区

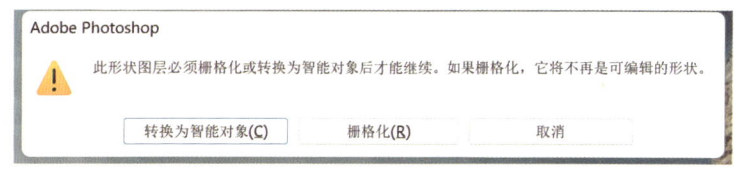

图1-2-8（c）　将图层转换为智能对象

图 1-2-8（d） 高斯模糊参数设置及效果

（8）执行"文件"→"打开"命令，在弹出的"打开"对话框中选择本章素材中的"流沙1.jpg"素材图片，选择左侧工具栏中的"移动工具"将其拖动至背景图中，单击图层选区中的"添加图层蒙版"按钮，为此素材图层添加蒙版。再选择左侧工具栏中的"画笔工具"，在属性栏中设置"画笔大小"为70像素，"不透明度"为80%，在"流沙1"素材图片的周围背景处进行涂抹，绘制流沙效果，如图1-2-9所示。

图 1-2-9 绘制流沙效果

（9）按"Ctrl+M"组合键执行"曲线工具"命令，在弹出的"曲线"对话框中设置流沙RGB数值"输入"为132，"输出"为155，设置完成后单击"确定"按钮，如图1-2-10所示。

（10）执行"文件"→"打开"命令，在弹出的"打开"对话框中选择本章素材中的"流沙2.jpg"素材图片，选择左侧工具栏中的"移动工具"将其拖动至背景图中，应用图层蒙版选出流沙部分，并叠放在"流沙1"图层上面。按"Ctrl+T"组合键执行"自由变换"命令，调整图片大小，设置图层混合模式为"滤色"，如图1-2-11（a）所示。执行"滤镜"→"渲染"→"镜头光晕"命令,在弹出的对话框中设置"镜头类型"为105毫米聚焦,"亮度"为100%,如图1-2-11(b)所示。流沙效果图如1-2-11(c)所示。

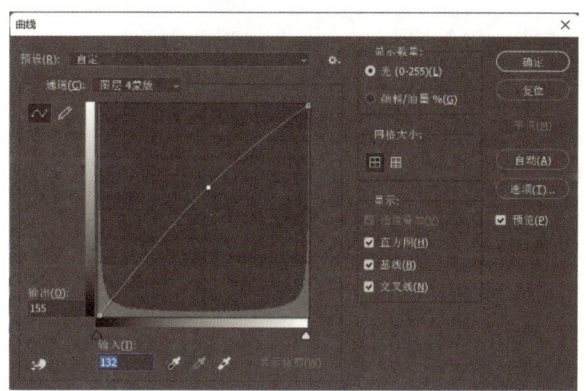

图 1-2-10 "曲线"对话框

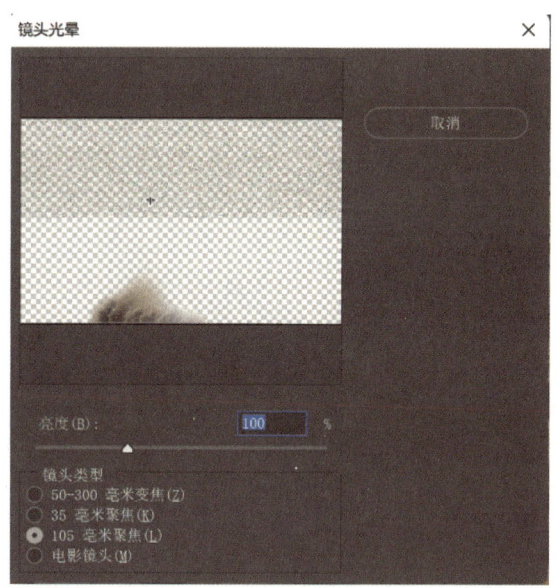

图 1-2-11（a） 图层设置　　　　　　　图 1-2-11（b） "镜头光晕"对话框

图 1-2-11（c） 流沙效果图

（11）选择左侧工具栏中的"椭圆工具"，按住 Shift 键绘制一个圆形，接着按"Ctrl+J"组合键执行"复制图层"命令复制一个圆形。选择第一个圆形，设置"颜色填充"为渐变颜色，如图 1-2-12（a）所示。选择复制的圆形，按"Ctrl+T"组合键执行"自由变换"命令将其缩小，然后再复制一个圆形并进行缩小操作。按住 Ctrl 键单击图层缩略图，调出最小圆形选区，把圆形中间部分删除，设置"颜色填充"为白色（#ffffff），添加图层样式为"投影"，设置"混合模式"为正片叠底，"颜色"为黑色（#000000），"角度"为 120 度，"距离"为 3 像素，设置完成后单击"确定"按钮，如图 1-2-12（b）所示。圆形 Logo 效果如图 1-2-12（c）所示。

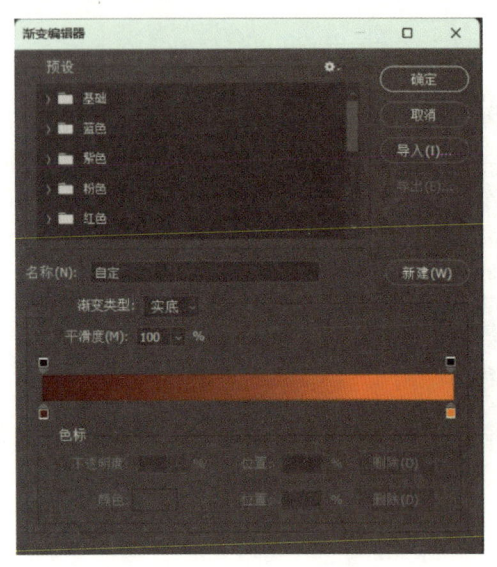

图 1-2-12（a） "渐变编辑器"对话框

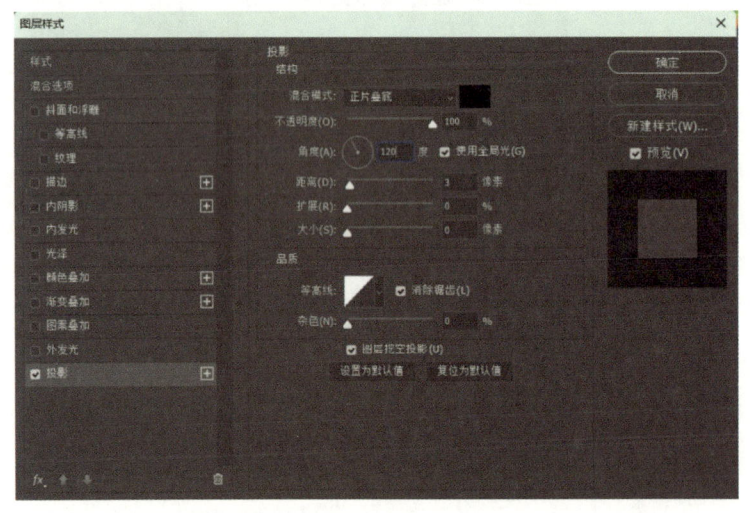

图 1-2-12（b） "投影"参数设置 1

图 1-2-12（c） 圆形 Logo 效果

（12）选择左侧工具栏中的"自定形状工具"，在"自定形状工具"选项栏中选择"形状"为五角星，在上一步操作的圆形 Logo 上绘制出五角星，设置"颜色填充"为白色（#ffffff），为其添加投影效果，设置"混合模式"为正片叠底，"不透明度"为 100%，"角度"为 120 度，"距离"为 3 像素，设置完成后单击"确定"按钮，如图 1-2-13（a）所示。按住 Alt 键，用鼠标拖动五角星图层，复制出三个五角星，按"Ctrl+T"组合键执行"自由变换"命令，调整五角星的大小及位置，如图 1-2-13（b）所示。

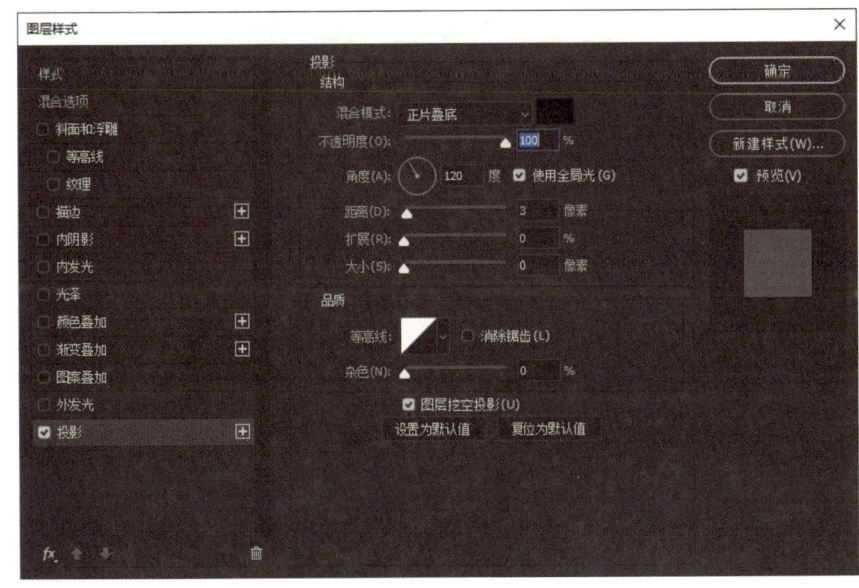

图1-2-13（a） "投影"参数设置2

图1-2-13（b） "五角星"效果

（13）选择左侧工具栏中的"横排文字工具",输入文字"jF",在"字符"面板中设置文字字体、字号,设置"颜色"为白色（#ffffff）,并将文字图层放置于最上层,文字Logo参数设置及效果如图1-2-14所示。

图1-2-14 文字Logo参数设置及效果

（14）选择左侧工具栏中的"横排文字工具",输入汽车品牌名称"雪佛克"及英文名"SNOWFALK",设置文字字体、字号,设置"颜色"为黑色（#000000）,使用工具栏中的"移动工具"将文字放置到合适的位置,如图1-2-15所示。

图 1-2-15　汽车品牌名称及英文名

（15）选择左侧工具栏中的"横排文字工具"，输入大标题"科技。生活。"，设置"大小"为 88 点，"颜色"为黑色（#000000）和红色（#c7000b）。在大标题右侧输入小标题文字内容，设置字体样式和大小。在大标题下方输入小标题文案，设置字体样式和大小。文案制作效果如图 1-2-16 所示。

图 1-2-16　文案制作效果

（16）选择左侧工具栏中的"矩形工具"绘制出一个正方形，放置在广告画面的右下角，按"Ctrl+J"组合键执行"复制图层"命令，复制出三个正方形，将本章素材中的"内饰.jpg"素材图片分别拖动至四个正方形中，使用"剪切蒙版工具"将素材图片剪切到正方形中。选择左侧工具栏中的"横排文字工具"，在四个正方形下方输入对应的文字，并调整文字位置，如图 1-2-17 所示。

图 1-2-17　汽车内饰介绍

（17）选择左侧工具栏中的"矩形工具"在海报的最下方绘制出一个矩形，设置"颜色填

汽车广告 第1章

充"为白色（#ffffff）。选择左侧工具栏中的"横排文字工具"，在矩形上输入对应的文字内容，从左到右依次是全国免费统一服务热线、网址及优惠内容，如图1-2-18所示。

图1-2-18 制作联系方式

（18）成品效果如图1-2-19所示。

图1-2-19 成品效果

1.3 案例二 环保汽车广告

1.3.1 作品介绍

在这幅环保汽车广告作品中，背景是广袤无垠的蓝色天空，它如同一块光滑的绸缎，悬挂于天际，几朵白云在其间悠然游走，为这宁静的画面增添了几分生动与活力。在这片天空的映衬下，一片翠绿欲滴的草坪铺展开来，仿佛是大自然最精致的绒毯，静静地等待着每一位观者的脚步。

在这片充满生机的草坪上，一辆两厢车静静地停驻着，它不仅是这幅画面中的主角，更是环保与科技的完美结合体。车身上充电接口的设计醒目而独特，无声地宣告着它新能源的身份，仿佛在低语："我是未来的使者，我用清洁能源驱动，为地球减负。"

在画面的中央，两行绿色文字赫然映入眼帘——"新能源环保汽车"，这些文字不仅是对这辆车最直接的描述，更是对环保理念的深情呼唤。文字旁边，一个小小的插头图标巧妙地点缀其间，既与车身上的设计相呼应，又进一步强化了新能源的主题。

在主体文字的下方，列举了"节能""低碳""环保"的理念，它们如同一个个坚定的誓言，宣告着这辆车所承载的使命与责任。这些绿色字体在阳光的照耀下格外醒目，仿佛在向世人展示着一个更加绿色、更加可持续的未来。

最后，"发展新能源·聚变新未来"几个字缓缓出现，它们不仅是对这幅广告作品的总结与升华，更是对未来的美好憧憬与期待。这句话告诉我们，只有不断推动新能源的发展，才能汇聚起改变世界的力量，共同创造一个更加繁荣、更加美好的明天。作品效果如图1-3-1所示。

图1-3-1　作品效果图

1.3.2 设计思路

在构思这则环保汽车广告时,我们的目标是营造一个清新自然、和谐共生的视觉环境,以此传递新能源汽车的环保理念及其对未来可持续发展的重要意义。背景以广袤无垠的蓝色天空为幕布,几朵悠闲的白云点缀其间,象征着纯净与高远。地面铺展着一片郁郁葱葱的绿色草坪,生机勃勃,体现了自然与生态的和谐共生。在这片绿意盎然之中,几片绿叶随风轻舞,它们在空中缓缓旋转,轻盈飘逸,增添了几分灵动与诗意,仿佛自然界也在为这一环保举措点赞。

画面中央,一辆设计时尚、线条流畅的两厢车静静停驻于草坪之上,它不仅是视觉的焦点,更是环保理念的载体。车身上的充电接口设计醒目而巧妙,无声地宣告着其新能源的身份,传递出零排放、低噪声的环保信息。这一细节设计不仅凸显了产品的技术先进性,更激发了消费者对于绿色出行方式的向往与认同。

在广告的主体部分,"新能源环保汽车"几个字以鲜明的绿色呈现,字体设计简洁而有力,既与背景色彩相协调,又凸显了广告的主题。绿色,作为环保与希望的象征,在这里被赋予了更深层的意义,它代表着我们对未来可持续发展的美好愿景。同时,插头图标的融入,进一步强化了新能源汽车的概念,使消费者一目了然地了解产品的核心卖点。

紧接着,"节能""低碳""环保"等理念被巧妙地置于主体文字下方,以简短有力的词汇,概括了新能源汽车相较于传统燃油车的显著优势。这些理念不仅是新能源汽车的核心竞争力所在,也是现代社会对于绿色出行方式的普遍共识。

最后,"发展新能源·聚变新未来"几个字,以更加宏观的视角,展望了新能源汽车行业的发展前景。它告诉我们,随着科技的进步和环保意识的增强,新能源汽车将成为未来出行的主导力量,为人类带来更加清洁、高效且可持续的出行方式。同时,"聚变"一词的运用,也寓意着新能源技术的不断突破与升级,将引领我们迈向一个更加美好的未来。

1.3.3 设计步骤

1. 核心技能展示

- 应用"图层蒙版"命令合成融合图像
- 应用"高斯模糊"效果模糊图像
- 应用"魔棒工具"选择对象

- 应用"曲线工具"调整图像明暗对比
- 应用"镜头光晕"制作光效
- 应用"矩形工具"绘制圆角矩形
- 应用"图层样式"制作立体图形
- 应用"亮度/对比度"调整图像亮度和对比度
- 应用"色相/饱和度"更改物体颜色

2. 操作步骤

（1）打开 Photoshop 软件，执行"文件→新建"命令，在弹出的"新建文档"窗口中设置"宽度"为 21 厘米，"高度"为 29.7 厘米，"分辨率"为 150 像素/英寸，设置完成后单击"创建"按钮，如图 1-3-2 所示。

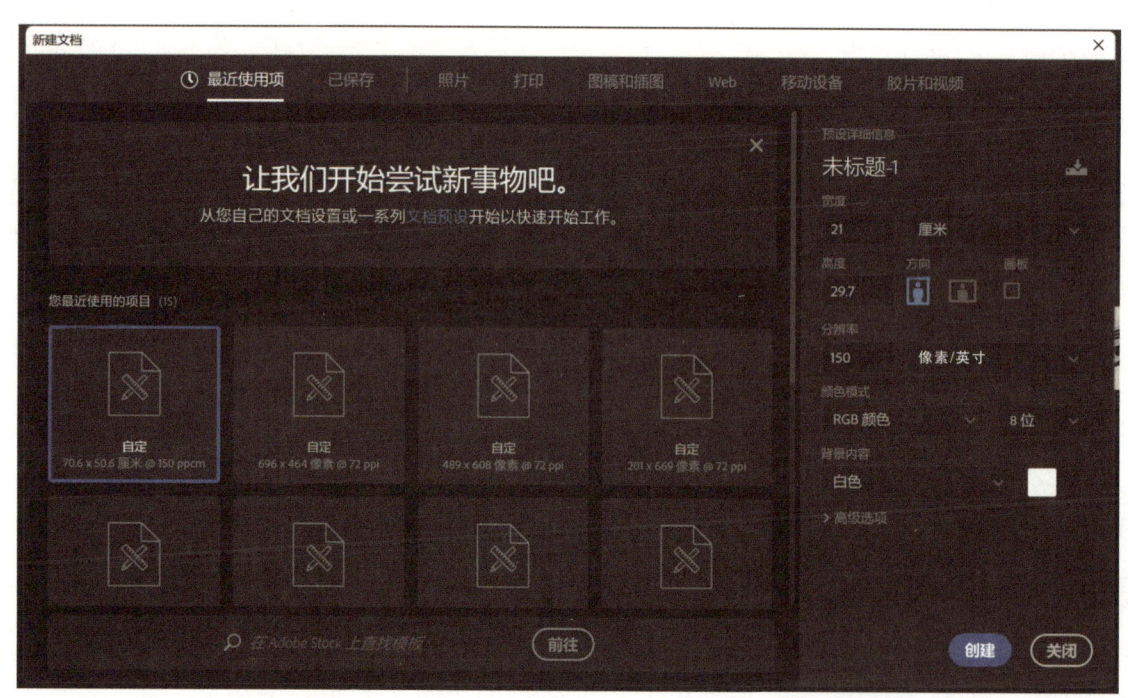

图 1-3-2 "新建文档"对话框

（2）双击"背景图层"解锁背景图，使其转换为可编辑图层，选择左侧工具栏中的"拾色器"工具，设置"颜色"为浅蓝色（#d1ebff），再选择左侧工具栏中的"油漆桶工具"进行颜色填充，如图 1-3-3 所示。

（3）执行"文件"→"打开"命令，在弹出的"打开"对话框中选择本章素材中的"背景.jpg"素材图片，选择左侧工具栏中的"移动工具"将其拖动至背景图中，并为此图层添加矢量蒙版。选择左侧工具栏中的"画笔工具"，擦除素材图片中多余的部分，如图 1-3-4 所示。

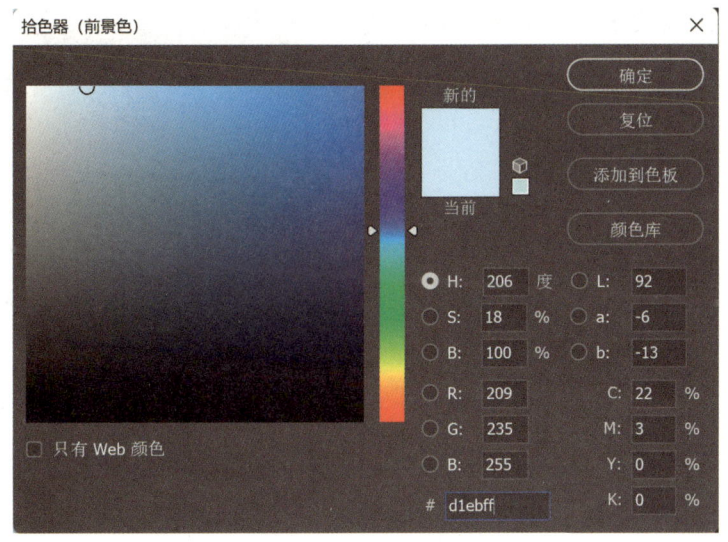

图 1-3-3 "拾色器"参数设置

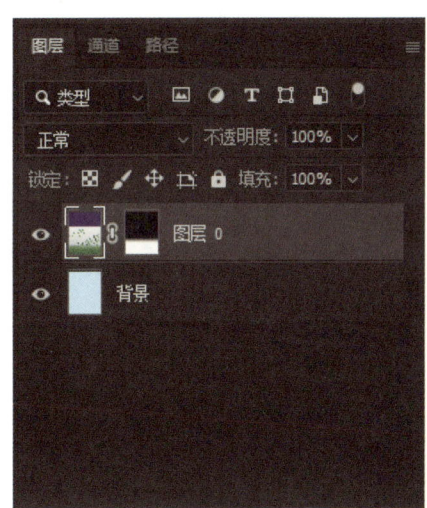

图 1-3-4 添加矢量蒙版及擦除后效果

（4）执行"图像"→"调整"→"色阶"命令，在弹出的"色阶"对话框中将数值设置为 64、1.5、232，如图 1-3-5 所示，设置完成后单击"确定"按钮，调整广告画面的明暗变化。

（5）执行"文件"→"打开"命令，在弹出的"打开"对话框中选择本章素材中的"天空.jpg"素材图片，选择左侧工具栏中的"移动工具"将其拖动至背景图中，并为此图层添加图层蒙版，选择左侧工具栏中的"画笔工具"，擦除素材中多余的部分，并调整其大小及位置，如图 1-3-6 所示。

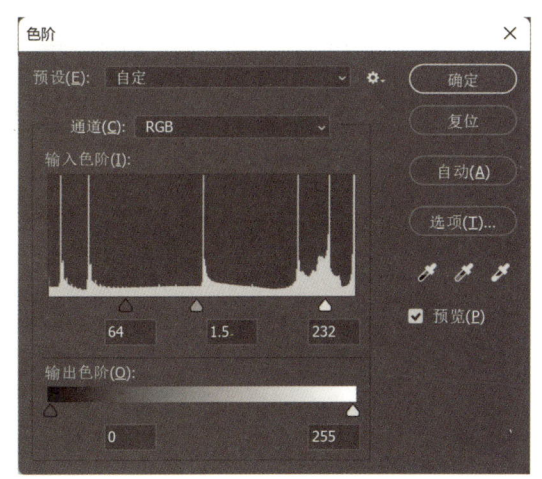

图 1-3-5 "色阶"对话框

图 1-3-6　擦除素材图片

（6）执行"文件"→"打开"命令，在弹出的"打开"对话框中选择本章素材中的"新能源汽车.jpg"素材图片，选择左侧工具栏中的"移动工具"将其拖动至背景图中。使用左侧工具栏中的"魔棒工具"选择汽车图形，为其添加"图层蒙版"。再新建一个图层，放置在"汽车"图层下面。选择左侧工具栏中的"椭圆工具"绘制一个椭圆形，设置"颜色填充"为黑色（#000000），单击鼠标右键将其转换为"智能对象"。为该图层添加"滤镜"→"模糊"→"高斯模糊"命令，在"高斯模糊"对话框中将"半径"数值设置为 13.9 像素，设置完成后单击"确定"按钮，如图 1-3-7（a）所示。将图层"不透明度"设置为80%，如图 1-3-7（b）所示，按"Ctrl+T"组合键执行"自由变换"命令，调整其大小及位置，效果如图 1-3-7（c）所示。

 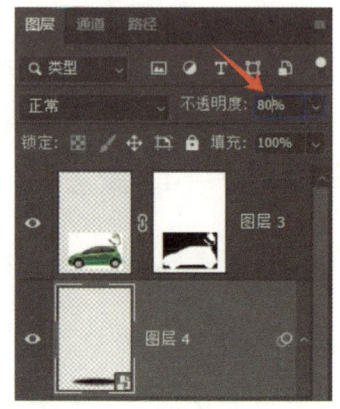

图 1-3-7（a）　"高斯模糊"参数设置　　图 1-3-7（b）　"不透明度"参数设置

图 1-3-7（c）　调整后效果

（7）执行"文件"→"打开"命令，在弹出的"打开"对话框中选择本章素材中的"主题文字.png""插座.png""手托地球.png"素材图片，选择左侧工具栏中的"移动工具"将其拖动至背景图中。执行"图层"→"图层样式"→"描边"命令，为"主题文字""插座""手托地球"素材图片添加"描边"效果，设置"大小"为7像素，"填充颜色"为白色（#ffffff），设置完成后单击"确定"按钮，如图1-3-8（a）所示。按"Ctrl+G"组合键执行"图层编组"命令，将三个素材图层合并成一个组，并为组添加"投影"效果，设置"混合模式"为正片叠底，"不透明度"为100%，"投影角度"为133，"距离"为4像素，"扩展"为7%，"大小"为7像素，"颜色"为墨绿色（#003602），设置完成后单击"确定"按钮，如图1-3-8（b）所示。新增文字效果如图1-3-8（c）所示。

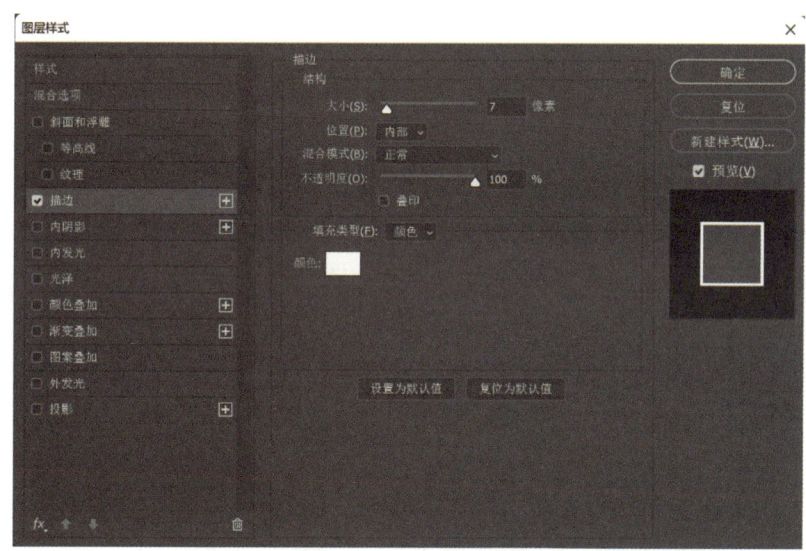

图 1-3-8（a） "描边"参数设置

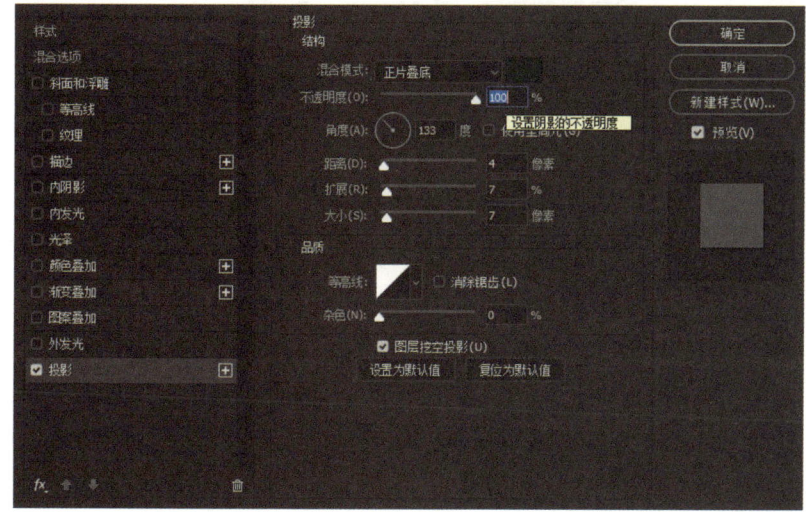

图 1-3-8（b） "投影"参数设置

图1-3-8（c）　文字效果

（8）执行"文件"→"打开"命令，在弹出的"打开"对话框中选择本章素材中的"绿叶.png"素材图片，选择左侧工具栏中的"移动工具"将其拖动至背景图中，并调整其大小及位置，效果如图1-3-9所示。

图1-3-9　添加素材图片效果

（9）选择左侧工具栏中的"矩形工具"，设置圆角半径，绘制出圆角矩形，设置"颜色填充"为绿色（#35862e），为其添加图层样式如下。

斜面和浮雕："样式"为内斜面，"方法"为平滑，"深度"为100%，"方向"为上，"大小"为5像素，"软化"为0像素，"角度"为90度，"高度"为30度，"高光模式"为滤色，"不透明度"为50%，"阴影模式"为正片叠底，"不透明度"为50%，如图1-3-10所示。

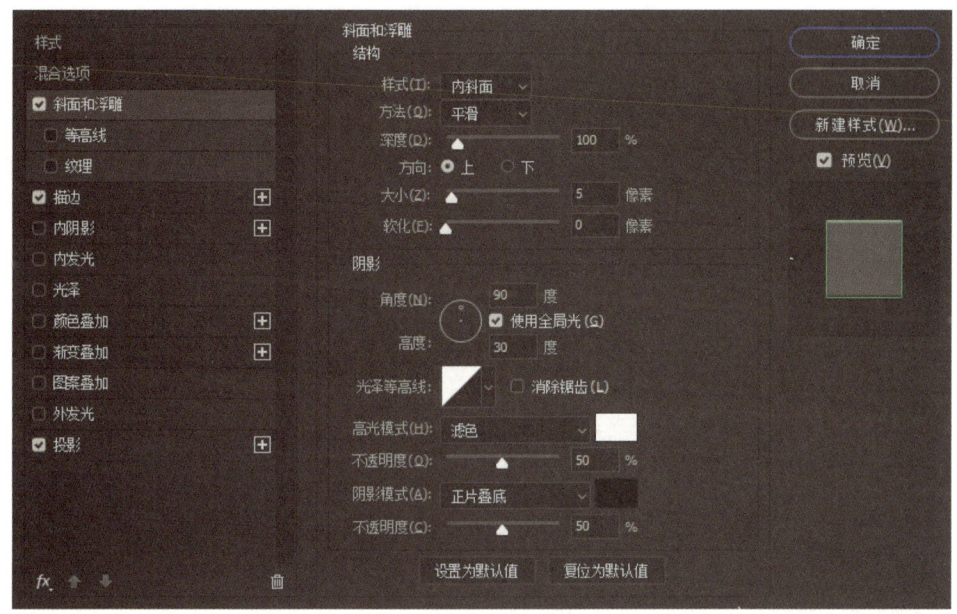

图 1-3-10 "斜面和浮雕"参数设置

描边:"大小"为 2 像素,"位置"为外部,"混合模式"为正常,"不透明度"为 100%,"颜色填充"为绿色(#36852e),如图 1-3-11 所示。

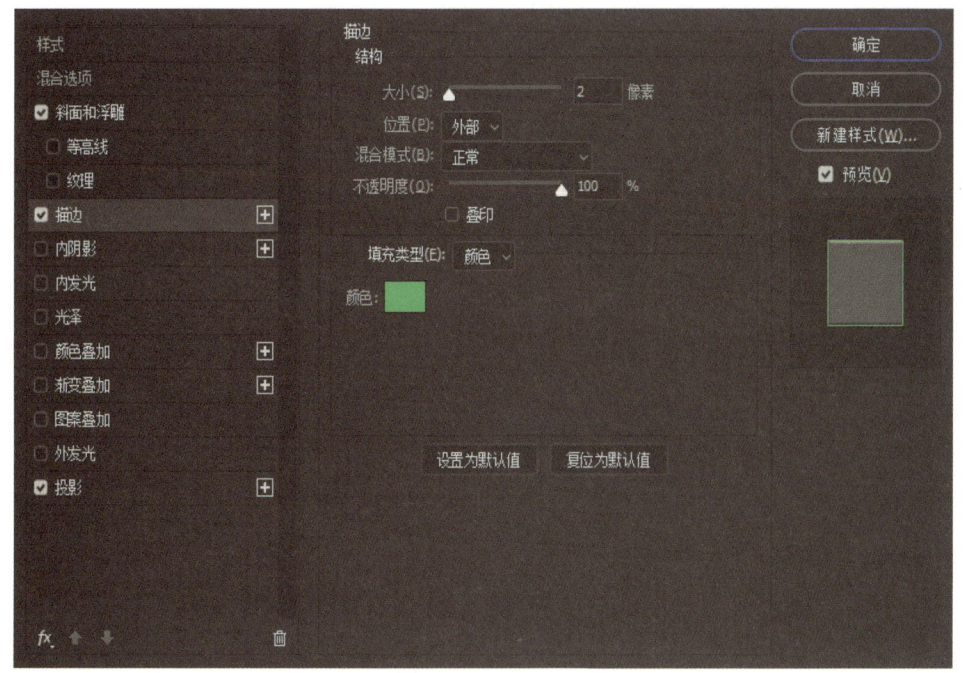

图 1-3-11 "描边"参数设置

投影:"混合模式"为正片叠底,"颜色填充"为黑色(#000000),"不透明度"为 35%,"角度"为 90°,"距离"为 4 像素,"扩展"为 0%,"大小"为 5 像素,如图 1-3-12 所示。

参数设置完毕后,按"Ctrl+J"组合键执行"复制图层"命令,复制出两个圆角矩形,将三个圆角矩形排成一行。执行"文件"→"打开"命令，将"节能""低碳""环保"文案素材移动放置在圆角矩形之上，如图 1-3-13 所示。

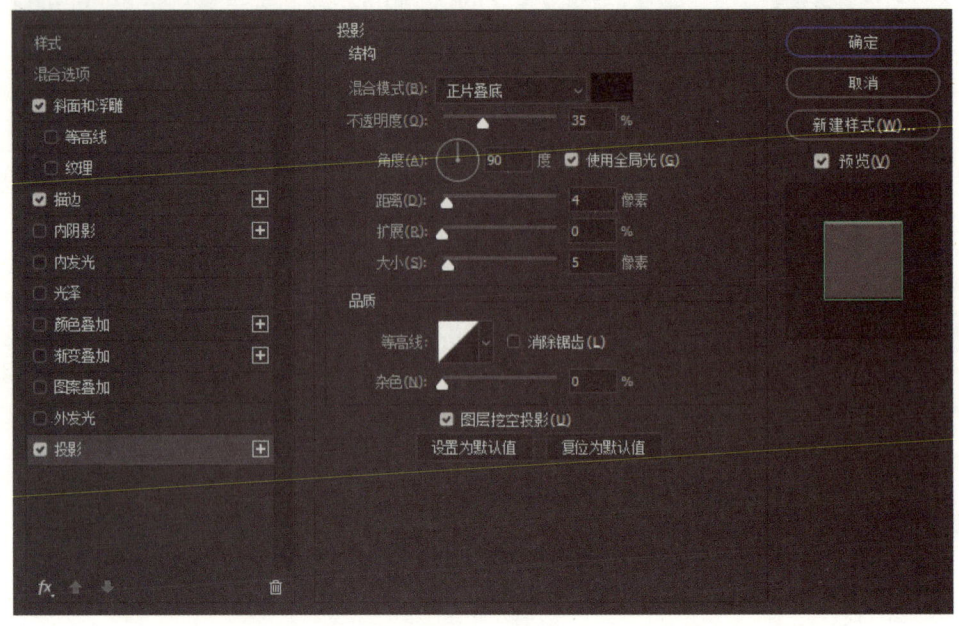

图 1-3-12　"投影"参数设置

图 1-3-13　"节能""低碳""环保"效果

（10）新建图层，设置"颜色填充"为黑色（#000000），执行"滤镜"→"渲染"→"镜头光晕"命令，在弹出的"镜头光晕"对话框中设置"亮度"为 100%，"镜头类型"为 105 毫米聚焦，设置完成后单击"确定"按钮，如图 1-3-14（a）所示。执行"图像"→"调整"→"色相/饱和度"命令，在弹出的"色相/饱和度"对话框中选择"着色"，设置"色相"为 7，"饱和度"为 34，"明度"为 0，设置完成后单击"确定"按钮，如图 1-3-14（b）所示。调整"光效"大小，再复制一个"光效"，放在主题文字上面，设置图层混合模式为"滤色"，如图 1-3-14（c）所示。

（11）执行"文件"→"打开"命令，在弹出的"打开"对话框中选择本章素材中的"小标题文案 1.png""小标题文案 2.png"素材图片，使用"移动工具"将其移动至背景图中，并调整大小及位置，如图 1-3-15 所示。

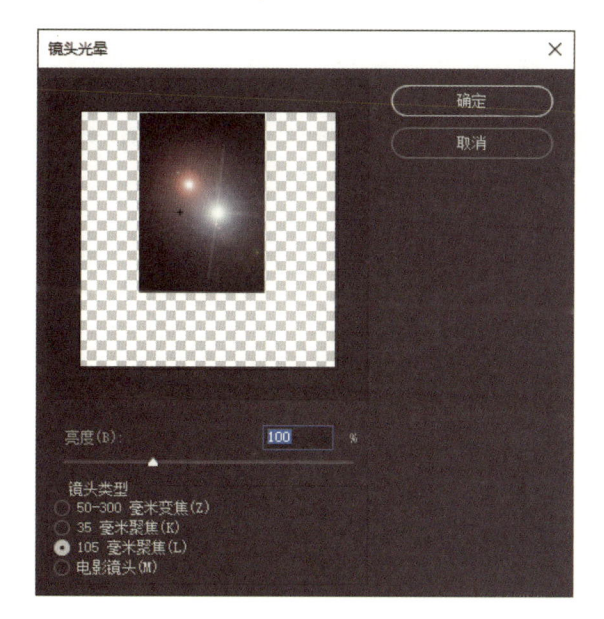

图 1-3-14（a） "镜头光晕"对话框

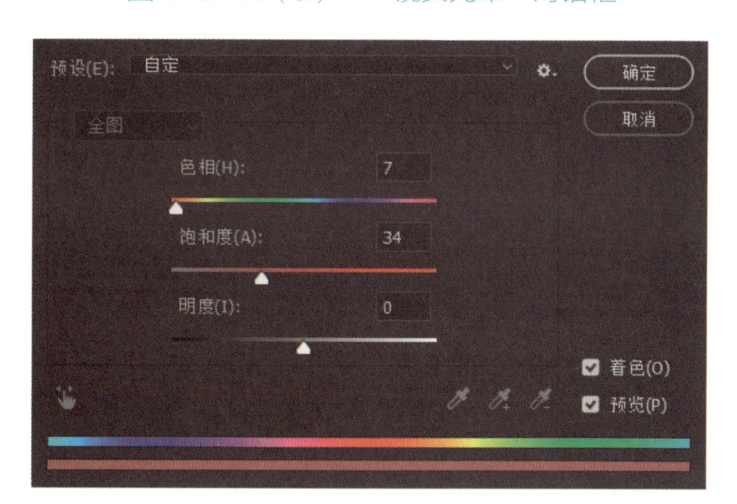

图 1-3-14（b） "色相/饱和度"参数设置

图 1-3-14（c） 增加"光效"效果

发展新能源·聚变新未来
Pursuing green fashion and moving towards green civilization

新能源汽车是指采用非常规的车用燃料作为动力来源，综合车辆的动力控制和驱动方面的先进技术，形成的技术原理先进、具有新技术、新结构的汽车。

图 1-3-15　添加文案效果

（12）执行"图像"→"调整"→"亮度/对比度"命令，为广告画面调整亮度和对比度，在弹出的"亮度/对比度"对话框中设置"亮度"为8，"对比度"为13，设置完成后单击"确定"按钮，如图1-3-16（a）所示。执行"图像"→"调整"→"曲线"命令，为广告画面增加明暗变化，在弹出的"曲线"对话框中设置"输入"为181，"输出"为178，设置完成后单击"确定"按钮，如图1-3-16（b）所示。

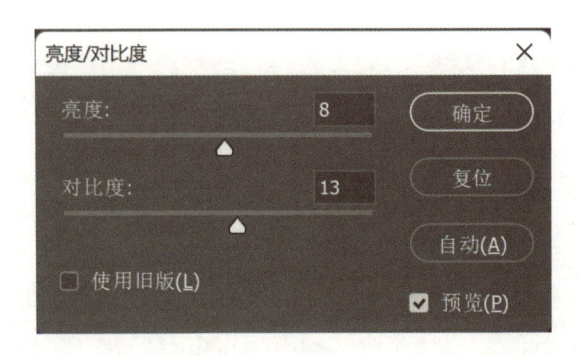

图 1-3-16（a）　"亮度/对比度"对话框

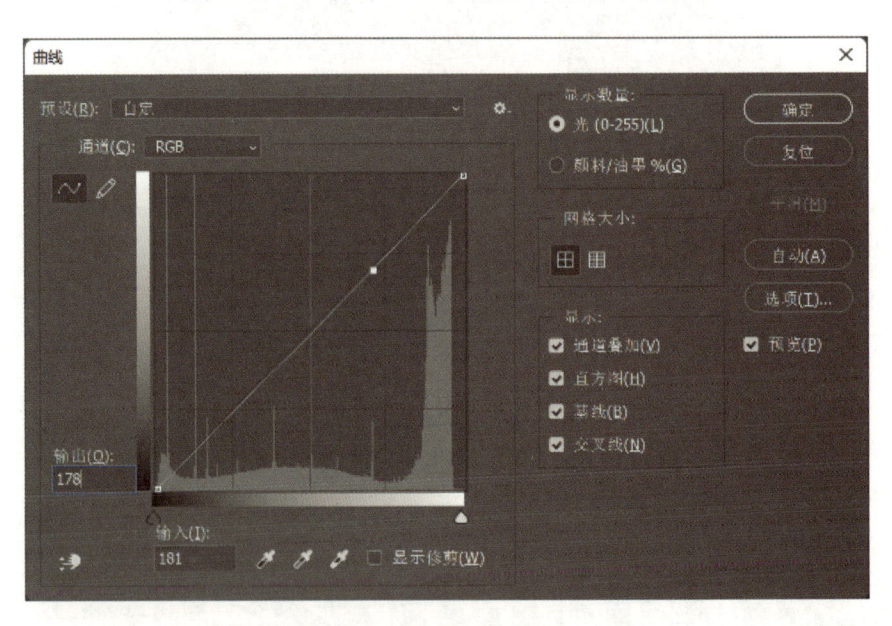

图 1-3-16（b）　"曲线"对话框

（13）成品效果如图 1-3-17 所示。

图 1-3-17　成品效果

1.4 本章实训

◆ 主题：性能汽车广告

◆ 设计思路

在设计一款性能汽车平面广告时，设计思路应当紧密围绕汽车的核心卖点——卓越的性能、动感的外观、先进的技术及给驾驶者带来的极致体验。详细的设计思路如下。

1. 明确广告主题

（1）核心信息：确定广告传达的核心信息，例如"驾驭未来，性能之巅"或"速度与激情的完美结合"等。

（2）目标受众：明确广告的主要受众群体，比如汽车爱好者、追求速度感的年轻人或是对高端汽车有需求的商务人士等。

2. 视觉元素选择

（1）汽车形象：选取最能展现汽车性能与美感的角度进行拍摄或渲染，如流线型车身、显著的进气口、大口径排气管等。

（2）色彩运用：使用对比鲜明或富有冲击力的色彩搭配，增强视觉效果，吸引眼球，如黑色与红色、银色与蓝色等。

（3）背景设置：选择与汽车形象协调的背景，如赛道、自然景观、城市夜景等，以营造速度与激情的氛围，或者展现汽车在不同环境下的卓越表现。

3. 文案撰写

（1）标题：简洁有力，突出汽车的性能优势或独特卖点，如"一秒破百，尽享极速快感"等。

（2）正文：详细介绍汽车的性能参数（如马力、扭矩、加速时间、最高时速等），同时融入情感元素，描述驾驶的感受与体验。

（3）口号：设计一个易于记忆、流畅的口号，作为广告的点睛之笔，强化消费者对产品的印象。

4. 创意元素融入

（1）动态效果：加入动态元素（如 GIF 图像、短视频片段等），展示汽车加速、漂移等精彩瞬间，增加广告的趣味性和吸引力。

（2）科技元素：利用 AR（增强现实）或 VR（虚拟现实）技术，让消费者通过手机或 VR 设备亲身体验驾驶性能汽车的感觉，提升互动性和沉浸感。

（3）情感共鸣：通过故事化叙述，将汽车与驾驶者的情感紧密相连，如展现驾驶者在挑战自我、追求梦想的路上与汽车并肩作战的场景。

5. 布局与排版

（1）层次感：合理安排视觉元素的布局，形成清晰的层次感，确保广告信息有序传达。

（2）留白艺术：适当留白，避免画面过于拥挤，提升整体美感。

（3）字体选择：选择与广告主题相符的字体，确保文字清晰可读，同时体现品牌调性。

6. 反馈与调整

（1）市场调研：在完成设计初稿后，进行市场调研，收集目标受众的反馈意见，了解他们的喜好和需求。

（2）迭代优化：根据市场调研结果，对广告设计进行迭代优化，确保最终成品能够精准触达目标受众的心弦。

第 2 章

房地产广告

　　随着社会的快速发展和城市化进程的推进，房地产行业在我国经济中占据了举足轻重的地位。而房地产广告作为连接开发商与消费者之间的桥梁，其设计和呈现方式不仅直接影响到项目的销售效果，还体现了企业的品牌形象和文化内涵。因此，掌握房地产广告的设计技巧与制作流程，对于中职学生而言，既是一项必备的专业技能，也是步入设计行业的敲门砖。

　　在本章，我们将通过 Photoshop 这款强大的图像处理软件，带领同学们深入了解房地产广告的制作过程。Photoshop 不仅具备强大的图像编辑功能，还能够处理各种设计元素，为房地产广告的创作提供了无限的可能。通过本章节的学习，同学们将能够掌握从素材收集到广告成品的完整流程，包括广告布局、色彩搭配、文字处理、图片修饰等多个方面。

　　此外，我们还将结合市场上的优秀房地产广告案例，分析它们的创意亮点、设计风格和受众定位，帮助学生们拓宽视野，激发创作灵感。通过理论与实践相结合的学习方式，希望学生们能够在实际操作中不断提升自己的设计能力，为未来的职业生涯奠定坚实的基础。

学习目标

知识目标

1. 掌握房地产广告的基本概念和原理，了解房地产广告在市场营销中的作用。
2. 熟悉房地产广告的主要类型，包括促销广告、形象广告、观念广告和公关广告等。
3. 理解房地产广告的目标，包括促进产品销售、扩大经济效益、提供房地产信息、改变消费者态度和行为等。

技能目标

1. 能够根据房地产项目的特点，选择适合的广告类型和宣传手段。
2. 掌握房地产广告创意设计的基本技巧，能够制作具有吸引力和影响力的广告作品。
3. 学会对房地产广告的效果进行评估，能够根据市场反馈和销售数据调整广告策略。

素质目标

1. 培养学生的市场敏感度和创新意识，使其能够不断适应房地产市场的变化和发展。
2. 提高学生的沟通能力和团队合作精神，使其能够与其他部门协同工作，共同完成房地产广告的宣传任务。
3. 培养学生的职业道德和社会责任感，使其在制作房地产广告时能够遵守法律法规，尊重消费者权益，维护社会公共利益。

2.1 房地产广告漫谈

2.1.1 房地产广告

房地产广告是用于宣传和推广房地产项目的活动。这些活动通常由房地产开发商、权利人或者中介机构发起，目的是向潜在购房者或投资者展示房地产项目的特点和优势。

房地产广告的内容丰富，包括项目的地理位置、房型设计、价格定位、配套设施和周边环境等方面，帮助受众更好地了解项目，并激发他们对项目的兴趣。

由于房地产项目具有固定性，房地产广告往往需要针对特定的地域和人群进行精准投放。同时，广告的传播方式和形式也需要根据目标受众的喜好和接收习惯来选择。

在法律和规定方面，房地产广告必须遵循相关法规，确保广告内容的真实性、合法性和准确性。任何虚假或误导性的信息都是不允许出现的。

在广告形式上，房地产广告可以借助各种媒介和工具，如报纸、杂志、电视、广播、网络等，还可以采用各种创意和设计，如独特的案名、精美的楼书、吸引人的标语等，吸引受众的注意。

2.1.2 房地产广告制作基础知识

1. 了解房地产广告的目的

房地产广告按照房屋类型可以分为住宅广告、商业地产广告、工业地产广告和土地广告。住宅广告通常针对的是公寓、别墅等居住用房；商业地产广告包括商铺、写字楼、酒店等商业用途的房产；工业地产广告涉及厂房、仓库等工业用途的地产；土地广告则是关于未开发或待开发土地的广告。

房地产广告的目的在于吸引潜在购房者或租赁者，提升项目的知名度，促进成交量。具体来说，住宅广告旨在展示住宅的舒适性、便利性、安全性及社区环境，吸引家庭和个人购房者，强调生活品质和投资价值。商业地产广告着重于商业地产的地理位置、商业潜力、投资回报率，吸引企业、投资者和商家，强调商业活动的便利性和营利前景。工业地产广告突出工业地产的交通便利、配套完善、产业聚集效应，吸引制造业企业、物流企业和研发机构，强调生产效率和成本优势。土地广告强调土地的开发潜力、规划前景和投资价值，吸引开发商和投资者，突出土地的稀缺性和未来增值空间。

2. 熟悉房地产广告设计的原则

（1）真实性原则：广告内容必须真实可靠，不得夸大或虚构项目特点。在设计中，应使用准确的数据和真实的项目图片，避免误导消费者。

（2）简洁性原则：广告信息应简洁明了，避免冗长复杂的描述。设计时应突出重点，使用清晰的布局和字体，确保信息一目了然。

（3）吸引力原则：广告应具有吸引力，能够引起目标受众的兴趣。设计中可以运用对比强烈的色彩、创意的图形和引人注目的标语。

（4）目标性原则：广告设计应针对特定的目标群体，了解他们的需求和偏好。设计时应考虑目标群体的年龄、性别、收入水平等因素，以提高广告的针对性和有效性。

（5）法律法规遵循原则：广告内容必须符合相关法律法规的要求，不得含有违法信息。设计时应确保所有宣传材料都符合国家的广告法和房地产相关法规。

违背这些原则可能产生以下的不良效果。

（1）失信于消费者：如果广告内容不真实，可能会导致消费者对开发商失去信任，影响品牌形象和销售业绩。

（2）信息传递失败：广告信息如果过于复杂或不清晰，可能导致消费者无法理解广告意图，从而失去潜在消费者。

（3）法律风险：违反法律法规的广告可能会受到法律制裁，包括罚款、广告下架等，严重时还可能影响公司的长期发展。

（4）资源浪费：如果广告设计没有针对性，可能会导致营销资源的浪费，无法达到预期的推广效果。

（5）负面影响：不吸引人的广告设计可能会让消费者产生负面印象，降低项目的吸引力，影响销售。

3. 掌握 Photoshop 基本操作

房地产平面广告图像处理技巧或特效制作方法主要包括以下 10 种。

（1）色彩调整：使用图像编辑软件调整色彩平衡，增强视觉吸引力。例如，通过提高对比度和饱和度，使图像更加鲜明。

（2）清晰度提升：通过锐化工具增强图像细节，使建筑轮廓和纹理更加清晰。

（3）光影效果：模拟自然光线效果，增强立体感和层次感。可以使用渐变工具或调整图层效果来实现。

（4）透视校正：应用透视变换工具调整照片中的透视畸变，使建筑看起来更加端正。

（5）合成技术：将建筑图像与环境元素（如天空、植被）合成，创造理想化的居住环境。

（6）特效添加：应用滤镜效果，如光晕、模糊等，为广告增添艺术感。

（7）文字排版：合理安排广告文案的位置和样式，确保信息传达清晰且美观。

（8）3D 渲染：对于尚未建成的项目，使用 3D 建模和渲染技术，创建逼真的效果图。

（9）虚拟现实：利用 VR 技术，为潜在消费者提供沉浸式的房产体验。

（10）动画效果：创建动态视觉效果的广告，如建筑动画展示，吸引观众注意力。

在进行图像处理时，应确保所有修改符合广告法等相关法律法规，避免误导消费者。

2.1.3　房地产广告的设计与制作

房地产广告的设计与制作主要包括以下 6 个阶段。

（1）确定广告主题：根据广告的目的和定位，确定具有创意性和独特性的广告主题，以吸引消费者。主题是广告设计的核心，贯穿整个广告设计的始终。

（2）选择合适的图片素材：在 Photoshop 中，可以使用各种图片素材来丰富广告的设计。选择合适的图片素材，如楼盘效果图、实景照片等，能够更直观地展示楼盘的特色和优势。

（3）进行版面布局与排版：根据广告的主题和定位，进行合理的版面布局和排版。合理的版面布局能够提升广告的视觉效果，使信息更加清晰、易读。

（4）运用色彩与字体：色彩和字体是广告设计中非常重要的元素。根据广告的主题和定位，选择合适的色彩搭配和字体样式，能够增强广告的吸引力和可读性。

（5）添加文字说明与联系方式：在广告中添加必要的文字说明和联系方式，能够向潜在消费者传递更多的信息，方便他们了解楼盘详情和进行联系。

（6）后期处理与优化：在完成广告初稿后，需要进行后期处理与优化。这包括对图片进行细节修饰、色彩调整、对比度增强等，以提升广告的整体视觉效果和专业度。

2.1.4　拓展内容

（1）房地产广告文案写作方法主要包括以下 8 个步骤。

① 明确目标受众：首先需要明确广告的目标受众是谁，了解他们的需求和偏好，以便在文案中针对性地传达信息。

② 突出卖点：广告文案需要突出房产的卖点，如地理位置、户型设计、装修品质、配套设施等，以吸引目标受众的注意力。

③ 强调品牌价值：在文案中强调品牌的价值和优势，提升消费者对品牌的认知度和信任度。

④ 营造情感共鸣：通过描绘美好的生活场景、讲述真实的故事等方式，与目标受众建立情感联系，增强他们对房产的好感度。

⑤ 使用简洁明了的语言：文案语言要简洁明了，易于理解，避免使用过于复杂或专业的词汇，确保信息的可接受性。

⑥ 合理安排文案结构：文案结构要清晰合理，一般可以按照"引起兴趣–介绍产品–强调优势–呼吁行动"的顺序来组织内容。

⑦ 突出优惠信息：如果有优惠活动或折扣信息，一定要在文案中突出显示，以吸引更多的目标受众。

⑧ 使用有吸引力的图片和设计：配合有吸引力的图片和设计，可以让文案更加生动、形象，提升目标受众的阅读体验。

房地产广告示例，如图 2-1-1 所示。

图 2-1-1　房地产广告示例

（2）9条不同风格的房地产项目的广告方案。

序号	文案标题	风格	描述
1	梦想家园，触手可及	简洁明了	直接传达了房地产项目的主要卖点，即梦想家园现在就可以拥有
2	绿意盎然，品质生活在此展开	抽象寓意	用"绿意盎然"这一抽象词汇，传达出项目的生态和品质特点
3	在这片星空下，每个夜晚都是浪漫的诗篇	感性浪漫	通过描述夜晚的星空，激发人们对美好生活的向往
4	经典建筑，传承百年家族荣耀	怀旧复古	强调项目的经典和历史价值，吸引喜欢复古风格的购房者
5	未来城市的核心，创新生活的发源地	创新启发	突出项目在未来城市中的重要地位和创新潜力
6	山水之间，享受大自然的馈赠	对仗工整	用对仗的句式，传达出项目与大自然的和谐共生
7	不只是房子，更是生活的艺术	抽象寓意	强调项目不仅仅是居住的地方，更是一种生活态度的体现
8	安居乐业，幸福就在家门口	简洁明了	直接传达了项目带来的幸福和安全感
9	从东方到西方，汇聚全球建筑精华	地域文化	强调项目融合了全球各地的建筑文化精华，具有独特的魅力

2.2　案例一　现代风格房地产广告

2.2.1　作品介绍

这幅现代风格的房地产广告作品，以其独特的视觉冲击力与深邃的意境，瞬间吸引了观者的注意力。画面以深蓝色为基调，巧妙地融合了宇宙与海洋的浩瀚，营造出既科幻又宁静的氛围。繁星点点，如同遥远天际的低垂，与下方波澜壮阔的海洋形成鲜明对比，却又在色彩与情感上达到了和谐统一。

在这片浩瀚的背景之上，现代建筑高楼傲然矗立，它们不仅是科技与艺术的结合，更是城市繁荣与梦想的象征。高楼的灯光在夜色中闪烁，与星空遥相呼应，仿佛将人类文明的辉煌与宇宙的奥秘紧密相连。

画面最下方，地铁以疾驰的姿态穿越而过，不仅增添了画面的动感与活力，也巧妙地寓意了项目的便捷交通与无限潜力。地铁作为现代都市的动脉，其重要性不言而喻，而该广告正是通过这一细节，向观者传达了项目"2024年地铁阔景洋房+商铺旗舰"的核心卖点。

"TIMES PARADISE WALK"的字样巧妙地融入背景之中，既点明了项目的名称，又增添了一份神秘与高端感。而画面中央的"万众瞩目　盛大开盘"几个金色字样，如同璀璨的明珠般耀眼夺目，瞬间点燃了观者的热情与期待。

此外，广告还巧妙地利用了"地铁商铺旗舰6大优势"这一宣传语，虽然未具体展开，但足以让人想象到该项目在地理位置、交通便捷、商业配套、居住品质、投资价值等多方面的卓越表现。这样的广告作品，不仅是一场视觉盛宴，更是一次对未来美好生活的邀请与承诺。作品效果图如图 2-2-1 所示。

图 2-2-1 作品效果图

2.2.2 设计思路

采用深蓝色作为主色调，营造出宁静深邃的氛围，象征着广阔无垠的夜空与深邃的海洋，既体现了项目的沉稳高端，又预示着无限可能与希望。上半部分点缀着点点星光，象征梦想与远方，激发观者对未来生活的美好憧憬；下半部分描绘夜晚的海洋，波光粼粼，与星空相呼应，营造出一种超脱世俗的梦幻感。

作为画面的视觉焦点，现代建筑高楼矗立于海洋之上，以其独特的线条和光影效果，彰显出项目的现代感与高端品质。高楼在夜空中显得格外醒目，成为连接星空与海洋的桥梁，寓意着项目不仅是居住的空间，更是连接梦想与现实的平台。

最下方的地铁元素以疾驰的姿态出现，不仅增加了画面的动感，还强调了项目周边交通的便捷性。地铁作为现代都市生活的重要组成部分，其快速、高效的特性与项目的现代、高效理念相契合。

"万众瞩目 盛大开盘"几个金色字样在画面中央熠熠生辉，不仅吸引了观者的注意力，还传达了项目的盛大与尊贵。同时，"TIMES PARADISE WALK"字样巧妙融入背景之中，既不影响整体美感，又加深了观者对项目名称的记忆。

画面最上方设置联系方式和公司地址等文字信息，便于有意向的观者快速获取相关信息。

"地铁商铺旗舰 6 大优势"虽未具体分点列出，但这一表述已足够引起观者的好奇心和兴趣。在实际设计中，可通过简洁有力的语言或图标，在画面适当位置展示这六大优势，如交通便利、配套完善、品质卓越等，进一步增强项目的吸引力。

2.2.3 设计步骤

1. 核心技能展示

- 应用"动感模糊工具"制作动态效果
- 应用"图层蒙版"命令合成融合图像
- 应用"高斯模糊"效果模糊图像
- 应用"魔棒工具"选择对象
- 应用"纹理化工具"制作纸质效果
- 应用"镜头光晕"制作光效效果
- 应用"图层样式"制作立体图形
- 应用"文字工具"制作文字
- 应用"色相饱和度"调整颜色
- 应用"渐变叠加工具"制作颜色渐变效果

2. 操作步骤

（1）打开 Photoshop 软件，执行"文件"→"新建"命令，在弹出的"新建文档"窗口中设置"宽度"21 厘米，"高度"31 厘米，"分辨率"150 像素/英寸，设置完成后单击"创建"按钮，如图 2-2-2 所示。

图 2-2-2 "新建文档"对话框

（2）单击"拾色器"填充背景图，设置"颜色"为蓝色（#110680），设置完成后单击"确定"按钮，如图 2-2-3 所示。

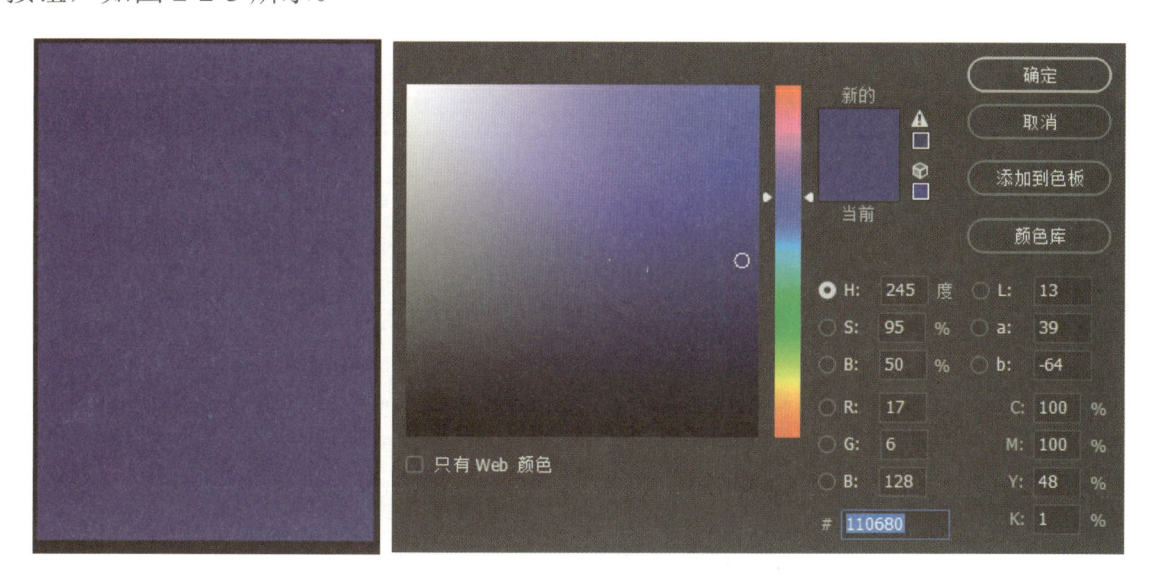

图 2-2-3 "拾色器"参数设置

（3）执行"文件"→"打开"命令，在弹出的"打开"对话框中选择本章素材中的"背景 1.jpg"素材图片，选择左侧工具栏中的"移动工具"将其拖动至背景图中。选择素材图片为其添加图层蒙版，使用左侧工具栏中的"橡皮擦工具"，设置"大小"为 250 像素，"硬度"

为 25%，擦除多余的内容，如图 2-2-4 所示。

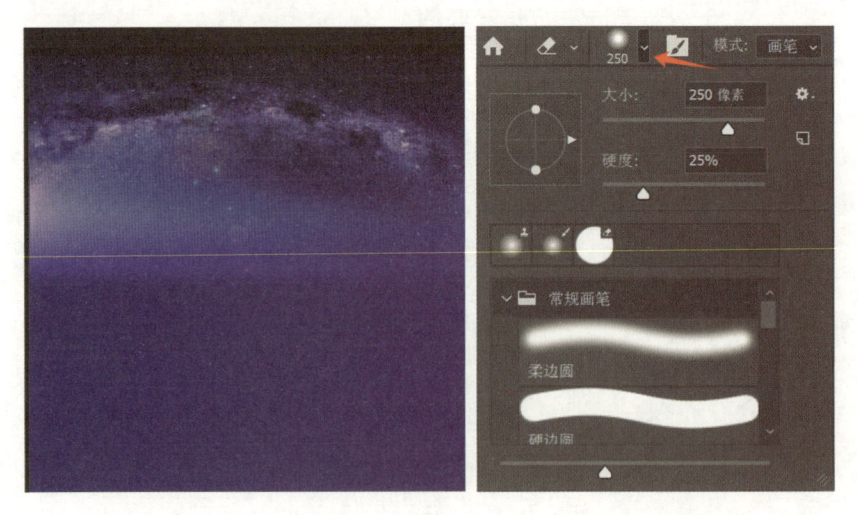

图 2-2-4 "橡皮擦工具"设置参数及擦除效果图

（4）执行"文件"→"打开"命令，在弹出的"打开"对话框中选择本章素材中的"背景.jpg"素材图片，选择左侧工具栏中的"移动工具"将其拖动至背景图中。按"Ctrl+T"组合键执行"自由变换"命令，调整素材图片的大小及位置，并为此图层添加图层蒙版，选择左侧工具栏中的"画笔工具"擦除多余的内容，如图 2-2-5 所示。

图 2-2-5 "背景"效果

（5）新建图层，选择左侧工具栏中的"矩形选框工具"，在图层下半部分画出矩形选框区域，如图 2-2-6（a）所示。打开"拾色器"对话框，设置"颜色"为蓝色（#15224d），使用左侧工具栏中的"油漆桶工具"进行颜色填充，如图 2-2-6（b）所示。

图 2-2-6（a） 矩形选框区域 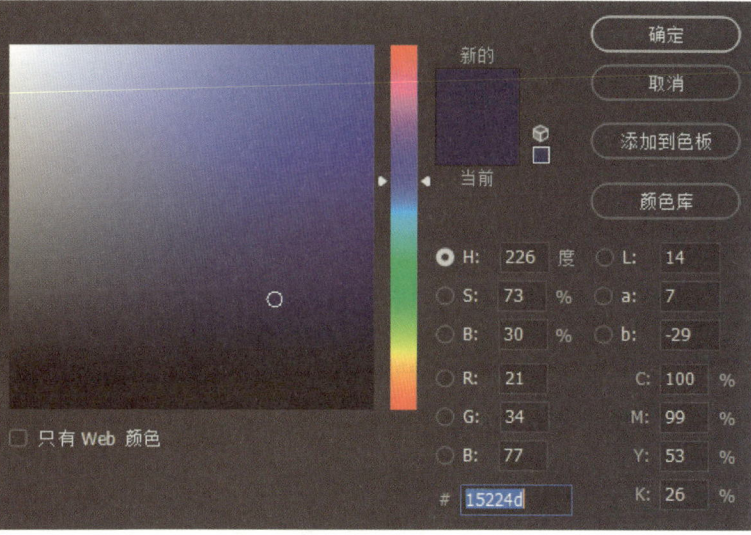　　　　图 2-2-6（b） 颜色填充参数设置

（6）执行"文件"→"打开"命令，在弹出的"打开"对话框中选择本章素材中的"建筑.jpg"素材图片，选择左侧工具栏中的"移动工具"将其拖动至背景图中。使用左侧工具栏中的"魔棒工具"选择楼房，按"Ctrl+Shift+I"组合键选择反向，然后为其添加图层蒙版。复制此素材，按"Ctrl+T"组合键执行"自由变换"命令，单击鼠标右键选择"水平翻转"，调整楼房位置及大小。设置图层"不透明度"为51%，如图 2-2-7（a）所示。使用左侧工具栏中的"橡皮擦工具"擦除其边缘部分，效果如图 2-2-7（b）所示。

图 2-2-7（a） 图层参数设置

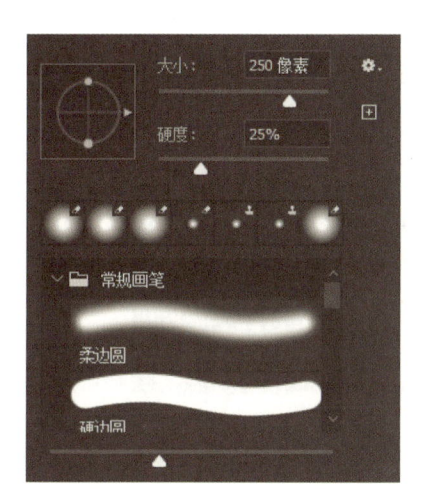

图 2-2-7（b） "橡皮擦工具"参数设置及效果

（7）执行"文件"→"打开"命令，在弹出的"打开"对话框中选择本章素材中的"地铁.png"素材图片，使用"移动工具"将素材图片拖动至背景图中。按"Ctrl+T"组合键执行"自由变换"命令，单击鼠标右键选择"水平翻转"，并将素材图片放置在画面最下方。执行"滤镜"→"模糊"→"动感模糊"命令，在弹出的"动感模糊"对话框中设置"角度"为0，"距离"为264像素，设置完成后单击"确定"按钮，如图2-2-8（a）所示。再次选择"地铁"素材，执行"图像"→"调整"→"色相/饱和度"命令，在弹出的"色相/饱和度"对话框中设置"色相"为+145，"饱和度"为+11，"明度"为0，设置完成后单击"确定"按钮，如图2-2-8（b）所示。效果如图2-2-8（c）所示。

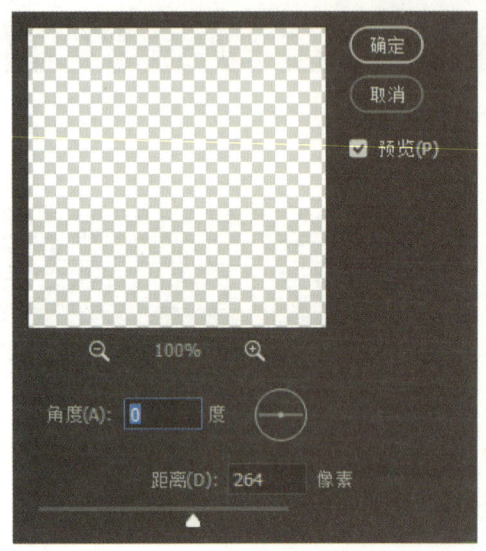

图2-2-8（a） "动感模糊"参数设置 　　图2-2-8（b）"色相/饱和度"参数设置

图2-2-8（c） 效果图

（8）执行"文件"→"打开"命令，在弹出的"打开"对话框中选择本章素材中的"文

案.png"素材图片，选择左侧工具栏中的"移动工具"将素材图片拖动至背景图中，按"Ctrl+T"组合键执行"自由变换"命令，调整大小及位置。选择左侧工具栏中的"横排文字工具"输入"万众瞩目 盛大开盘"，并设置文字样式及大小，为文字添加"渐变叠加"效果，设置"混合模式"为正常，"不透明度"为100%，"渐变"为黄色到浅黄色，"样式"为线性，"角度"为8度，"缩放"为100%，设置完成后单击"确定"按钮，如图2-2-9（a）所示。按"Ctrl+T"组合键执行"自由变换"命令，调整文字的大小及位置，如图2-2-9（b）所示。

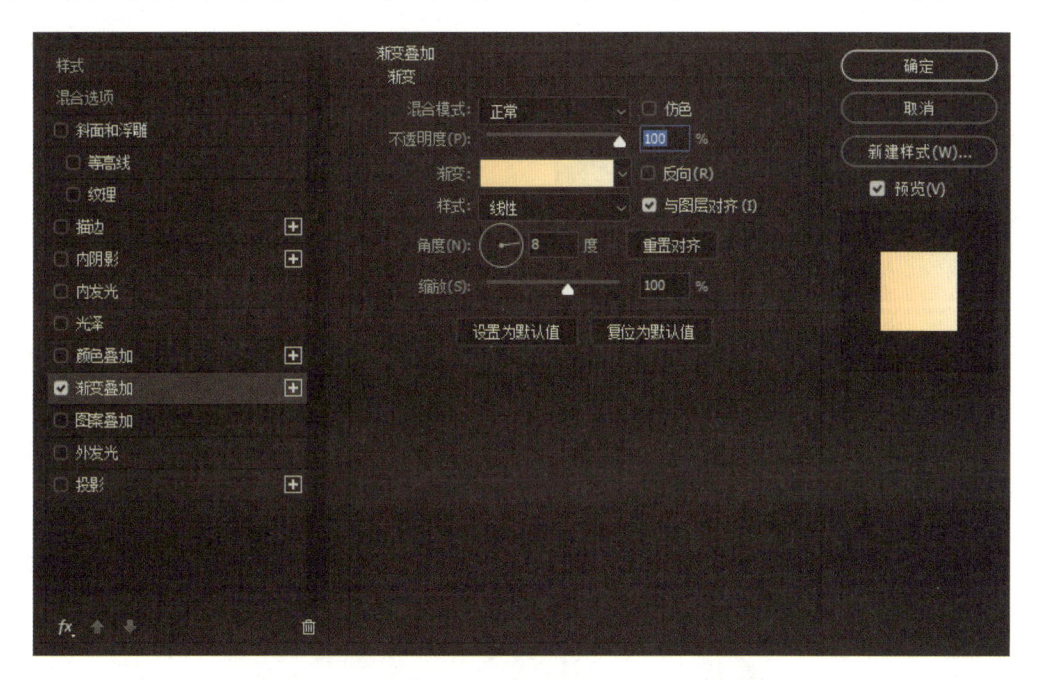

图2-2-9（a） "渐变叠加"选项卡

图2-2-9（b） 文字效果图

（9）执行"文件"→"打开"命令，在弹出的"打开"对话框中选择本章素材中的"光效.jpg"素材图片，选择左侧工具栏中的"移动工具"将素材图片拖动至背景图中，设置图层混合模式为"滤色"，"不透明度"为 100%，如图 2-2-10（a）所示。按"Ctrl+T"组合键执行"自由变换"命令，调整素材图片的大小及位置，如图 2-2-10（b）所示。

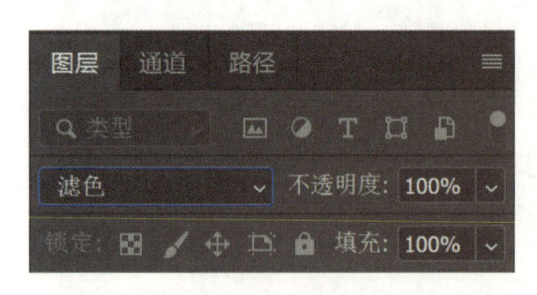

图 2-2-10（a）　"光效"图层设置　　　图 2-2-10（b）　添加"光效"效果

（10）新建图层，选择左侧工具栏中的"横排文字工具"，按照图中所示输入相关文字，并调整文字字体、大小、位置，如图 2-2-11 所示。

图 2-2-11　文字信息

（11）新建图层，设置"颜色填充"为黑色（#000000），执行"滤镜"→"渲染"→"镜头光晕"命令，在弹出的"镜头光晕"对话框中设置"亮度"为 100%，"镜头类型"为 105 毫米聚焦，设置完成后单击"确定"按钮，如图 2-2-12（a）所示。执行"图像"→"调整"→"色相/饱和度"命令，在弹出的"色相/饱和度"对话框中设置"色相"为 353，"饱和度"为 53，"明度"为 0，设置完成后单击"确定"按钮，如图 2-2-12（b）所示。复制此图层，将两个"镜头光晕"效果分别放置在主题文字的左下角和右上角，设置图层混合模式为"滤色",如图2-2-12(c)所示。

(12)按"Ctrl+Alt+Shift+E"组合键执行"盖印可见图层"命令,并将此图层转换为智能对象。执行"滤镜"→"杂色"→"添加杂色"命令,在弹出的"添加杂色"对话框中,设置"数量"为4.87%,"分布"为平均分布,设置完成后单击"确定"按钮,如图2-2-13(a)所示。执行"滤镜"→"滤镜库"→"纹理"命令,选择"纹理化"效果,设置"缩放"为140%,"凸现"为4,"光照"为上,设置完成后单击"确定"按钮,如图2-2-13(b)所示。

图2-2-12(a) "镜头光晕"对话框　　　图2-2-12(b) "色相/饱和度"参数设置

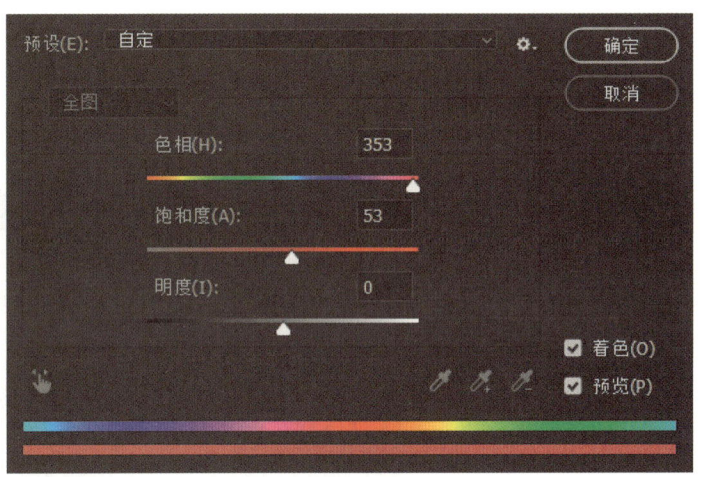

图2-2-12(c) 完成效果

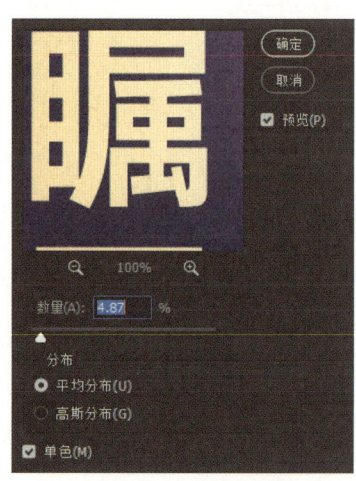

图 2-2-13（a）　"添加杂色"参数设置 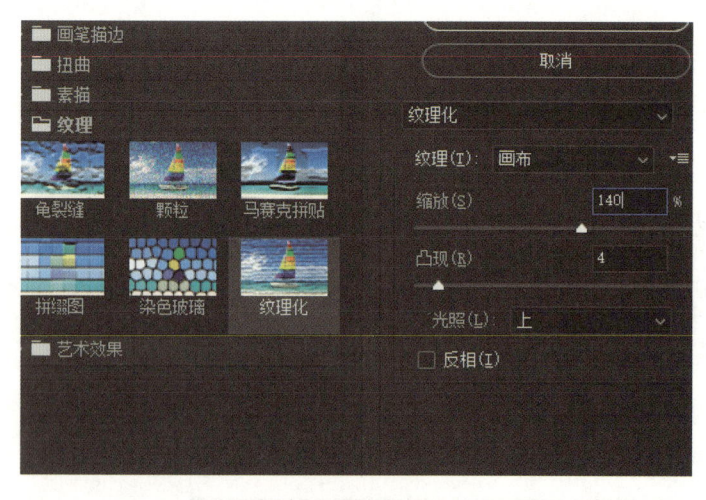　　　　图 2-2-13（b）　"纹理化"参数设置

（13）成品效果如图 2-2-14 所示。

图 2-2-14　成品效果

2.3 案例二 欧式风格房地产广告

2.3.1 作品介绍

这幅海报是一幅精心设计的房地产广告作品，旨在展示一处高端、豪华的欧式洋房项目。海报以黄昏时分的城市景观为背景，通过橙黄色的天空和建筑物轮廓，营造出一种宁静浪漫的氛围。前景中宽敞的阳台强调了房屋的宽敞和舒适，阳台上的人物形象和盆栽植物为整个场景增添了一丝生活气息。

海报的主体部分是一幅带有金色边框的插画，展示了两位女士站在欧式建筑群中的阳台上，两人身后是典雅而精致的别墅和花园，凸显了项目的高端品质和国际化的设计风格。

在文字方面海报用简洁有力的语言介绍了项目的特色和优势。"欧式洋房 自显不凡"强调了项目的独特性和不凡品质；"奢阔门厅、巍然屹立，彰显名门望族气质"突出了房屋的豪华和尊贵；"4.9米挑高大堂，登堂入室间，尽显尊贵人生"进一步描述了项目的空间感和尊贵氛围；"浪漫欧式风情，悠然幸福时光"则强调了项目的浪漫和生活享受。

整体而言，这幅海报通过视觉和文字的双重呈现，成功地将项目的奢华、舒适和国际化定位展现得淋漓尽致。无论是建筑风格、环境氛围还是生活品质，都体现了项目的独特魅力和吸引力。这幅作品不仅是一张广告海报，更是一幅展现欧式洋房生活美学的艺术品。作品效果如图 2-3-1 所示。

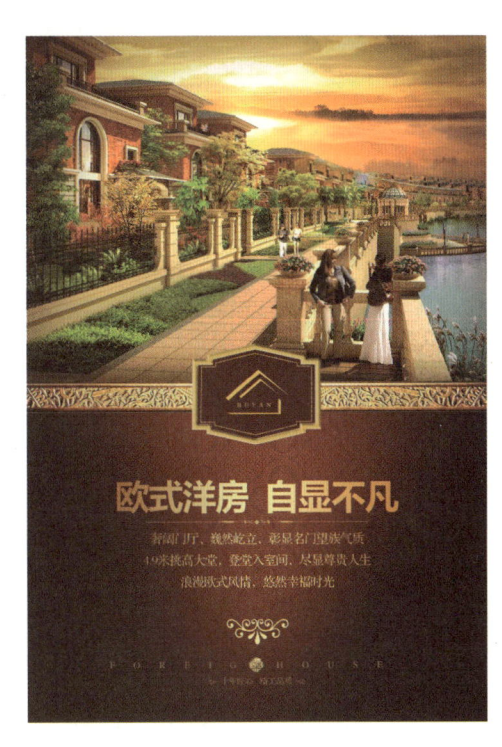

图 2-3-1 作品效果图

2.3.2 设计思路

首先，在整体风格定位上，我们深入研究了欧式洋房的特点和风格，力求在设计中准确体现其高贵、典雅的气质。通过精致的插画和细腻的线条，营造出一个充满古典主义风格和浪漫情怀的欧式世界，使观者仿佛置身于异国他乡，深切感受到浓郁的欧洲风情。

其次，在色彩选择上，巧妙地运用了暖色调，营造出一种温馨、舒适的氛围。黄昏时分的天空背景不仅为整个画面增添了浪漫的气息，还与金色的边框和深红色的区域形成了鲜明的对比，凸显了项目的豪华感和尊贵品质。这种色彩搭配不仅符合欧式风格的审美要求，也能够满足目标消费者对于高端住宅的期待。

在视觉元素的运用上，注重层次感和空间感的营造。前景中的阳台和人物与背景的城市景观形成了远近、大小的对比，使画面更具立体感和深度感。通过细节的刻画，如阳台上的盆栽植物、人物的动作和表情等，为整个画面增添了一丝生活气息和动态感，让观者能够更加真实地感受到房屋的生活场景和氛围。

在文字设计上，力求精练而富有诗意。通过运用修辞手法和形象化的语言，传达项目的核心价值和优势，如"欧式洋房 自显不凡""尽享尊贵人生""悠然幸福时光"等。这些文字不仅富有感染力，还能够引起观者的共鸣和兴趣，进一步激发他们的购买兴趣。

最后，在目标受众定位上，需要深入分析潜在消费者的需求和喜好，以确保海报能够精准地吸引他们的注意力。通过展现欧式洋房的高贵、浪漫和生活品质，我们成功地塑造了一个符合目标客户群体期待的高端住宅形象，让他们能够产生共鸣并产生购买意愿。

综上所述，设计思路主要体现在深入研究欧式洋房风格、巧妙运用色彩和视觉元素、精练而富有诗意的文字设计以及精准定位目标受众群体等方面。通过这些设计元素和设计思路的运用，成功地打造了一幅充满艺术感和吸引力的房地产广告作品，为项目的推广和销售奠定了一定的基础。

2.3.3 设计步骤

1. 核心技能展示

- ◆ 应用"色阶"调整明暗变化
- ◆ 应用"图层蒙版"命令合成融合图像
- ◆ 应用"色彩平衡"更改颜色
- ◆ 应用"钢笔工具"绘制路径
- ◆ 应用"图层混合模式"更改视觉效果
- ◆ 应用"图层样式"制作特效
- ◆ 应用"文字工具"制作文字
- ◆ 应用"色相/饱和度"更改物体颜色

◆ 应用"减淡加深工具"更改颜色明暗变化

2. 操作步骤

（1）打开 Photoshop 软件，执行"文件"→"新建"命令，在弹出的"新建文档"窗口中设置"宽度"为 21 厘米，"高度"为 31 厘米，"分辨率"为 150 像素/英寸，设置完成后单击"创建"按钮，如图 2-3-2 所示。

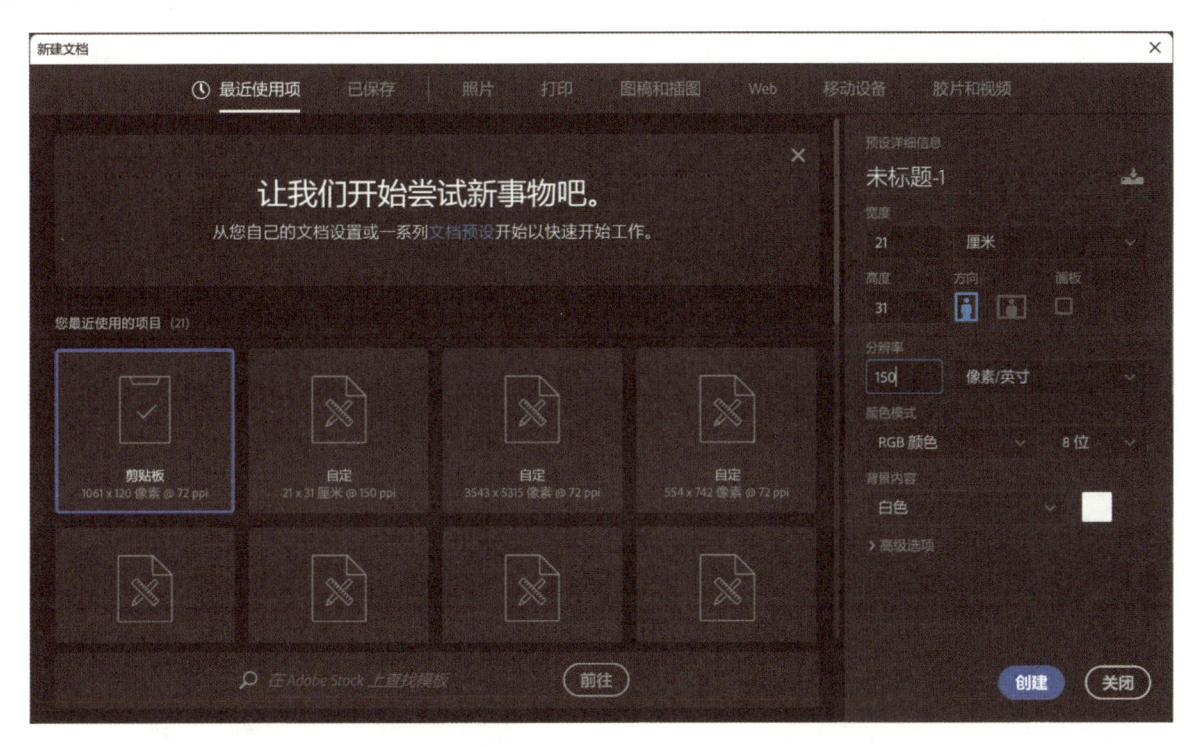

图 2-3-2 "新建文档"对话框

（2）新建图层，选择左侧工具栏中的"矩形选框工具"，在画面下方绘制出矩形选框区域，设置"颜色填充"为深红色（#1f0202），如图 2-3-3（a）所示。使用左侧工具栏中的"油漆桶工具"对图形进行填充。选择左侧工具栏中的"减淡工具"，设置"范围"为阴影，"曝光度"为 50%，在选区中间擦出高光效果，如图 2-3-3（b）所示。

（3）执行"图像"→"调整"→"色相/饱和度"命令，更改背景图的颜色和饱和度，在弹出的"色相/饱和度"对话框中设置"色相"为 12，"饱和度"为 0，"明度"为 0，如图 2-3-4（a）所示。执行"图像"→"调整"→"色阶"命令，调整背景图的明暗变化，在弹出的"色阶"对话框中，设置数值为 4、1.02、242，如图 2-3-4（b）所示。

（4）执行"文件"→"打开"命令，在弹出的"打开"对话框中选择本章素材中的"花形.png"素材图片，选择左侧工具栏中的"移动工具"将素材图片拖动至背景图中，按"Ctrl+T"

组合键执行"自由变换"命令，调整图片大小及位置，设置图层混合模式为"叠加"，"不透明度"为60%，如图2-3-5（a）所示。花形底纹效果如图2-3-5（b）所示。

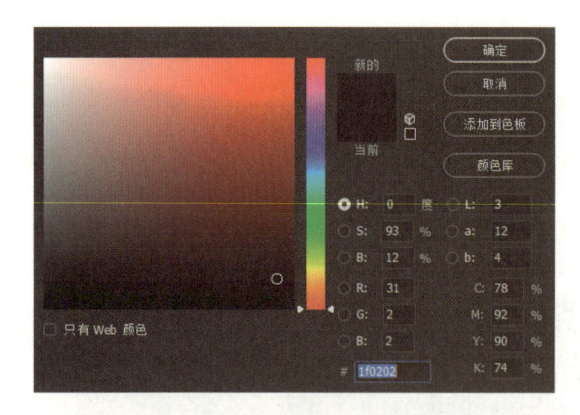

图 2-3-3（a） "颜色填充"参数设置

图 2-3-3（b） 减淡效果

图 2-3-4（a） "色相/饱和度"参数设置

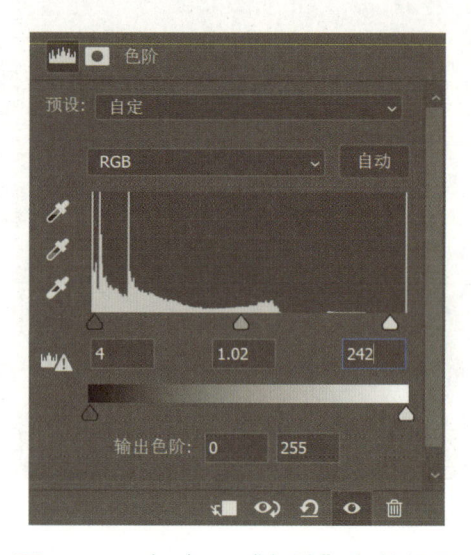

图 2-3-4（b） "色阶"参数设置

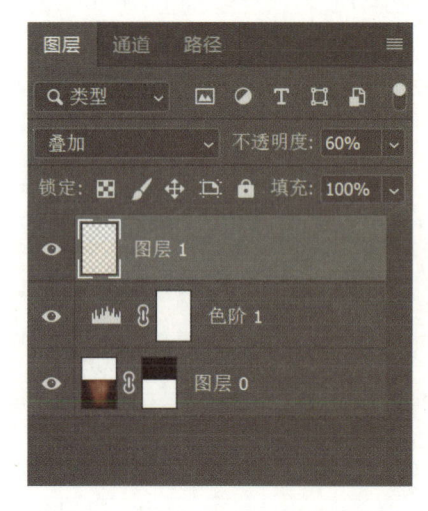

图 2-3-5（a） 图层参数设置

图 2-3-5（b） 花形底纹效果

（5）执行"文件"→"打开"命令，在弹出的"打开"对话框中选择本章素材中的"背景.jpg"素材图片，选择左侧工具栏中的"移动工具"将素材图片拖动至背景图，并为此图层添加图层蒙版。选择左侧工具栏中的"画笔工具"，将素材图片下半部分内容擦除掉，如图 2-3-6 所示。

（6）执行"文件"→"打开"命令，在弹出的"打开"对话框中选择本章素材中的"天空.jpg"素材图片，选择左侧工具栏中的"移动工具"将素材图片拖动至背景图中，并添加图层蒙版。选择左侧工具栏中的"画笔工具"，将素材图片上半部分内容擦除掉。按"Ctrl+T"组合键执行"自由变换"命令，调整其大小及位置，天空效果如图 2-3-7 所示。

图 2-3-6　背景设置效果

图 2-3-7　天空效果

（7）执行"文件"→"打开"命令，在弹出的"打开"对话框中选择本章素材中的"黄昏.png"素材图片，选择左侧工具栏中的"移动工具"将素材图片拖动至背景图中，设置图层混合模式为"滤色"。按"Ctrl+T"组合键执行"自由变换"命令，调整其大小及位置，黄昏效果如图 2-3-8 所示。

图 2-3-8　黄昏效果

（8）执行"文件"→"打开"命令，在弹出的"打开"对话框中选择本章素材中的"洋房.png"素材图片，选择左侧工具栏中的"移动工具"将素材图片拖动至背景图中，按"Ctrl+T"组合键执行"自由变换"命令，调整其大小及位置，洋房效果如图 2-3-9（a）所示。按"Ctrl+B"组合键执行"色彩平衡"命令，更改洋房的整体颜色，在"色彩平衡"对话框中设置"色调"为中间调，"青色"为 37，"洋红"为 0，"黄色"为-45，如图 2-3-9（b）所示。

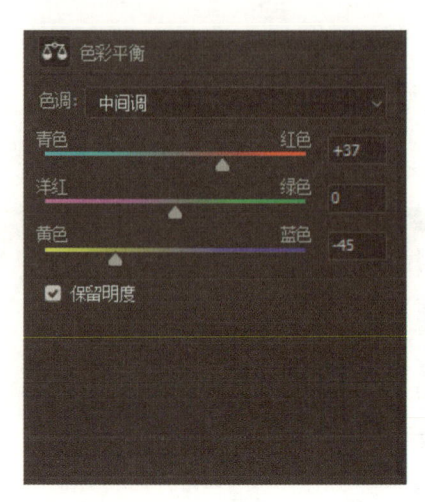

图 2-3-9（a）　洋房效果　　　　　　　　图 2-3-9（b）　"色彩平衡"参数设置

（9）新建图层，设置"颜色填充"为黑色（#000000），设置图层混合模式为"正片叠底"。选择左侧工具栏中的"橡皮擦工具"，擦除中间部分，只保留四周阴暗部分，效果如图 2-3-10 所示。

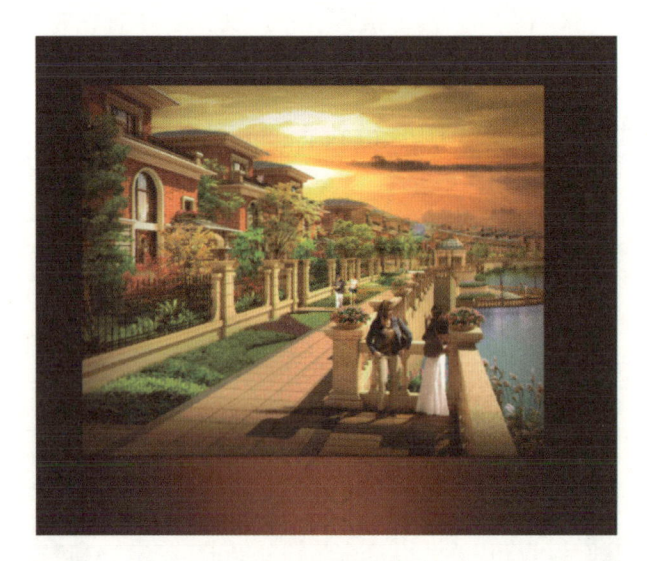

图 2-3-10　"橡皮擦工具"擦除后效果图

（10）选择左侧工具栏中的"横排文字工具"输入大标题和小标题文字内容，调整文字字体、颜色和大小的参数，如图 2-3-11（a）所示。为文字添加"渐变叠加"效果，在"渐变叠加"选项卡中设置"混合模式"为正常,"不透明度"为100%,"渐变"为图中所示,"样式"为线性,"角度"为-180度,"缩放"为100%,设置完成后单击"确定"按钮,如图2-3-11(b)所示。文字效果如图2-3-11(c)所示。

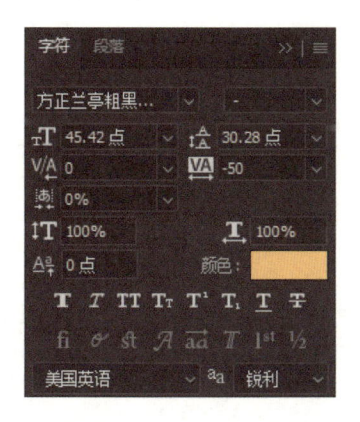

图 2-3-11(a) 文字参数设置

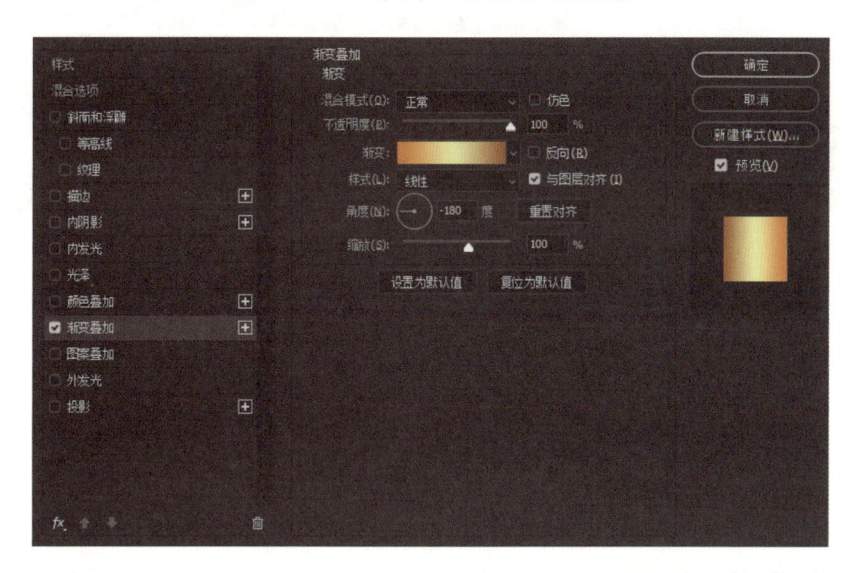

图 2-3-11(b) "渐变叠加"参数设置

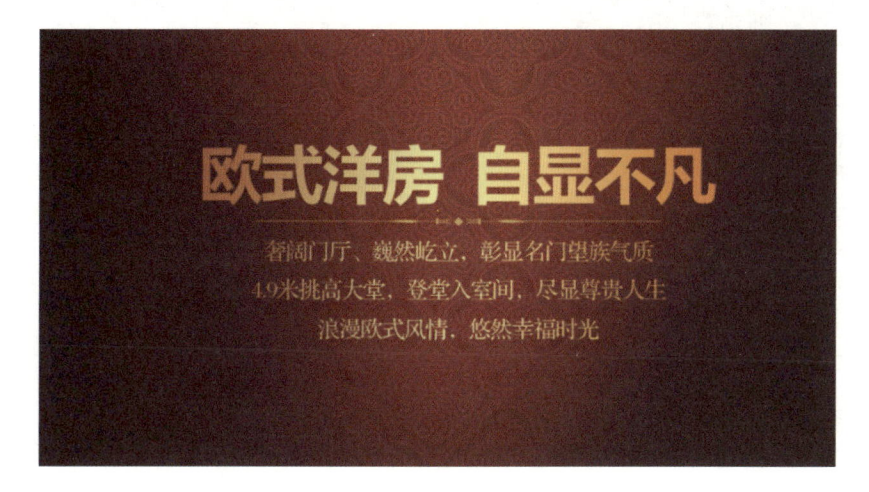

图 2-3-11(c) 文字效果

（11）执行"文件"→"打开"命令，在弹出的"打开"对话框中选择本章素材中的"文字.png""欧式图形.png""欧式图形1.png""欧式图形2.png"素材图片，选择左侧工具栏中的"移动工具"将素材图片拖动至背景图中，按"Ctrl+T"组合键执行"自由变换"命令，调整素材图片的大小及位置。选择左侧工具栏中的"横排文字工具"制作其余文字，效果如图2-3-12所示。

图2-3-12　文字及图形效果

（12）执行"文件"→"打开"命令，在弹出的"打开"对话框中选择本章素材中的"花纹.jpg"素材图片，选择左侧工具栏中的"移动工具"将素材图片拖动至背景图中，按"Ctrl+T"组合键执行"自由变换"命令，调整素材图片的大小及位置，将其放置于洋房和文案之间，如图2-3-13所示。

图2-3-13　花纹放置效果

（13）选择左侧工具栏中的"钢笔工具"，在"花纹"素材图片上绘制图形，在选项栏中设置"填充"为关闭，"描边"为16像素。为此图形添加"斜面和浮雕"效果，参数设置如图 2-3-14（a）所示，再添加"颜色叠加"效果，参数设置如图 2-3-14（b）所示。复制此图形，在选项栏中设置"描边"为关闭，"填充"为深红色（#480e05），再复制形状图形，并按比例缩小图形，将"描边"改为2像素，如图 2-3-14（c）所示。Logo底框制作效果如图 2-3-14（d）所示。

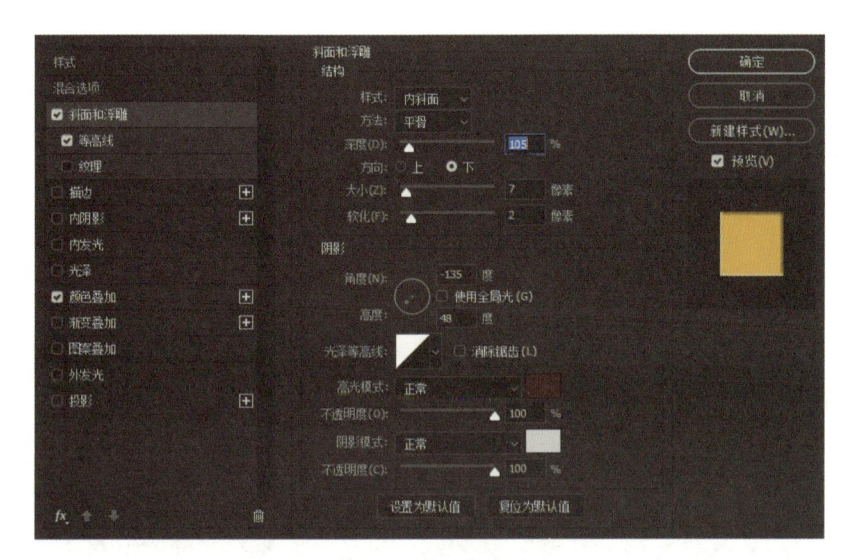

图 2-3-14（a） "斜面和浮雕"参数设置

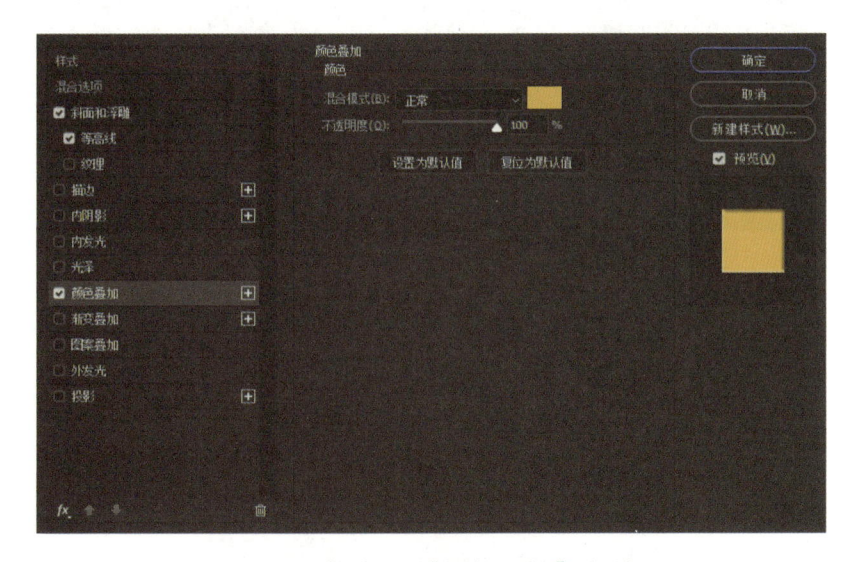

图 2-3-14（b） "颜色叠加"参数设置

图 2-3-14（c） 选项栏参数设置

图 2-3-14（d） Logo 底框制作效果

（14）选择左侧工具栏中的"钢笔工具"绘制出 Logo 图形，设置"颜色填充"为黄色（#e9b93a），如图 2-3-15（a）所示。选择左侧工具栏中的"横排文字工具"输入"BUFAN"（房地产名称缩写），Logo 文字制作效果如图 2-3-15（b）所示。

图 2-3-15（a） "颜色填充"设置参数

图 2-3-15（b） Logo 文字制作效果

（15）成品效果如图 2-3-16 所示。

图 2-3-16　成品效果

2.4　本章实训

◆ 主题：国潮风格房地产广告

◆ 设计思路

在国潮风格房地产广告设计时，可以考虑以下 5 个方面。

1. 地域文化融合

根据不同项目的地理位置，融入当地特有的文化元素。例如，在江南水乡的楼盘广告中，可以运用水乡特有的桥梁、亭台楼阁等元素，搭配淡雅的水墨画风，营造出宁静致远的居住氛围；在北方城市的项目中，可以引入长城、四合院等符号，展现北方的豪迈与厚重。

2. 现代生活方式的演绎

在强调国潮风格的同时，也要考虑到现代人的生活方式和需求。可以在广告中展示智能家居系统、便捷的社区服务等现代生活元素，在广告中实现传统与现代的和谐融合，展现现代人享受传统文化韵味的同时，也能体验高品质现代生活的理想状态。

3. 情感共鸣的深化

除了视觉上的吸引，更要注重情感上的共鸣。可以通过描绘家庭温馨和睦的生活场景，或是展现社区中不同年龄层的居民和谐相处的画面，来传达出"家"的温暖和归属感。同时，也可以结合节日、传统习俗等话题，激发消费者的情感共鸣，增强广告的记忆点。

4. 创新互动体验

利用现代科技手段，如AR（增强现实）、VR（虚拟现实）等技术，为广告增加互动性和趣味性。比如，消费者可以扫描广告中的二维码，进入虚拟的国潮风格社区进行探索，体验未来的居住环境，或者参与线上互动游戏，赢取购房优惠等。这样的创新方式不仅能够吸引更多年轻消费者的关注，也能提升品牌形象和市场竞争力。

5. 持续的品牌故事讲述

国潮风格不仅是一种设计风格，更是一种文化态度和品牌理念的体现。因此，在广告设计中应深入挖掘并传达品牌故事。可以通过一系列广告作品，围绕品牌的核心价值观展开叙事，构建一个完整、连贯的品牌故事体系。这样不仅能够加深消费者对品牌的认知，增强记忆，还能在潜移默化中提升品牌的忠诚度和美誉度。

第 3 章

食品广告

在当今这个信息爆炸的时代，广告已成为商家与消费者之间沟通的重要桥梁。而食品广告，作为一种特殊的商品广告形式，其创意设计和视觉呈现显得尤为重要。因为食品广告不仅要准确传达产品的信息，还要通过视觉元素激发消费者的购买兴趣。因此，掌握食品广告的设计技巧，对于中职学生来说，是一项非常实用的技能。

本章将带领大家走进食品广告的世界，并通过 Photoshop 这款图像处理软件，学习制作令人印象深刻的食品广告。我们将从基础的广告设计原理入手，分析食品广告中常见的元素和构图方式，探讨如何通过色彩、文字、图片等元素的巧妙组合，营造出引人入胜的食品氛围。

学习目标

🏆 知识目标

1. 掌握 Photoshop 的基本概念，包括其历史背景、应用领域以及在食品广告设计中的重要性。
2. 掌握食品广告设计原理，了解食品广告设计的基本原则和要素，如色彩、构图、文案等，以及如何将这些元素有效地结合在一起，创造出吸引人的广告。
3. 熟悉 Photoshop 的界面布局，掌握常用工具的使用方法，如选择工具、绘图工具、调整工具等。

📝 技能目标

1. 能够使用 Photoshop 对食品图片进行基本的处理，如裁剪、调色、滤镜应用等，以提高图片的质量和吸引力。
2. 能够根据食品特点，结合广告设计原理，创作出具有创意和个性的食品广告作品。
3. 在团队项目中，学生能够与同伴有效沟通，协作完成广告设计任务，培养团队合作精神。

📋 素质目标

1. 通过对优秀食品广告案例的欣赏与分析，提高学生的审美素养和创意思维，培养学生对美的敏感度和鉴赏能力。
2. 强调职业道德和规范，使学生在学习过程中逐渐形成对广告行业的认同感和责任感，为未来的职业发展奠定基础。
3. 鼓励学生敢于尝试、勇于创新，通过不断地实践与探索，激发学生的创新思维和创造力，为未来的广告设计工作提供源源不断的动力。

3.1 食品广告漫谈

3.1.1 食品广告

食品广告是指利用各种媒介和形式，如电视、广播、报纸、杂志、网络等，向公众宣传和推销食品的广告。这些广告通常会展示食品的外观、口感、营养成分、制作方法、品牌特色等信息，以吸引消费者的注意力，并激发他们的购买兴趣。

食品广告必须遵循相关的法律和道德准则，以确保其内容的真实性、合法性和公正性。例如，广告中必须准确标注食品的成分、营养信息、生产日期、保质期等关键信息，不得虚假宣传或误导消费者。

食品广告在市场营销中扮演着重要的角色，它不仅可以帮助食品企业提高品牌知名度、增加销售量、增强市场竞争力，也可以为消费者提供更多的信息，帮助他们更好地了解和选择适合自己的食品。

然而，随着人们对健康饮食和食品安全的关注度不断提高，食品广告也面临着越来越多的挑战和监管。因此，食品广告需要在遵守法律和道德准则的前提下，不断创新和改进，以更好地满足消费者的需求和期望。

3.1.2 食品广告制作基础知识

1. 了解食品行业特点

（1）色彩鲜艳：食品广告中的色彩运用至关重要。鲜艳的色彩能够吸引观众的注意力，同时传达出食品的新鲜和美味。设计师应选择能够突出食品特性的颜色，如红润的肉类、金黄的面包或鲜艳的水果。

（2）造型美观：食品的摆放和造型需要精心设计，以展现其最佳状态。这可能包括切割角度、摆放方式以及与餐具或背景的搭配。造型美观不仅能够提升广告的视觉吸引力，还能传递出食品的品质感。

（3）食欲诱人：广告中的食品应该看起来令人垂涎欲滴，这需要通过光线、阴影和质感的处理来实现。设计师应利用摄影技巧和后期处理技术，使食品看起来更加诱人，激发观众的食欲。

（4）熟悉食品特性：设计师应熟悉各类食品的特性，包括它们的质地、口感和风味，有助于在广告中准确地传达食品的卖点，以及通过视觉元素来强化这些卖点。

2. 熟悉食品广告设计的原则

（1）真实性原则：广告内容必须真实反映产品特性，不得夸大或虚构。在实际设计中，应使用准确的产品描述和真实的图片或视频，确保消费者对产品有正确的预期。

（2）吸引力原则：食品广告应具有视觉吸引力，使用鲜艳的颜色、诱人的图像和引人入胜的文案来吸引观者的注意。设计时可以运用对比、排版和构图技巧来增强广告的吸引力。

（3）文化适应性原则：广告内容应考虑目标市场的文化背景和习俗，避免使用容易引起误解或冒犯的元素。在设计时，要研究目标市场的文化特点，并将这些特点融入广告中。

（4）简洁性原则：信息传达要简洁明了，避免复杂难懂的信息堆砌。设计时应突出重点，去除不必要的装饰，确保信息一目了然。

（5）品牌一致性原则：广告设计应与品牌形象保持一致，使用品牌的标准色彩、标志和字体，有助于加强品牌识别度和消费者的品牌忠诚度。

违背这些原则可能产生以下的不良效果。

（1）失信：如果广告内容不真实，消费者可能会对品牌失去信任，导致品牌形象受损。

（2）反感：如果广告设计缺乏吸引力或文化适应性，可能会引起消费者的反感，降低广告效果。

（3）混淆：信息传达不清晰或过于复杂，可能会使消费者感到困惑，无法理解广告的真正意图。

（4）品牌形象受损：如果广告与品牌形象不一致，可能会削弱品牌的识别度和专业形象，影响消费者对品牌的看法。

3. 掌握 Photoshop 基本操作

（1）色彩调整：使用图像编辑软件调整食品的色彩饱和度和对比度，让食物看起来更加诱人。

（2）清晰度增强：通过锐化工具提高图像的清晰度，让食品的质感和细节更加突出。

（3）光影效果：模拟自然光线或使用光源效果，增强食品的立体感和层次感。

（4）背景处理：选择与食品主题相符的背景，通过模糊或更换背景来突出主体。

（5）食品特效：添加如水滴、蒸气、光泽等特效，增加食品的生动性和新鲜感。

（6）合成技术：将食品图像与其他元素合成，创造独特的广告场景。

（7）修图技巧：去除不必要的瑕疵，如食物上的污点或不自然的痕迹，保持食品的完美状态。

（8）动画制作：为静态图像添加动态效果，如翻页、旋转等，以吸引观众的注意力。

（9）文字排版：合理安排广告文案的位置和样式，确保信息传达清晰且不影响食品图像的视觉效果。

（10）最终核对：在发布前进行细致的检查，确保图像质量、色彩和信息的准确性。

3.1.3 食品广告的设计与制作

食品广告的设计与制作可以分为以下10个步骤。

（1）确定目标：明确广告要传达的信息和预期效果，比如提升品牌知名度、促进产品销售等。

（2）市场调研：研究目标市场和消费者群体，了解他们的需求、偏好和购买行为。

（3）创意构思：基于市场调研的结果，构思广告创意，包括广告主题、风格和视觉元素。

（4）设计草图：将创意构思转化为视觉草图，确定广告的布局和元素排列。

（5）选择合适的食品图片：挑选或拍摄高质量的食品图片，确保图片能够吸引目标消费者。

（6）文案撰写：编写简洁有力的广告文案，与视觉元素相辅相成，传达广告信息。

（7）设计制作：使用平面设计软件，如Photoshop或Adobe Illustrator，将草图、图片和文案整合成最终的广告设计。

（8）审核修改：将设计稿提交给客户或团队审核，根据反馈进行修改。

（9）打样测试：制作广告样稿，进行市场测试，评估广告效果。

（10）正式制作与发布：根据测试结果进行最终调整，然后正式制作广告并发布到目标媒介上。

3.1.4 拓展内容

在食品广告设计中，Photoshop技术的应用至关重要。除了基础的图像处理，设计师还需要掌握一些高级技巧，如光影效果的模拟、色彩搭配的协调和动态元素的添加，以打造更具吸引力的广告作品。利用 Photoshop 软件，我们可以创造出逼真的光照效果，让食品看起来更加诱人。同时，选择合适的色彩搭配能够激发消费者的购买兴趣。此外，加入动态元素，如飘动的烟雾、流动的液体等，能够为广告增加生动性和趣味性。掌握这些技巧，有助于为食品广告注入更多创意和活力。

提升图片设计感的策略

原始图片效果，显得相对简单。从构图布局来看，缺乏层次感，版式设计较为常规，过于模板化，缺少独特性。整个画面中不管是背景还是冰淇淋，都采用了单一的色彩，长时间观看会减少画面的吸引力，如图 3-1-1 所示。

图 3-1-1　原始图片效果

1. 构图设计

① 将冰淇淋素材图片放置在画面中心，再将冰淇淋上的两种颜色拆分至左右两侧，形成对称平衡的构图，如图 3-1-2 所示。

② 填充底色，以对称轴中心线放置文字信息，最后再调整产品和背景的质感，以创造出视觉冲突和内部平衡，形成戏剧化的设计效果，如图 3-1-3 所示。

食品广告 第3章

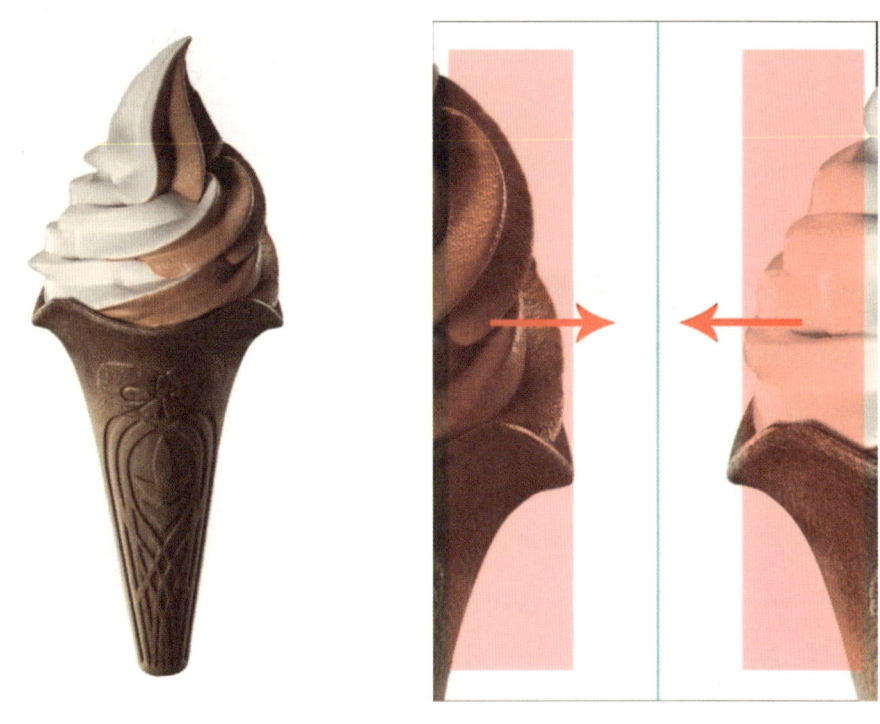

图 3-1-2 左右拆分构图设计

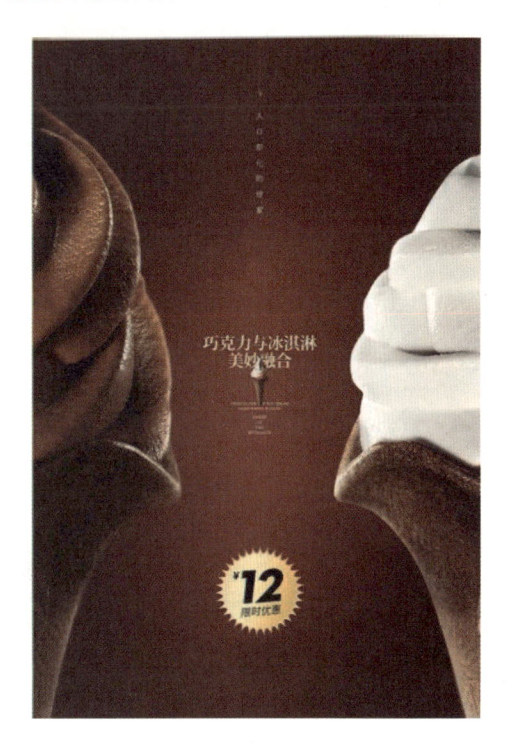

图 3-1-3 填充底色及成品效果

2. 创意设计

① 将冰淇淋素材图片放置在画面中心，并旋转至水平状态，运用对称性将其铺满上下两部分，如图 3-1-4 所示。

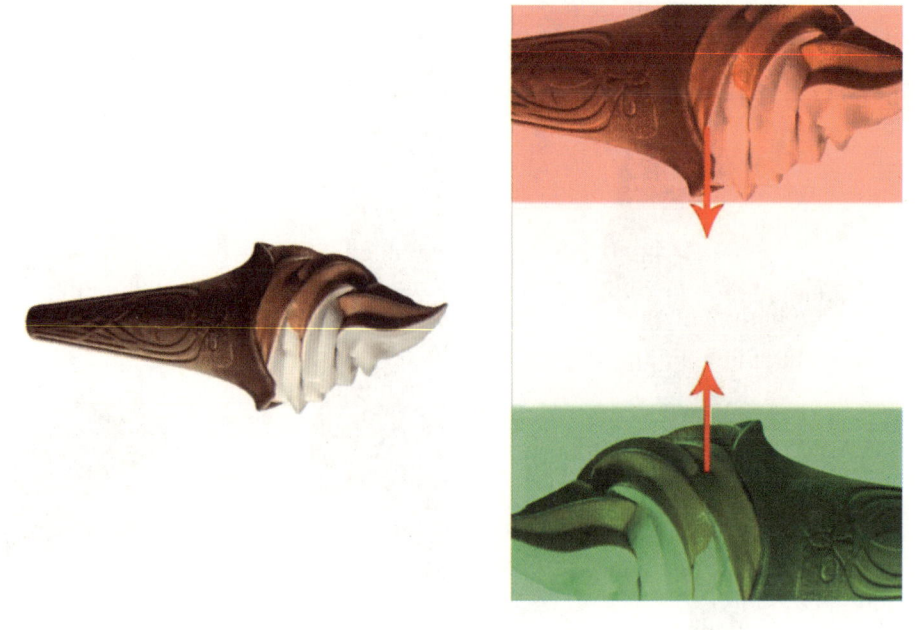

图 3-1-4　对称设计

② 发挥创意制作液态化的倒影效果，利用背景和光源营造出氛围感，如图 3-1-5 所示。

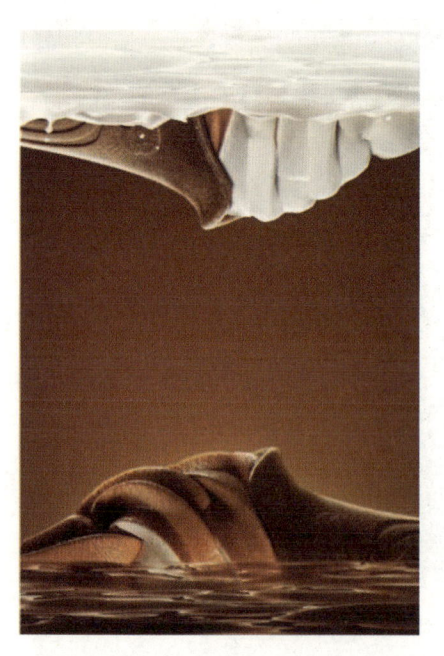

图 3-1-5　倒影效果

3. 色彩设计

① 选择与产品所匹配的颜色，并与产品进行结合，如图 3-1-6 所示。

② 不需要复杂的操作，也能让整个画面展现出艺术、创意的视觉效果，对比效果如图 3-1-7 所示。

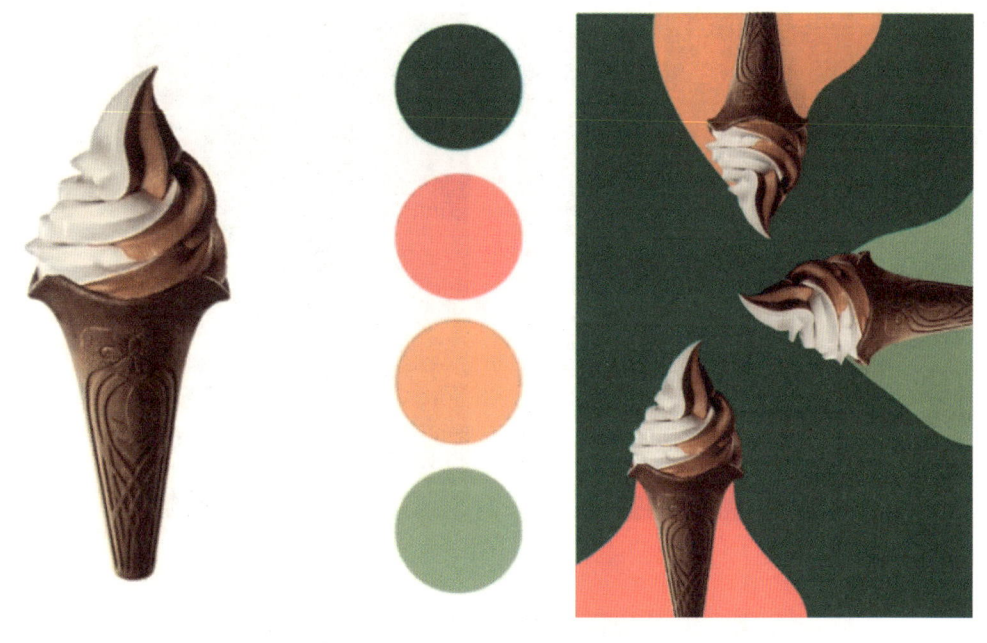

图 3-1-6　重新匹配颜色

图 3-1-7　对比效果 1

4. 版式设计

① 利用网格与线框布局，将文字有序地放置在框架中，如图 3-1-8 所示。

② 在设计过程中，要注意文字整体的视觉方向性，如图 3-1-9 所示。

③ 通过交错的方向引导，以及产品和色彩的填补，让版式既简洁又富有趣味性。原图和修改后的对比效果，如图 3-1-10 所示。

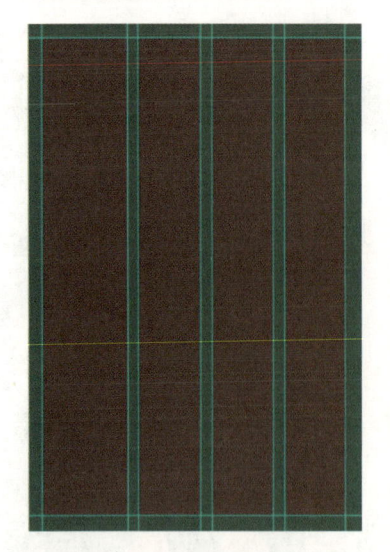

图 3-1-8　网格与线框布局

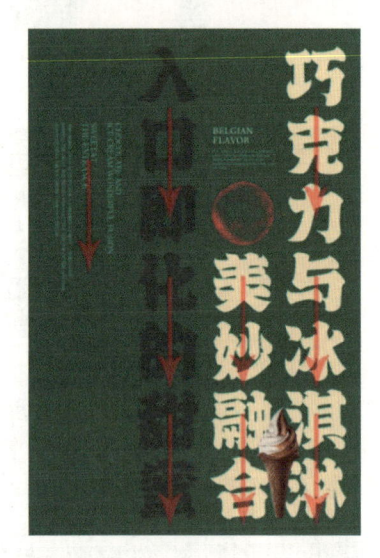

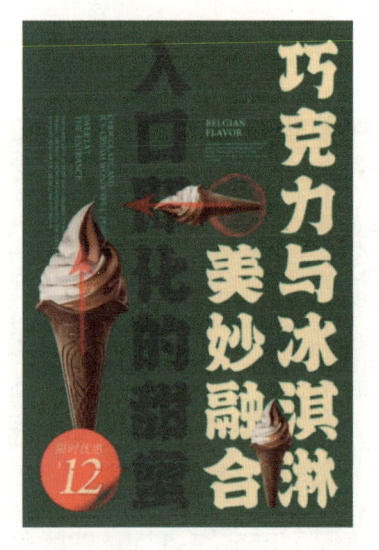

图 3-1-9　文字视觉方向性设计

图 3-1-10　对比效果 2

3.2 案例一 燃情可乐广告

3.2.1 作品介绍

在幽暗而充满激情的夜间，一幅生动的足球场景象跃然眼前。画面被柔和而明亮的灯光一分为二，左上方与右上方的聚光灯如同星辰般点缀夜空，它们不仅照亮了绿茵场，更照映出每一位追梦者的汗水与坚持。足球场的中场区域，绿草如茵、生机勃勃，成为梦想与汗水交织的舞台。

画面左侧，一名足球运动员正全情投入比赛，他的身影在灯光下显得格外矫健。他巧妙地盘带着足球，每一次触球都仿佛点燃了夜空的火花，传递着不屈不挠的运动精神。这份对胜利的渴望与周围的一切和谐共鸣，共同编织着一场关于青春与激情的盛宴。

在画面的右侧，诱人的可乐元素悄然登场。瓶装与罐装的燃情可乐整齐排列，它们不仅是解渴的佳品，更是活力的源泉。可乐下方，晶莹剔透的冰块散发着丝丝寒气，仿佛能瞬间驱散所有的疲惫与炎热。冰带自画面下方蜿蜒而过，与冰块相映成趣，为这炎热的夏夜带来一抹清凉的慰藉。

此时，"Burning Cola 燃情可乐"的 Logo 文字赫然映入眼帘，它如同夜空中最亮的星，引领着每一个追梦者的心。小标语"活力搭配，运动不累"简洁而有力，道出了燃情可乐与运动之间的完美契合。而大标题"有汽才够劲"更是直击人心，让人感受到那份由内而外的力量与激情。下方的小标题"持续活力 当然可乐"以轻松愉快的语气，强调了燃情可乐在提升活力方面的独特魅力。

值得一提的是，大标题被巧妙地赋予了阴影效果，这不仅增添了画面的层次感与立体感，更让燃情可乐这一品牌特性在视觉上更加醒目与突出。整幅广告作品以夜间的足球场为背景，将运动、活力与燃情可乐完美融合，展现了一种积极向上、勇往直前的生活态度。作品效果如图 3-2-1 所示。

图 3-2-1　作品效果图

3.2.2　设计思路

在构思"燃情可乐"的广告设计时，我们的目标是捕捉夜晚足球场上那份独特的激情与活力，并将产品与运动精神紧密结合，以激发消费者的共鸣。画面缓缓展开，夜幕低垂，但足球场却灯火通明，两束明亮的光线自左上方和右上方斜射而下，聚焦于这片绿茵之上，营造出一种紧张而又充满期待的氛围。

画面左侧，一名足球运动员正以敏捷的身姿和专注的眼神，在绿茵场上自如地盘带着足球。他的汗水在灯光下闪耀，是他对足球热爱与坚持的最好证明。这一刻，他不仅是在踢球，更是在释放自己内心的那份"燃情"。

画面右侧，瓶装与罐装的燃情可乐静静矗立，冰块环绕、凉爽舒适，仿佛能瞬间驱散所有疲惫与炎热。这不仅仅是两瓶饮料的展示，更是对运动员们努力与坚持的最好慰藉。在紧张激烈的比赛间隙，一瓶燃情可乐就是他们恢复活力、继续战斗的秘密武器。

小标语"活力搭配，运动不累"简短有力，直接点出燃情可乐与运动的完美搭配，暗示其能为运动者提供持续不断的活力支持，让运动更加轻松自如。大标题"有汽才够劲"中的"汽"一语双关，既指燃情可乐中的碳酸气泡，带来清爽刺激的口感，也象征着运动者内心的那股不屈不挠、勇往直前的劲头。两者相互呼应，共同诠释了燃情可乐与运动精神的紧密联系。下方小标题"持续活力　当然可乐"进一步强调了燃情可乐作为恢复活力、保持状态的最佳选择，无论是在运动场上还是在日常生活中，都能为你带来持续的能量与快乐。

通过为大标题添加阴影效果，不仅提升了整体的视觉层次感和品牌的高级感，更好地吸引观众的注意，也展现出燃情可乐的品牌特性。

夜间足球场的明亮灯光与周围环境的暗淡形成鲜明对比，突出了运动场景的紧张与激情，可乐与冰块的冰冷质感，与运动员的热血与汗水形成有趣的反差，增强了画面的视觉冲击力。

绿色草坪的生机勃勃、红色球衣的热情如火、蓝色与白色灯光的冷静与明亮，以及可乐包装的经典红色与黑色，共同构成了一幅色彩斑斓、充满活力的画面。运动员专注的眼神、汗水滑落的瞬间、可乐气泡的细腻呈现等细节处理，都让人感受到设计师的匠心独运和对品质的极致追求。

3.2.3　设计步骤

1. 核心技能展示

◆ 应用"图层混合模式"改变视图效果

◆ 应用"图层蒙版"命令合成融合图像

◆ 应用"魔棒工具"选择对象

◆ 应用"钢笔工具"绘制路径

◆ 应用"投影"图层样式制作投影

◆ 应用"色彩范围"选择特定区域

◆ 应用"颜色叠加工具"调整颜色

◆ 应用"亮度/对比度"调整亮度和对比度

2. 操作步骤

（1）打开 Photoshop 软件，执行"文件"→"新建"命令，在弹出的"新建文档"窗口中设置"宽度"为 2000 像素，"高度"为 1000 像素，"分辨率"为 150 像素/英寸，"颜色模式"为 RGB 颜色（8 位），"背景内容"为黑色（#000000），设置完成后单击"创建"按钮，如图 3-2-2 所示。

（2）执行"文件"→"打开"命令，在弹出的"打开"对话框中选择本章素材中的"背景.jpg"素材图片，选择左侧工具栏中的"移动工具"将其拖动至背景图中，按"Ctrl+T"组合键执行"自由变换"命令，调整素材图片的大小及位置，并为此图层添加图层蒙版。选择左侧工具栏中的"画笔工具"，在选项栏中设置"模式"为正常，"不透明度"为 48%，"流量"

为 74%，如图 3-2-3（a）所示，对灯光处进行涂抹，以降低中间部分的亮度，增加背景的空间感。灯光亮度调整前后对比如图 3-2-3（b）所示。

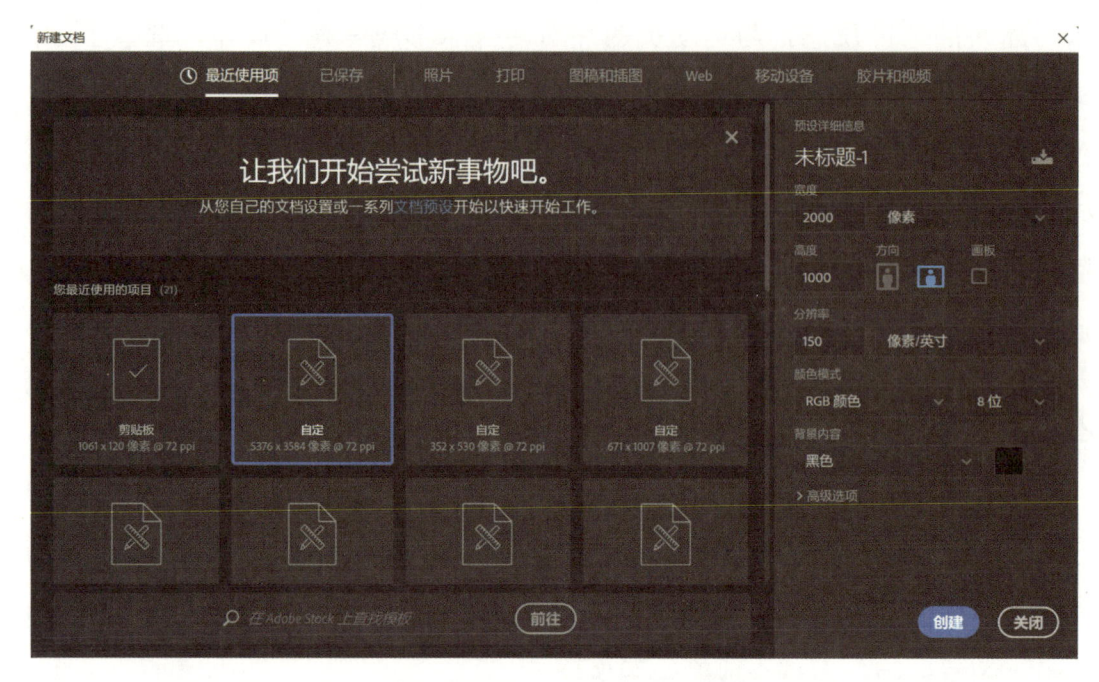

图 3-2-2　"新建文档"对话框

图 3-2-3（a）　"画笔工具"选项栏参数设置

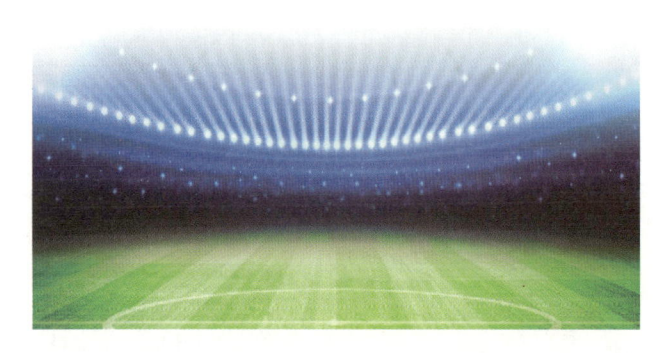

图 3-2-3（b）　灯光亮度调整前后对比

（3）执行"文件"→"打开"命令，在弹出的"打开"对话框中选择本章素材中的"灯光.jpg"素材图片，选择左侧工具栏中的"移动工具"将其拖动至背景图中，按"Ctrl+T"组合键执行"自由变换"命令，调整素材图片的大小及位置，图层混合模式设置为"滤色"，并为素材图片添加图层蒙版。选择左侧工具栏中的"画笔工具"在图层蒙版上擦除，只保留素材图片中两侧的灯光。按"Ctrl+J"组合键执行"复制图层"命令，复制此图层，使两侧的灯光更加明亮。灯光效果对比，如图 3-2-4 所示。

图 3-2-4　灯光效果对比图

（4）执行"文件"→"打开"命令，在弹出的"打开"对话框中选择本章素材中的"球员.jpg"素材图片，选择左侧工具栏中的"移动工具"将其拖动至背景图中。选择左侧工具栏中的"钢笔工具"抠出球员素材，如图 3-2-5（a）所示。在选项栏中设置"模式"为路径，描绘出人物外轮廓后，单击鼠标右键选择"建立选区"选项，并为此图层添加图层蒙版。按"Ctrl+T"组合键执行"自由变换"命令，调整球员素材的大小，并放在合适的位置，如图 3-2-5（b）所示。

图 3-2-5（a）　使用"钢笔工具"抠出球员素材

图 3-2-5（b）　球员素材调整

（5）执行"文件"→"打开"命令，在弹出的"打开"对话框中选择本章素材中的"瓶装可乐.png""罐装可乐.png"素材图片，选择左侧工具栏中的"移动工具"将素材图片拖动至背景图中,按"Ctrl+T"组合键执行"自由变换"命令,旋转素材图片并调整其大小及位置,如图 3-2-6 所示。

图 3-2-6　添加"可乐"素材

(6)执行"文件"→"打开"命令,在弹出的"打开"对话框中选择本章素材中的"冰块 1.png"素材图片,选择左侧工具栏中的"移动工具"将其拖动至背景图中,放置在右侧"可乐"图层上面。按"Ctrl+T"组合键执行"自由变换"命令,调整素材图片的大小及位置,并为其添加图层蒙版,选择左侧工具栏中的"画笔工具"擦除冰块边缘内容,如图 3-2-7 所示。

图 3-2-7　添加"冰块"素材图片

(7)执行"文件"→"打开"命令,在弹出的"打开"对话框中选择本章素材中的"冰块 2.png"素材图片,选择左侧工具栏中的"移动工具"将其拖动至背景图中,放置在整个背景画面的底部。按"Ctrl+T"组合键执行"自由变换"命令,调整素材图片的大小及位置,如图 3-2-8 所示。

图 3-2-8　添加底部"冰块"素材图片

（8）选择"罐装可乐"图层，按"Ctrl+J"组合键执行"复制图层"命令，复制"罐装可乐"图层。将复制所得的"罐装可乐"图层放置在球员下方。按"Ctrl+T"组合键执行"自由变换工具"命令，调整其大小及位置，如图 3-2-9 所示。

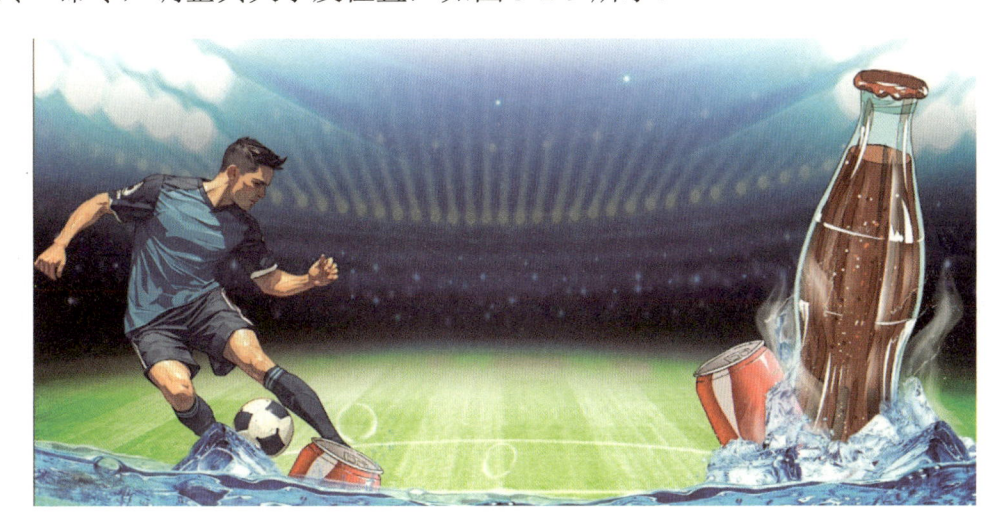

图 3-2-9　添加左侧"罐装可乐"

（9）执行"文件"→"打开"命令，在弹出的"打开"对话框中选择本章素材中的"大标题.png"素材图片，选择左侧工具栏中的"移动工具"将其拖动至背景图中，按"Ctrl+T"组合键执行"自由变换"命令，调整素材图片的大小，并放置在背景图的中间位置。选择"大标题"图层，执行"图层"→"图层样式"→"投影"命令，在"投影"选项卡中设置"颜色"为紫红色（#7f4a82），"混合模式"为正片叠底，"不透明度"为75%，"角度"为90度，"距离"为25像素，"扩展"为0%，"大小"为7像素，其他参数保留默认值，设置完成后单击"确定"按钮，如图 3-2-10（a）所示。效果如图 3-2-10（b）所示。

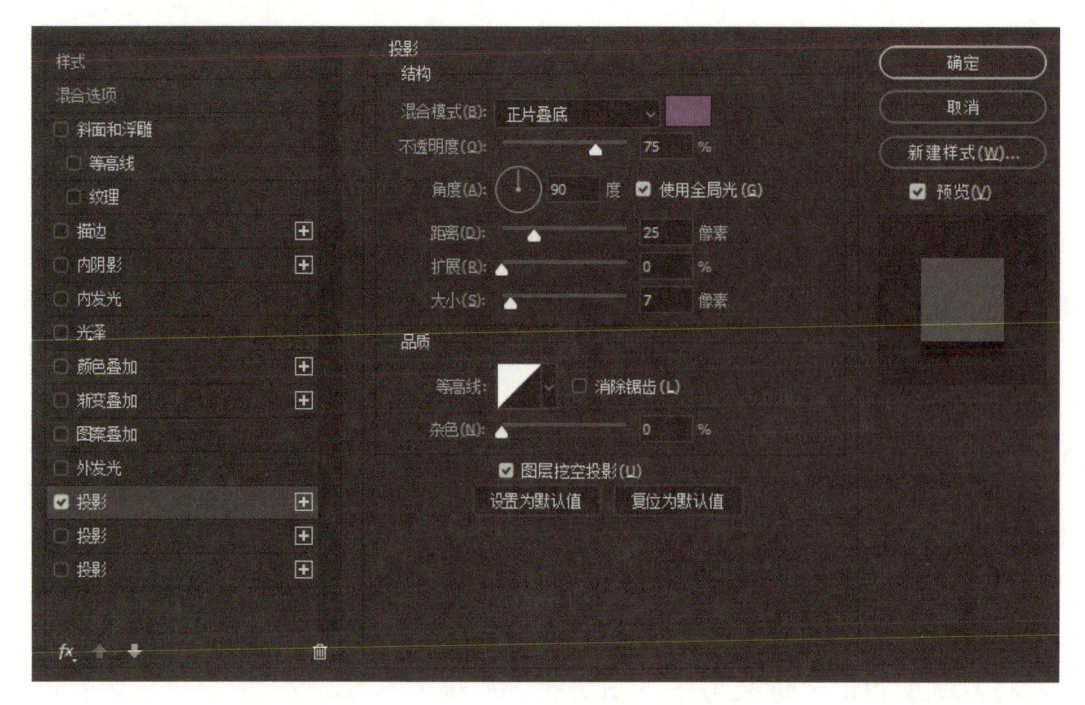

图 3-2-10（a） "投影"参数设置

图 3-2-10（b） 添加"投影"效果

（10）执行"文件"→"打开"命令，在弹出的"打开"对话框中选择本章素材中的"小标题 1.png""小标题 2.png""小标题 3.png"素材图片，选择左侧工具栏中的"移动工具"将素材图片拖动至背景图中。按"Ctrl+T"组合键执行"自由变换"命令，调整三个素材图片的大小及位置。选择"大标题"图层，单击鼠标右键选择"拷贝图层样式"选项，将"大标题"的投影效果分别复制给三个"小标题"图层，效果如图 3-2-11 所示。

图 3-2-11 "小标题"效果

（11）执行"文件"→"打开"命令，在弹出的"打开"对话框中选择本章素材中的"可乐 Logo.png"素材图片，选择左侧工具栏中的"移动工具"将其拖动至背景图中，并添加"颜色叠加"效果，在"颜色叠加"选项卡中设置"混合模式"为正常，"颜色"为白色（#ffffff），"不透明度"为 100%，设置完成后单击"确定"按钮，如图 3-2-12（a）所示。按"Ctrl+T"组合键执行"自由变换"命令，调整素材图片的大小及位置，如图 3-2-12（b）所示。

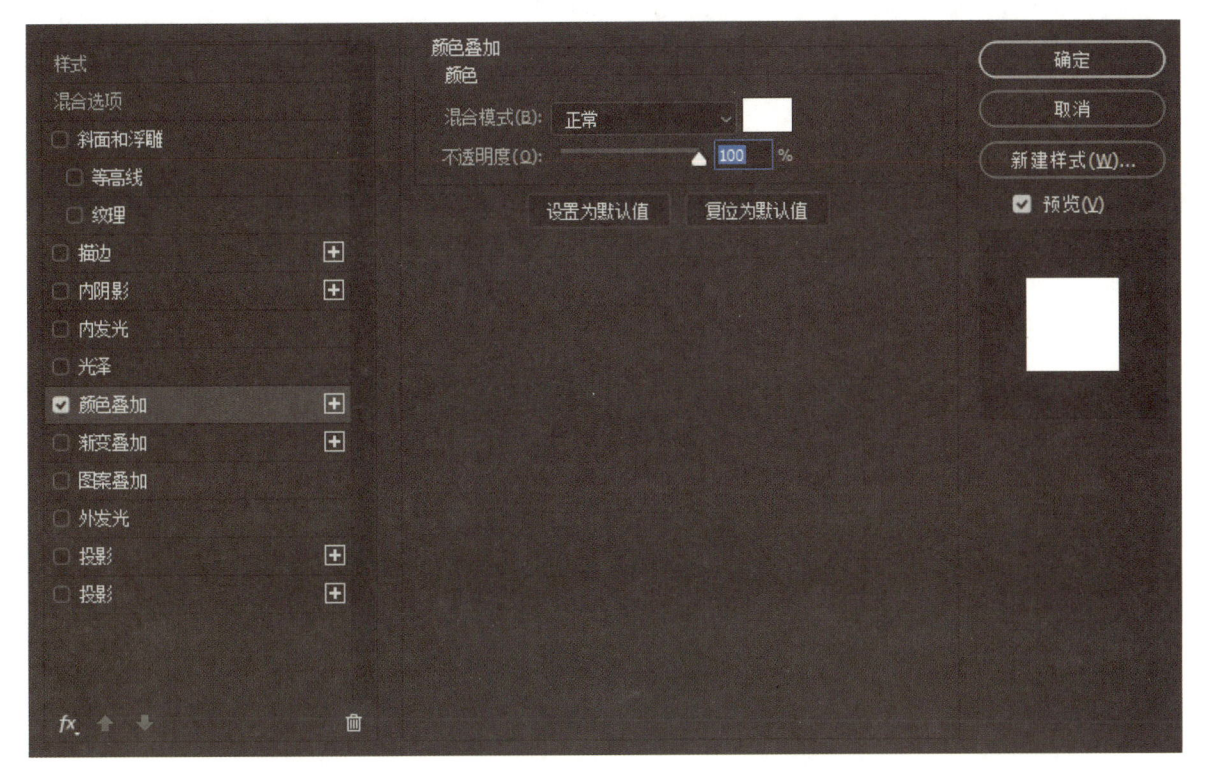

图 3-2-12（a） "颜色叠加"参数设置

图 3-2-12（b） 添加"Logo"效果

（12）单击图层面板中的"创建新的填充或调整图层"按钮，选择"亮度/对比度"选项，在弹出的"亮度/对比度"对话框中，设置"亮度"为 31，"对比度"为 0，如图 3-2-13 所示。

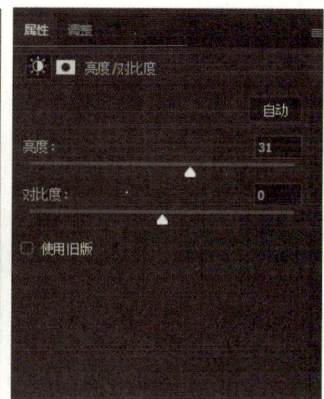

图 3-2-13 "亮度/对比度"参数设置

（13）成品效果如图 3-2-14 所示。

图 3-2-14 成品效果

3.3 案例二 水果广告

3.3.1 作品介绍

　　这幅水果广告作品，以温暖的橙色为背景，营造出一种温馨而诱人的氛围，仿佛能瞬间唤醒人们对自然馈赠的渴望。左上角"源自自然的馈赠 让您尽享美味时光"温柔地诉说着橙子的纯正与珍贵，它不仅是一种水果，更是大自然对人类味蕾的深情厚礼。右上角"如甘泉般·清甜"几个字跃然纸上，简洁而有力地传达了橙子的独特口感。那是一种如同山间清泉般纯净、又带着丝丝甘甜的美妙滋味，让人一尝难忘。

　　画面的中心，饱满圆润的橙子占据视觉的焦点，它色泽鲜艳、诱人食欲。通过细腻的笔触展现出其内部丰盈的果肉，晶莹剔透，仿佛能透过画面感受到那份新鲜与多汁。这不仅是对产品外观的展示，更是对品质与口感的自信宣言。

　　在橙子的下方，清晰地标注了产地信息，让消费者能够追溯到每一颗橙子的生长之地，感受到那份来自源头的纯净与安心。同时，还提供了联系方式和网址，方便消费者进一步了解产品详情或进行购买，让美味触手可及。

　　整幅广告作品以简洁而不失细节的设计，完美诠释了中国橙子的独特魅力与卓越品质，让人在欣赏之余，增添对自然之美的敬畏与向往。作品效果如图 3-3-1 所示。

图 3-3-1　作品效果图

3.3.2 设计思路

采用温暖的橙色调作为主背景,象征橙子的成熟与阳光的滋养,营造温馨、健康、自然的氛围。色彩上适当加入渐变效果,从顶部较浅的橙黄色逐渐过渡到底部稍深的橙色,增加层次感。

为增强自然感,在背景上微妙地融入树叶、果树枝干的剪影或轻微的木质纹理,暗示橙子源自自然的生长环境。左上角"源自自然的馈赠 让您尽享美味时光"选用圆润而富有亲和力的字体,如手写体或略带书法感的字体,体现自然与温馨。颜色选择金色或深棕色,与橙色背景形成鲜明对比,展现高级感。右上角"如甘泉般·清甜"采用简洁明快的现代字体,强调清甜口感的直观感受。颜色选择浅蓝色或淡绿色,与橙色形成鲜明对比,突出"甘泉"般的清凉感。最下方的产地、联系方式与网址选用清晰易读的宋体或黑体,排列整齐,可采用左对齐或居中对齐,根据整体版面设计调整确保信息传达的准确性。颜色保持与标题相似的深色系,确保在橙色背景下清晰可见。

素材图片居中放置,选用高清、色泽鲜艳的橙子照片,展示果肉饱满、汁水四溢的视觉效果。可以采用切开一半的橙子展示内部果肉,或是一整颗橙子与几片切片的组合,增加视觉层次和吸引力。使用轻微的阴影和光效处理,让橙子看起来更加立体、诱人。在橙子周围或下方,可以点缀一些小的元素,如滴落的果汁、几片绿叶或细小的水珠,增强画面的生动性和真实感。

保持整体布局的平衡与和谐,避免过于拥挤或空旷;利用网格系统规划版面,确保各个元素之间的间距适当,易于阅读。强调视觉焦点,即中间的橙子图片,通过色彩、大小、位置等因素突出其重要性。此外,还可以在设计中融入创意元素,如使用手绘风格的橙子轮廓作为边框,或在背景中加入轻微的动态效果,如微风拂过树叶的动画,增加广告的趣味性和互动性。

通过以上设计思路,可以打造出一幅既美观又富有吸引力的水果广告,有效传达产品的自然、健康、美味等特点。

3.3.3 设计步骤

1. 核心技能展示

◆ 应用"斜面和浮雕"制作立体效果

◆ 应用"图层蒙版"命令合成融合图像

◆ 应用"图层混合模式"改变视图效果

◆ 应用"钢笔工具"绘制路径

◆ 应用"颜色叠加工具"调整颜色

◆ 应用"文字工具"制作文字

2. 操作步骤

（1）打开 Photoshop 软件，执行"文件"→"新建"命令，在弹出的"新建文档"对话框中设置"宽度"为 1080 像素，"高度"为 1920 像素，"分辨率"为 150 像素/英寸，"颜色模式"为 RGB 颜色（8 位），"背景内容"为白色（#ffffff），设置完成后单击"创建"按钮，如图 3-3-2 所示。

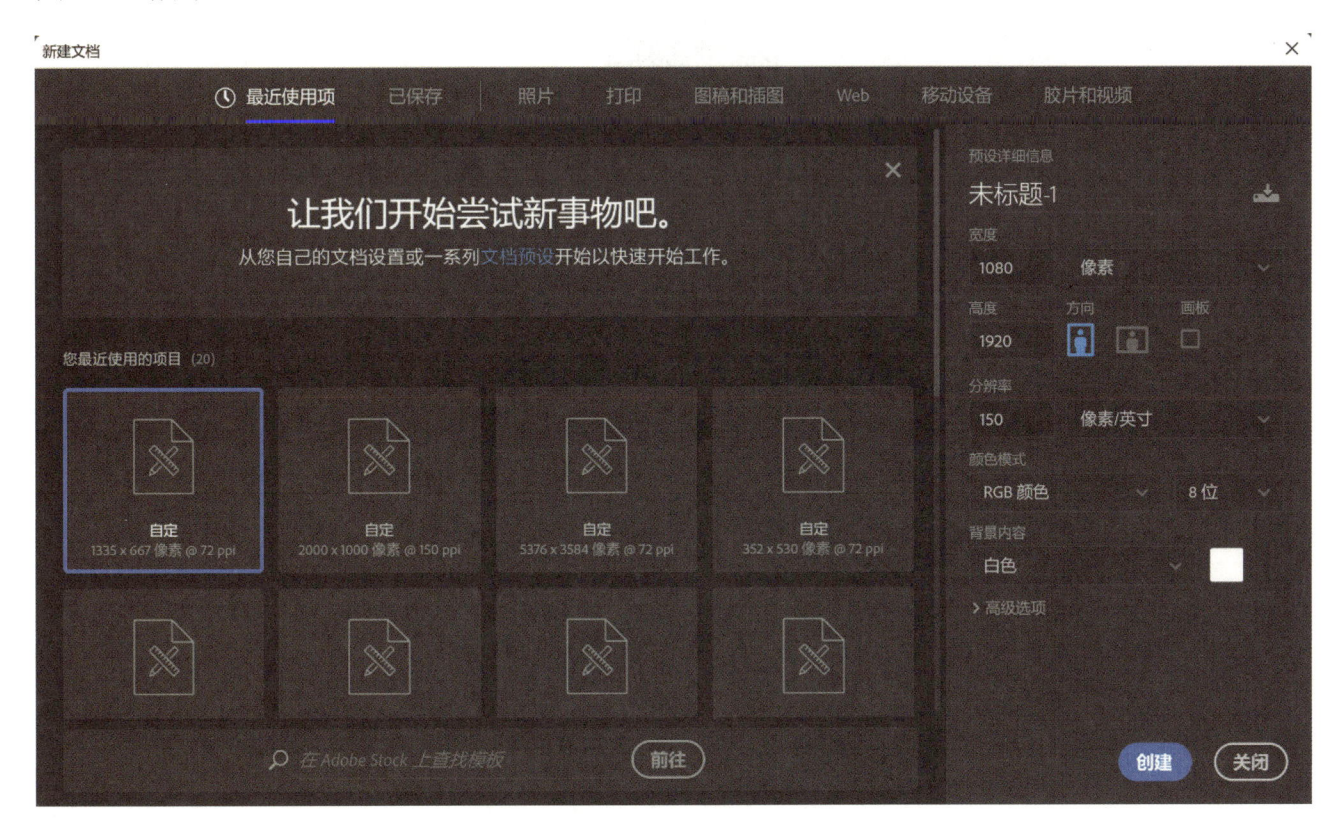

图 3-3-2 "新建文档"对话框

（2）执行"文件"→"打开"命令，在弹出的"打开"对话框中选择本章素材中的"橙子.jpg"素材图片。双击橙子素材图片的图层执行"解锁图层"命令，选择左侧工具栏中的"快速选择工具"选定区域，按 Delete 键删除选区，只保留橙子形状，如图 3-3-3（a）所示。将修改后的素材图片拖动至背景图中，按"Ctrl+T"组合键执行"自由变换"命令，调整素材图片的大小及位置。执行"图像"→"图像旋转"→"水平翻转画布"命令，调整素材图片的方向，如图3-3-3（b）所示。

图3-3-3（a）　素材图片修改后效果对比1

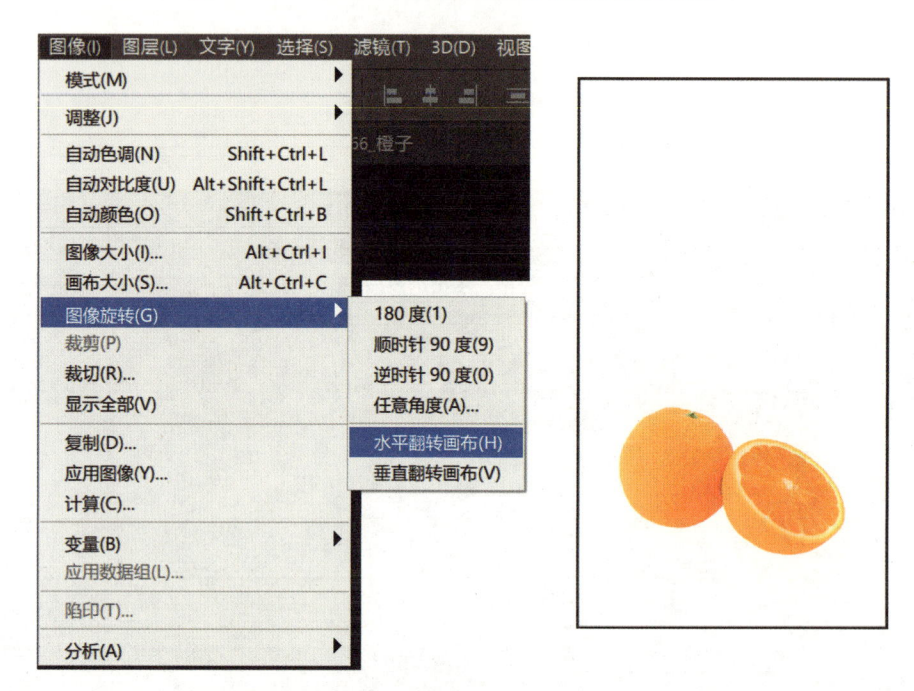

图3-3-3（b）　调整素材图片的方向

（3）执行"文件"→"打开"命令，在弹出的"打开"对话框中选择本章素材中的"橙子Logo.jpg"素材图片。双击橙子Logo素材图片的图层执行"解锁图层"命令，选择左侧工具栏中的"快速选择工具"选定区域，按Delete键删除选区，只保留橙子Logo，如图3-3-4（a）所示。将修改后的素材图片拖动至背景图中，按"Ctrl+T"组合键执行"自由变换"命令，调整素材图片的大小及位置，如图3-3-4（b）所示。

图 3-3-4（a） 素材图片修改后效果对比 2 　　　　图 3-3-4（b） 调整 Logo 素材图片

（4）选择左侧工具栏中的"横排文字工具"，在背景图右上角输入文字"如甘泉般·清甜"，设置"颜色"为浅绿色（#61dd54）。双击图层，在弹出的"图层样式"对话框中选择"描边"，在"描边"选项卡中设置"大小"为 2 像素，"位置"为外部，"混合模式"为正常，"不透明度"为 100%，"颜色"为橙色（#f5b942），设置完成后单击"确定"按钮，如图 3-3-5（a）所示。按"Ctrl+T"组合键执行"自由变换"命令，调整文字大小及位置，如图 3-3-5（b）。选择文字图层，按"Alt+鼠标左键"拖拽复制出两个新图层，分别输入文字"中国·橙子""圆润饱满新鲜提供"，按"Ctrl+T"组合键执行"自由变换"命令，调整文字大小及位置，如图 3-3-5（c）所示。

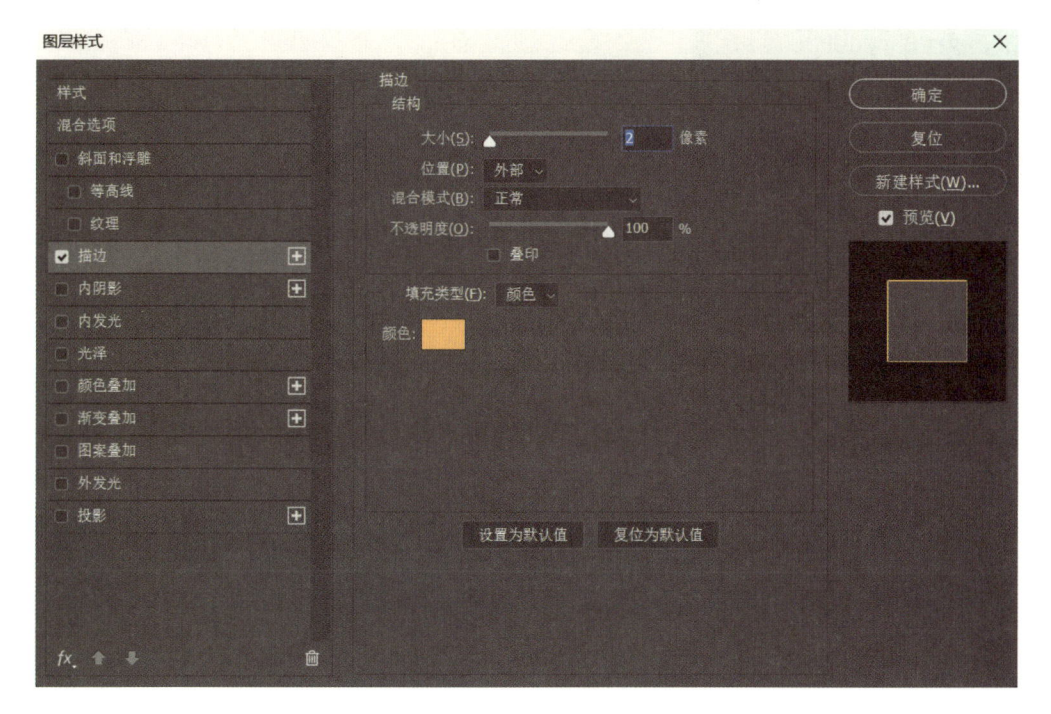

图 3-3-5（a）　"描边"参数设置

图 3-3-5（b） 文字设置效果

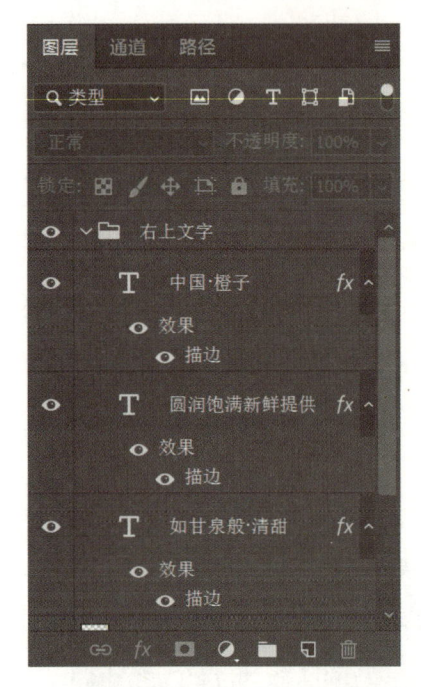

图 3-3-5（c） 文字部分图层样式及效果

（5）选择左侧工具栏中的"矩形工具"，在"如甘泉般·清甜"文字下方绘制出横线，在"属性"面板中设置"W"为441像素，"H"为4像素。选择此横线，按"Alt+鼠标左键"拖拽复制出一条新横线，在"属性"面板中设置"W"为441像素，"H"为2像素，如图3-3-6（a）所示。按住Ctrl键选择两条横线，再按"Alt+鼠标左键"拖拽复制两条新横线，如图3-3-6（b）所示。

（6）选择左侧工具栏中的"横排文字工具"，在背景图左下角输入产地、联系方式、网址的信息，调整文字的大小及位置，如图3-3-7所示。

图3-3-6（a） 复制横线及参数设置

图3-3-6（b） 复制两条新横线

图3-3-7 添加左下角文字信息

（7）选择"橙子"图层，按"Ctrl+J"组合键执行"复制图层"命令，复制新的"橙子"图层，按"Ctrl+T"组合键执行"自由变换"命令，单击鼠标右键选择"垂直翻转"选项，将翻转后的图片拖动至合适的位置，如图 3-3-8（a）所示。单击鼠标右键，选择"栅格化图层"选项。设置"前景色"为黑色（#000000），选择左侧工具栏中的"油漆桶工具"进行填充，如图 3-3-8（b）所示，然后为此图层添加"图层蒙版"，选择左侧工具栏中的"画笔工具"在图层蒙版上进行擦拭，设置"前景色"为橙色（#f0b64f），如图 3-3-8（c）所示。新建图层，选择左侧工具栏中的"画笔工具"，设置"前景色"为棕色（#9e7123），在橙子与地面相交处进行涂抹，模拟接触地面的效果，如图 3-3-8（d）所示。

图 3-3-8（a）　垂直翻转效果

图 3-3-8（b）　填充前景色

图 3-3-8（c）　添加"图层蒙版"

图 3-3-8（d）　模拟接触地面效果

（8）选择左侧工具栏中的"直排文字工具"，输入文字"源自自然的馈赠　让您尽享美味时光"，设置"颜色"为橙色（#f19b34），如图 3-3-9（a）所示。在"右上文字组"图层的上面新建图层，设置"颜色填充"为黑色（#000000），如图3-3-9（b）所示。执行"滤镜"→"杂色"→"添加杂色"命令，在弹出的"添加杂色"对话框中设置"数量"为22%，"分布"选择高斯分布，选择"单色"复选框，设置完成后单击"确定"按钮，如图3-3-9（c）所示。单击鼠标右键选择"创建剪贴蒙版"选项，设置图层混合模式为"滤色"，效果如图3-3-9（d）所示。

图 3-3-9（a） 添加左侧文字

图 3-3-9（b） 新建图层

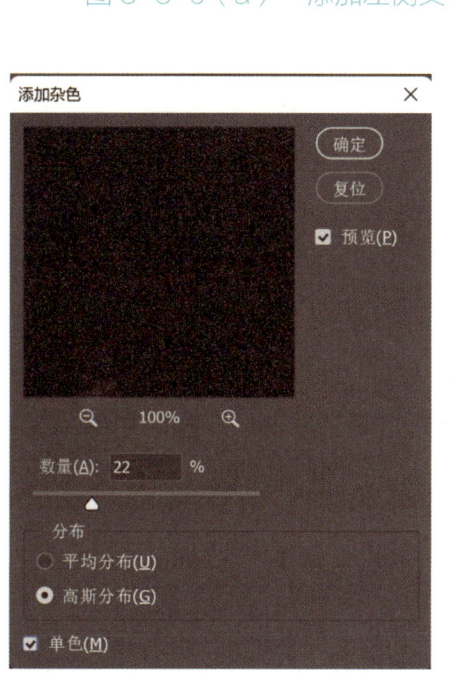

图 3-3-9（c） "添加杂色"对话框

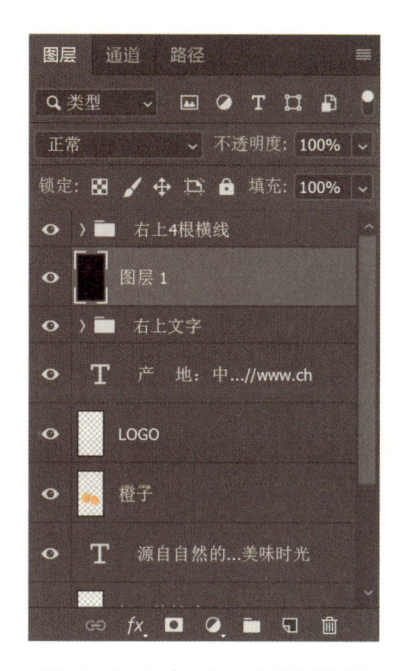

图 3-3-9（d） "滤色"效果

(9)成品效果如图 3-3-10 所示。

图 3-3-10　成品效果

3.4 本章实训

◆ 主题：设计中国川菜创意广告

◆ 设计思路

中国川菜以其麻辣鲜香、色香味俱全而闻名。在创意平面广告设计中，我们可以从以下 5 个方面着手。

1. 文化元素融合

（1）传统与现代结合：运用川剧脸谱、青铜纵目面具等传统元素与现代设计手法相结合，创造出既传统又不失时尚感的广告画面。例如，可以将川剧脸谱的鲜艳色彩和夸张线条融入菜品图片中，形成鲜明的对比和视觉冲击。

（2）地域风情展示：通过四川的山水风光、古镇建筑等地域特色元素作为背景或装饰，展现川菜的地理文化根源，增强广告的文化底蕴和故事性。

2. 味觉视觉化

（1）色彩诱惑：川菜的麻辣鲜香可以通过鲜艳的红色（代表辣椒）、黄色（代表豆瓣）等色彩来刺激观众的视觉神经，模拟出辣而不燥、麻中带香的味觉体验。

（2）食材特写：选取最具代表性的川菜食材，如鲜嫩的牛肉片、肥美的鱼头、火红的辣椒等，进行高清特写，展现食材的新鲜与质感，让观者仿佛能闻到香气。

3. 情感共鸣

（1）场景营造：构建温馨的家庭聚餐、朋友聚会等场景，通过人物间的互动和情感交流，传达出川菜不仅是美食，更是连接人心、增进情感的媒介。

（2）情感故事：融入与川菜相关的情感故事或民间传说，如讲述一道菜背后的历史故事或家庭传承，激发观者的情感共鸣，增加广告的人文关怀。

4. 创意互动

（1）AR 技术应用：利用 AR（增强现实）技术，让观者扫描广告即可观看到三维立体的菜品展示或参与互动游戏，增加趣味性和参与感。

（2）社交媒体挑战：发起与川菜相关的社交媒体挑战活动，如"最辣挑战""川菜 DIY 大赛"等，鼓励用户分享体验和创意，扩大广告的传播范围和影响力。

5. 品牌特色突出

（1）品牌标识强化：在广告设计中巧妙融入品牌标识和口号，确保品牌形象的一致性和识别度。通过统一的色彩搭配、字体风格和视觉元素，强化品牌记忆点。

（2）差异化定位：明确品牌在市场中的差异化定位，如"正宗川味""健康川菜"等，并在广告中突出这一特点，吸引特定消费群体的关注。

第 4 章

电子产品广告

在数字时代,电子产品已经成为我们日常生活和工作中重要的一部分。而电子产品的广告,作为连接产品与市场之间的桥梁,其设计与制作质量直接影响产品的销售和市场接受度。因此,掌握电子产品广告的制作技巧,对于中职学生来说,不仅是提升职业技能的关键,更是未来职业发展中不可或缺的资产。

在本章,我们将学习如何使用 Photoshop 这款强大的图像处理软件来制作电子产品广告。Photoshop 以其卓越的图像处理功能和广泛的应用领域,在广告制作中占据了举足轻重的地位。通过本章的学习,你将掌握 Photoshop 的各种工具和功能,从零开始制作一份吸引人的电子产品广告。

学习目标

知识目标

1. 掌握 Photoshop 软件的基本操作和图像处理技术。
2. 理解电子产品广告设计的基本原理和流程。
3. 学习相关的色彩理论、排版技巧和视觉元素运用。
4. 熟悉广告法规和行业规范。

技能目标

1. 能够熟练使用 Photoshop 进行电子产品广告的创意设计。
2. 能够独立完成广告图片的后期处理,包括调色、修图、合成等。
3. 能够根据客户需求和市场趋势,提出具有创意和吸引力的广告设计方案。
4. 能够与团队成员合作,完成复杂的广告项目。

素质目标

1. 培养学生的创新意识和审美能力,提高设计思维和解决问题的能力。
2. 增强学生的沟通能力和团队协作精神,提升项目管理和执行能力。
3. 培养学生的职业道德和责任心,使其具备高度的专业素养和职业操守。
4. 引导学生关注行业动态和技术发展,培养终身学习和持续进步的习惯。

4.1 电子产品广告漫谈

4.1.1 电子产品广告

电子产品广告是一种特定类型的广告，旨在推广和销售电子产品。这些产品包括但不限于电视、手机、电脑、相机、音响设备、游戏机等。电子产品广告的主要目的是吸引潜在消费者的注意，并激发他们购买或使用该产品的兴趣。

电子产品广告可以采用多种形式和媒介，包括电视广告、网络广告、印刷广告、户外广告等。广告内容通常包括产品的特点、功能、优势以及价格等信息，同时还会使用各种创意和视觉元素来吸引观者的眼球。

此外，电子产品广告通常会强调产品的技术创新和设计美学，以突出产品的独特性和竞争力。同时，广告也会强调产品的易用性和用户体验，以让消费者感受到产品的实用性和价值。

4.1.2 电子产品广告制作基础知识

1. 电子产品广告分类

（1）按产品类型分类：智能手机广告、计算机广告、平板电脑广告、智能穿戴设备广告等。

（2）按广告目的分类：品牌宣传广告、产品推广广告、促销活动广告、产品发布广告等。

（3）按广告风格分类：科技感广告、时尚潮流广告、简约风格广告、复古风格广告等。

（4）按目标受众分类：面向年轻消费者的广告、面向商务人士的广告、面向科技爱好者的广告等。

（5）按广告媒介分类：杂志广告、报纸广告、户外广告、公共交通广告、网络广告等。

2. 熟悉电子产品广告设计的原则

（1）清晰性：确保广告信息简洁明了，避免使用复杂的专业术语或难理解的描述，让目标受众能够迅速理解产品的特点和优势。

（2）吸引力：使用引人注目的视觉元素和色彩，吸引观者的注意力。确保设计与品牌形象保持一致，同时凸显产品的独特卖点。

（3）真实性：广告内容必须真实反映产品特性，避免夸大或误导消费者。提供准确的产品信息和实际使用场景，以建立消费者的信任。

（4）简洁性：避免过度装饰，保持广告版面的整洁和有序，防止过多的元素分散观者的注意力，影响广告效果。

（5）目标受众：深入了解并针对目标受众设计广告，确保广告内容和风格与目标受众的偏好和需求相匹配。

（6）呼吁行动：在广告中明确设置呼吁行动（Call to Action，CTA），激励观者采取购买、预约或了解更多详情等行动。

违背这些原则可能产生以下的不良效果。

（1）模糊不清的信息可能导致消费者对产品特性产生误解，影响购买决策。

（2）缺乏吸引力的设计可能无法引起观者的兴趣，降低广告效果。

（3）不真实或夸大的宣传可能会损害品牌形象，导致消费者信任度下降。

（4）过度复杂的设计可能会使广告信息难以理解，降低广告的传播效率。

（5）忽视目标受众的偏好可能会导致广告无法引起共鸣，降低广告的吸引力和转化率。

（6）缺少有效的呼吁行动可能会导致观者无法明确下一步行动，错失销售机会。

3. 掌握 Photoshop 基本操作

在处理电子产品广告图像时，可以采用以下技巧和方法。

（1）图像分辨率：选择高分辨率的原始图像，确保在放大或打印时保持图片的清晰度。

（2）色彩校正：调整图像的色彩平衡和饱和度，以突出产品的颜色和质感，提升吸引力。

（3）对比度增强：增强图像对比度，使图像的明暗部分更加分明，增强视觉冲击力。

（4）清晰度提升：使用锐化工具提高图像的清晰度，使细节更加突出。

（5）背景处理：选择与产品协调的背景，或者使用模糊、渐变等效果，突出产品焦点。

（6）光影效果：合理运用光线和阴影效果，增加图像的立体感和层次感。

（7）图像合成：将产品图像与使用场景、用户评价等元素合成，增强广告的说服力。

（8）文字和图形设计：在图像上添加简洁明了的文字说明和图形元素，有效传达关键信息。

（9）修图工具应用：熟练掌握 Photoshop 等专业修图软件，利用各种工具进行精细处理。

（10）最终检查：在完成所有编辑后，仔细检查图像的细节，确保无错误或多余的元素。

4.1.3　电子产品广告的设计与制作

电子产品平面广告的设计与制作涉及以下步骤。

（1）市场调研：了解目标市场、竞争对手以及潜在消费者的需求和偏好。

（2）创意构思：基于市场调研结果，构思广告的主题和创意点，确保与品牌形象和产品特性相符。

（3）草图绘制：将创意构思转化为草图，确定广告的布局和视觉元素。

（4）设计元素选择：挑选适合的字体、颜色、图像和图形等设计元素。

（5）制作初稿：使用设计软件制作广告的初稿。

（6）客户反馈：向客户展示初稿，收集反馈意见并进行修改。

（7）完稿制作：根据客户反馈细化设计，完成广告的最终制作。

（8）打印与发布：将最终设计印制成实体广告或发布至网络平台。

（9）效果评估：监测广告发布后的效果，收集数据进行分析，评估广告的影响力和转化率。

（10）后续优化：根据效果评估结果，对广告设计进行调整和优化。

4.1.4　拓展内容

自制色卡

（1）执行"文件"→"新建"→"打开"命令，在弹出的"打开"对话框中选择本章素材中的"夕阳.png"素材图片。选择"文件"→"导出"→"存储为Web所用格式（旧版）"选项，如图4-1-1所示，将素材图片进行保存。

（2）在弹出的"存储为Web所用格式"对话框中，进行存储参数设置，选择"PNG-8"，设置"颜色"为16，如图4-1-2所示。（颜色的数值表示可显示的最大颜色数，一般情况下选择16色或者8色）

（3）单击"颜色表"选项卡的下拉菜单按钮，选择"存储颜色表"选项，如图4-1-3所示，完成素材图片的存储。

电子产品广告　第 4 章

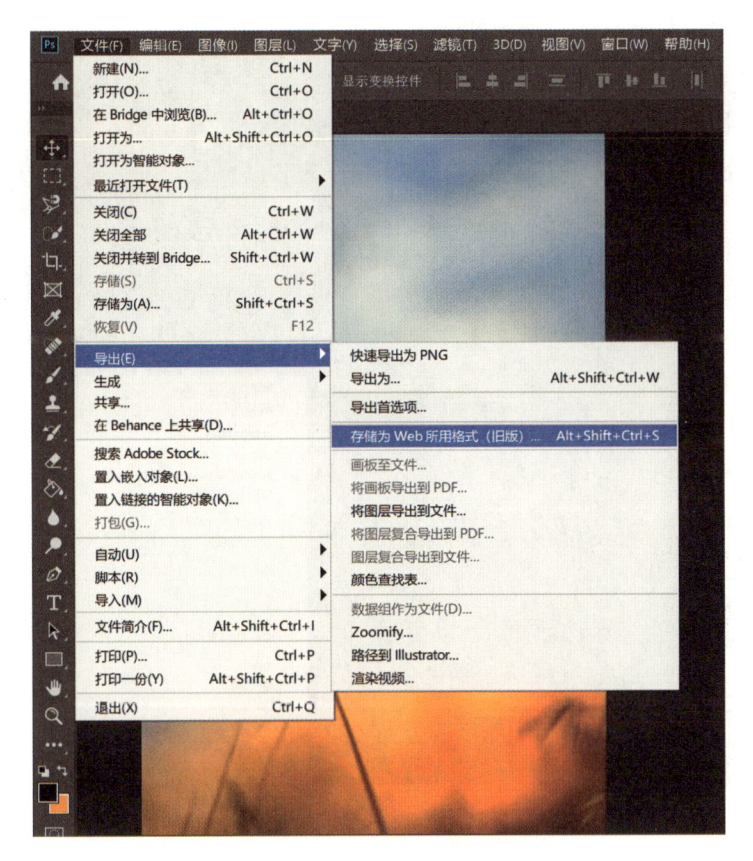

图 4-1-1　存储素材图片

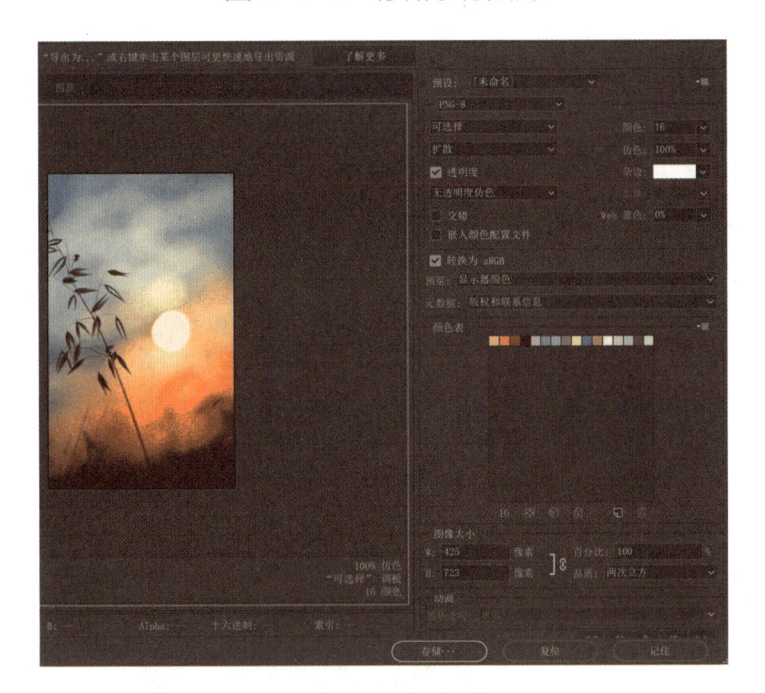

图 4-1-2　存储参数设置

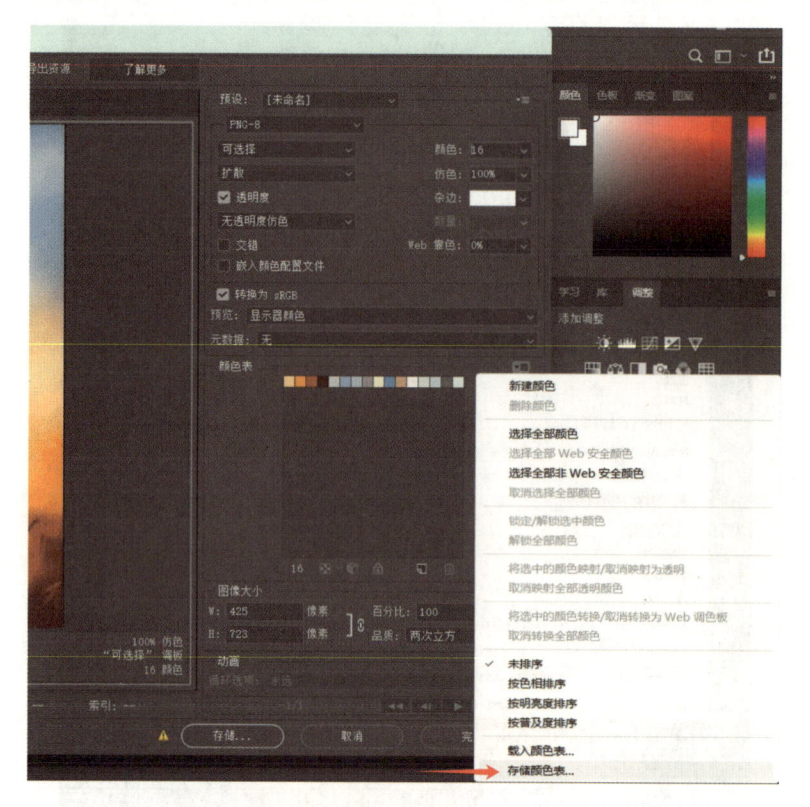

图 4-1-3 "颜色表"选项卡设置

（4）执行"窗口"→"色板"命令，单击"色板"选项卡的下拉菜单按钮，选择"载入色板"选项，如图 4-1-4 所示。

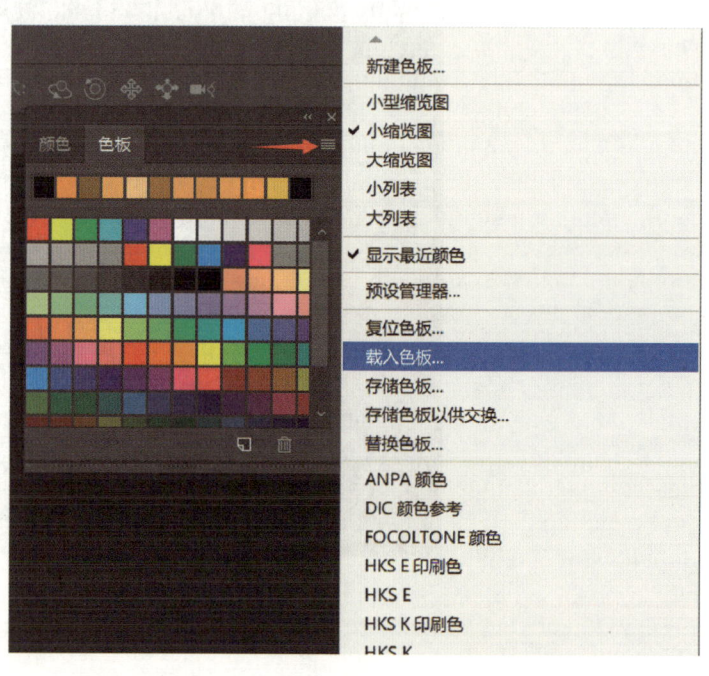

图 4-1-4 "色板"选项卡设置

（5）找到存储的"颜色表"文件，选择载入"颜色表（*.ACT）"格式，如图 4-1-5 所示。

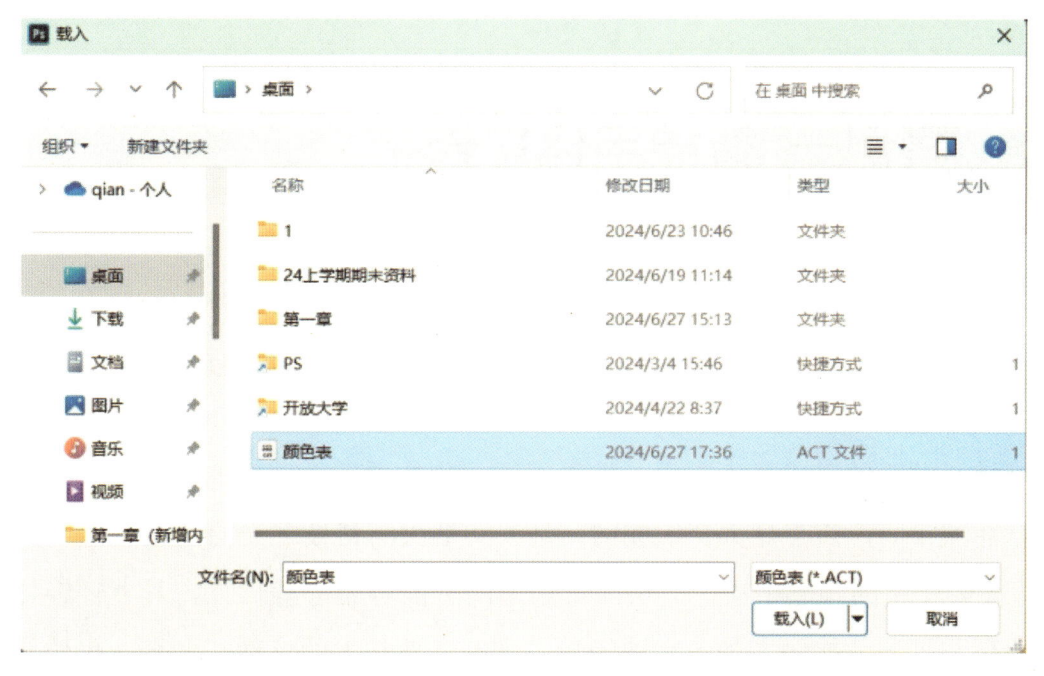

图 4-1-5　载入"颜色表"文件

（6）制作的色彩样本集，如图 4-1-6 所示，已制备完成，可直接应用于设计中。

图 4-1-6　色彩样本集

4.2　案例一　智能手环广告

4.2.1　作品介绍

在深邃的夜幕下，黑色与深蓝色交织成一幅静谧而浩瀚的背景，仿佛将观者带入了一个既神秘又充满科技感的世界。天空中，繁星闪烁，犹如遥远而璀璨的灯塔，引领着我们对未知的探索；而城市间，点点灯火交织成网，是人间烟火与科技之光的温柔碰撞。

在这片光影交错的画卷中央，一块晶莹剔透的智能屏幕静静伫立，其上轻轻托起一款智能手环。手环与屏幕的接触之处，水波轻漾，既寓意着技术的流动与融合，也仿佛在诉说着与佩戴者肌肤相亲时的那份细腻与温存。

"智能手环"四个字，以银白色调跃然于画面之上，简约而不失高贵，瞬间吸引了所有目光。下方"有了Ta让您的生活不再有错过"的文案，温柔而坚定地承诺着，这款手环将成为您日常生活中不可或缺的伴侣，确保每一个重要瞬间都不再被遗漏。

紧接着，"高端奢华大气 智能运动手环"一行字，不仅精准地展现了产品的市场定位，更通过精练的词汇勾勒出其卓越的品质与不凡的气质。随后，一系列详尽的功能介绍逐一展开：自动睡眠监测、实时心率、心率预警、全天活动记录、全天运动距离、超长待机时间等。每一项功能都紧贴用户需求，旨在为现代生活带来前所未有的便捷与健康管理体验。

尤为引人注目的是，智能运动手环图片上方，"科技改变生活"六个字熠熠生辉，不仅是对产品本身的高度概括，更是对未来科技发展趋势的深刻洞察与期待。而在手环图片后方，一幅精细的大脑神经效果图悄然浮现，它以抽象而直观的方式，展现了这款手环如何深入人体健康管理的核心，通过科技的力量激发身体的无限潜能。

整幅广告作品，以深邃的夜空为背景，以科技的光芒为引领，将一款智能手环的非凡魅力展现得淋漓尽致。它不仅是一件产品，更是连接现代生活与未来科技的桥梁，让每一个佩戴者都能感受到科技带来的温暖与力量。作品效果如图4-2-1所示。

图 4-2-1　作品效果图

4.2.2　设计思路

　　选用黑色与深蓝色作为主色调，营造深邃而宁静的夜空氛围。黑色象征着科技与未知，深蓝色让人联想到宁静的夜晚与广阔的宇宙，两者结合，既神秘又引人遐想。天空中点缀着点点星光，象征着科技的璀璨与希望。城市的灯火阑珊，萤火点点，则预示着智能科技已悄然融入我们的日常生活，成为不可或缺的一部分。

　　画面正中，一块精致的智能屏幕在黑暗中熠熠生辉，屏幕中央清晰展示着智能手环的精致轮廓。手环与屏幕接触处巧妙融入水波效果，象征着智能与生活的和谐交融，以及信息的流畅传递。

　　"智能手环"四个字以银白色呈现，在暗色背景下格外醒目，既彰显了产品的科技感，又传递了高端、时尚的品牌形象。下方文案"有了 Ta 让您的生活不再有错过"，以温暖而坚定的语气，直接点出产品带来的便利与安心，触动消费者的情感共鸣。"高端奢华大气 智能运动手环"，进一步强调产品的定位与特色，满足消费者对品质生活的追求。

在智能运动手环图片下方，依次列出其各项核心功能：自动睡眠监测、实时心率、心率预警、全天活动记录、全天运动距离、超长待机时间等。每项功能均用简洁明了的文字描述，直观展现产品的强大性能。在智能运动手环图片上方，以"科技改变生活"为引领，强调智能科技对于提升生活品质的重要作用，激发消费者对科技产品的向往与期待。智能运动手环图片后方融入大脑神经效果图，寓意这款手环不仅是运动辅助工具，更是能够深入洞察用户需求、提供个性化服务的智能伙伴，进一步加深产品的科技感和人性化形象。

4.2.3 设计步骤

1. 核心技能展示

- 应用"斜面和浮雕"制作立体效果
- 应用"图层蒙版"命令合成融合图像
- 应用"图层混合模式"制作显示效果
- 应用"钢笔工具"绘制路径
- 应用"渐变叠加"更改颜色渐变
- 应用"文字工具"制作文字
- 应用"色阶"调整明暗关系
- 应用"矩形工具"绘制圆角矩形
- 应用"投影工具"制作文字投影

2. 操作步骤

（1）打开 Photoshop 软件，执行"文件"→"新建"命令，在弹出的"新建文档"对话框中设置"宽度"为 20 厘米，"高度"为 30 厘米，"分辨率"为 150 像素/英寸，"颜色模式"为 RGB 颜色（8 位），"背景内容"为白色（#ffffff），设置完成后单击"创建"按钮，如图 4-2-2 所示。

（2）新建图层，选择左侧工具栏中的"矩形选框工具"绘制矩形，设置"前景色"为黑色（#000000），按"Alt+Delete"组合键执行"填充前景色"命令进行填充。按"Ctrl+D"组合键执行"取消选区"命令取消选区，如图 4-2-3 所示。

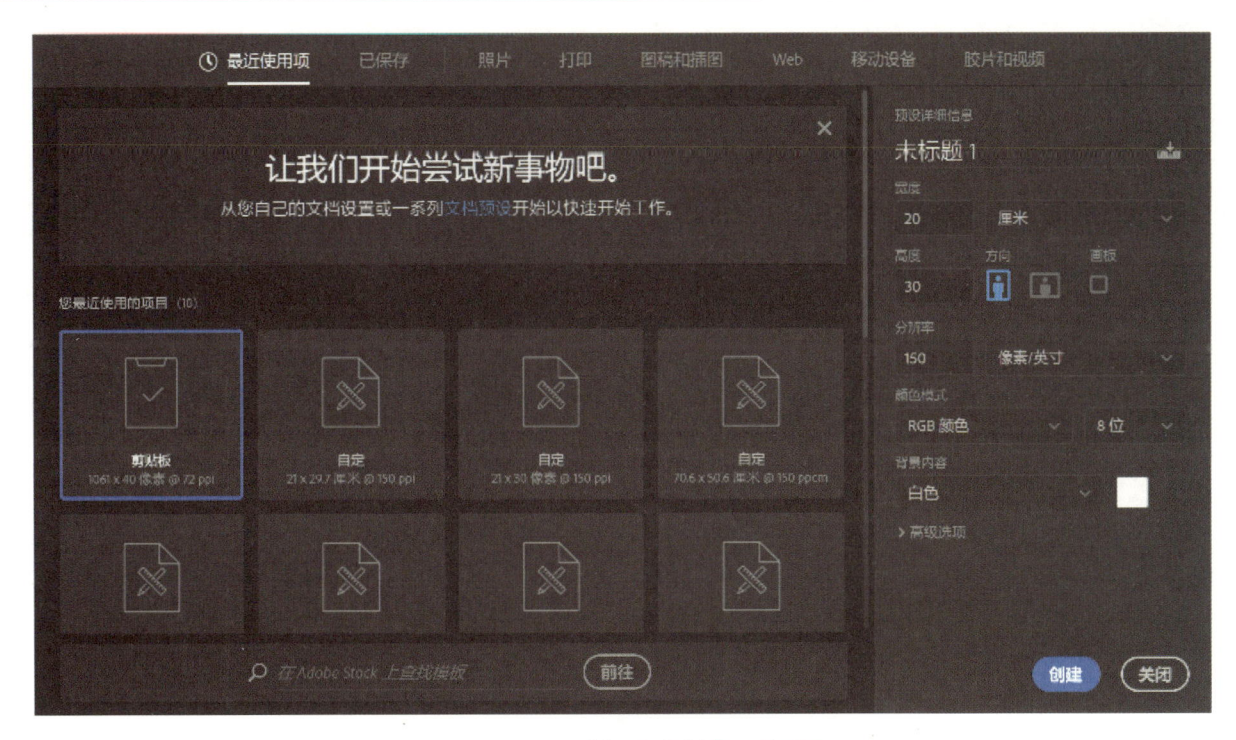

图 4-2-2 "新建文档"对话框

图 4-2-3 填充图层

（3）执行"文件"→"打开"命令，在弹出的"打开"对话框中选择本章素材中的"背景.jpg"素材图片，选择左侧工具栏中的"移动工具"将其拖动至背景图中，按"Ctrl+T"组合键执行"自由变换"命令，调整素材图片的大小及位置，如图 4-2-4 所示。

图 4-2-4 添加"背景"素材图片效果

（4）执行"文件"→"打开"命令，在弹出的"打开"对话框中选择本章素材中的"平台.png"素材图片，选择左侧工具栏中的"移动工具"将其拖动至背景图中，按"Ctrl+T"组合键执行"自由变换"命令，调整素材图片的大小及位置，如图 4-2-5（a）所示。执行"文件"→"打开"命令，在弹出的"打开"对话框中选择本章素材中的"光圈.jpg"素材图片，选择左侧工具栏中的"移动工具"将其拖动至背景图中，按"Ctrl+T"组合键执行"自由变换"命令，调整素材图片的大小及位置。选择"光圈"图层，单击鼠标右键，选择"创建剪切蒙版"选项，将"光圈"素材图片剪切到"平台"素材图片上面，按"Ctrl+T"组合键执行"自由变换"命令，调整其大小及位置，如图 4-2-5（b）所示。

图 4-2-5（a） 添加"平台"素材图片 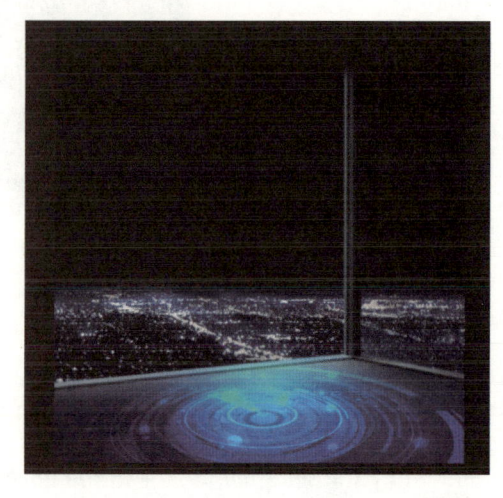　　　图 4-2-5（b） 添加"光圈"素材图片

（5）新建图层，设置"前景色"为黑色（#000000），按"Alt+Delete"组合键执行"填充前景色"命令进行填充，选择左侧工具栏中的"橡皮擦工具"，擦除图层中多余的部分，设置图层混合模式为"正片叠底"，如图4-2-6所示。

（6）执行"文件"→"打开"命令，在弹出的"打开"对话框中选择本章素材中的"星空.jpg"素材图片，选择左侧工具栏中的"移动工具"将其拖动至背景图中，按"Ctrl+T"组合键执行"自由变换"命令，调整素材图片的大小及位置，设置图层"不透明度"为70%，如图4-2-7所示。

图 4-2-6　调整图层效果

图 4-2-7　添加"星空"素材图片

（7）执行"文件"→"打开"命令，在弹出的"打开"对话框中选择本章素材中的"大脑.png"素材图片，选择左侧工具栏中的"移动工具"将其拖动至背景图中，按"Ctrl+T"组合键执行"自由变换"命令，调整素材图片的大小及位置，如图4-2-8所示。

（8）执行"文件"→"打开"命令，在弹出的"打开"对话框中选择本章素材中的"手环.png"素材图片，选择左侧工具栏中的"移动工具"将其拖动至背景图中，按"Ctrl+T"组合键执行"自由变换"命令，调整素材图片的大小及位置，如图4-2-9所示。

图 4-2-8　添加"大脑"素材图片

（9）选择左侧工具栏中的"钢笔工具"绘制图形，按"Ctrl+Enter"组合键执行"路径变选区"命令，将路径转化为选区，设置"前景色"为白色（#ffffff），按"Alt+Delete"组合键填充前景色，按"Ctrl+D"组合键取消选区。按"Ctrl+J"组合键执行"复制图层"命令，复制一个新图层，按"Ctrl+T"组合键，单击鼠标右键选择"水平翻转"选项，再单击鼠标右键选择"垂直翻转"选项，将翻转后的图形放置在对角位置。效果如图4-2-10所示。

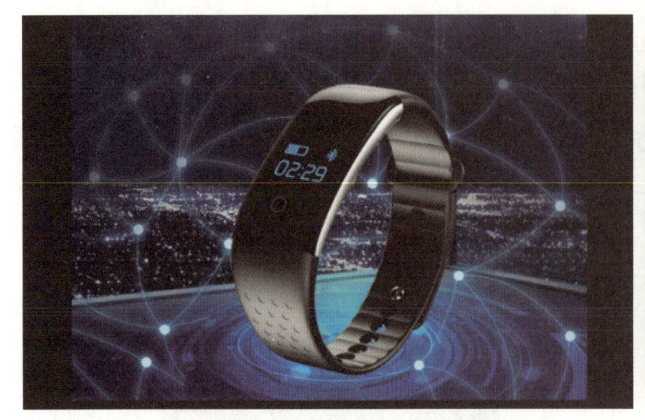

图 4-2-9　添加"手环"素材图片

图 4-2-10　图形效果

（10）选择左侧工具栏中的"横排文字工具"输入大标题"智能手环"，调整字体大小后放置到合适的位置，双击"智能手环"图层，在弹出的"图层样式"对话框中，设置图层样式："斜面和浮雕"参数设置如图 4-2-11（a）所示；"描边"参数设置如图 4-2-11（b）所示；"内发光"参数设置如图 4-2-11（c）所示；"光泽"参数设置如图 4-2-11（d）所示；"渐变叠加"参数设置如图 4-2-11（e）所示；"投影"参数设置如图 4-2-11（f）所示。

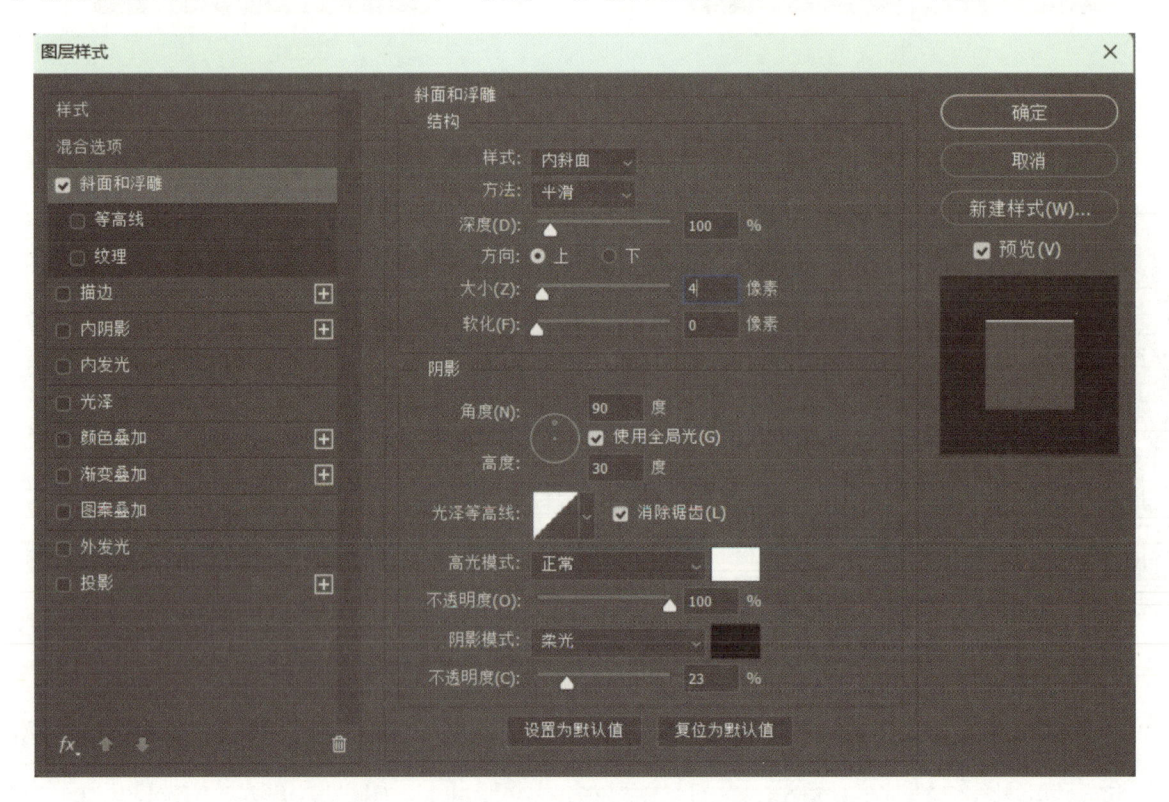

图 4-2-11（a）　"斜面和浮雕"参数设置

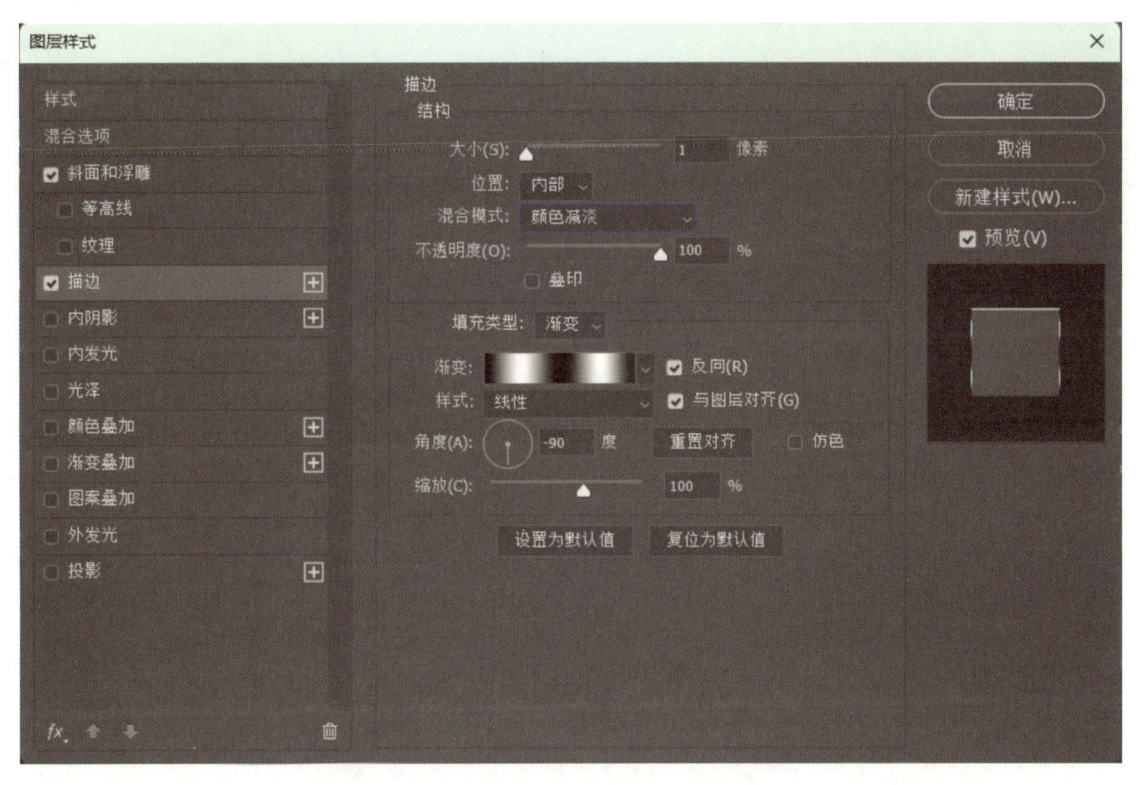

图 4-2-11（b） "描边"参数设置

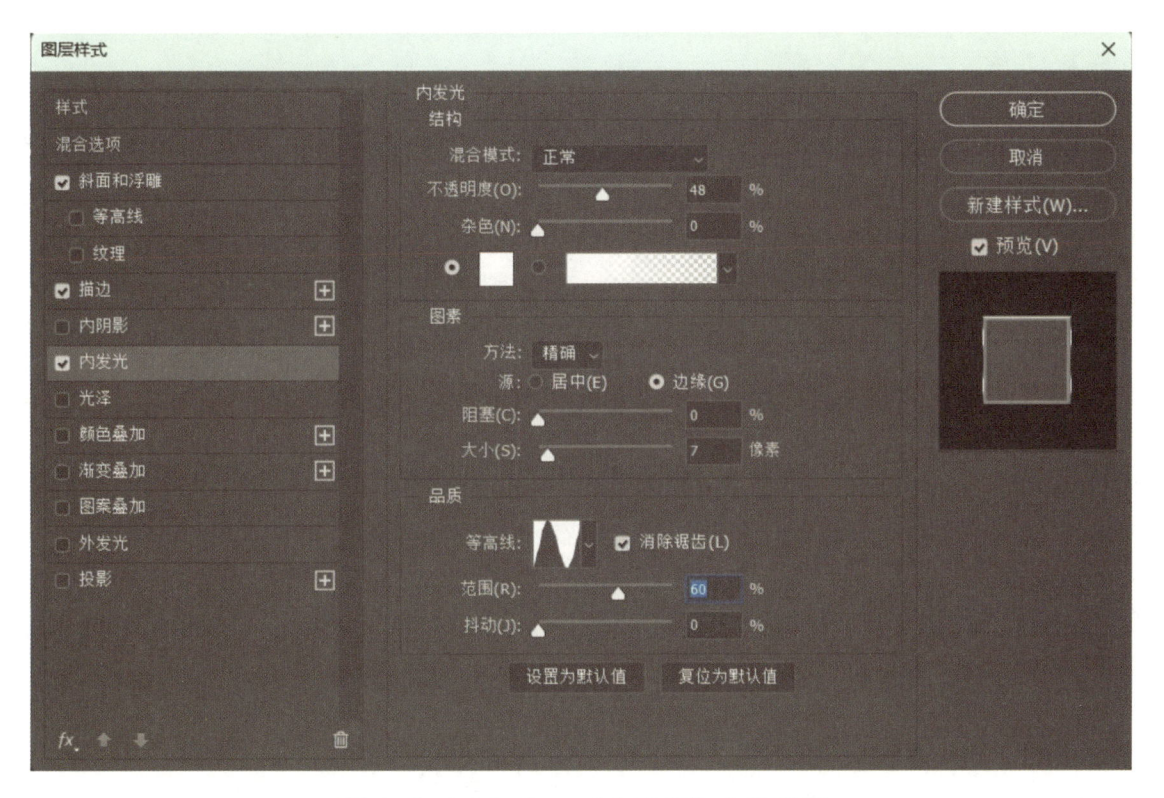

图 4-2-11（c） "内发光"参数设置

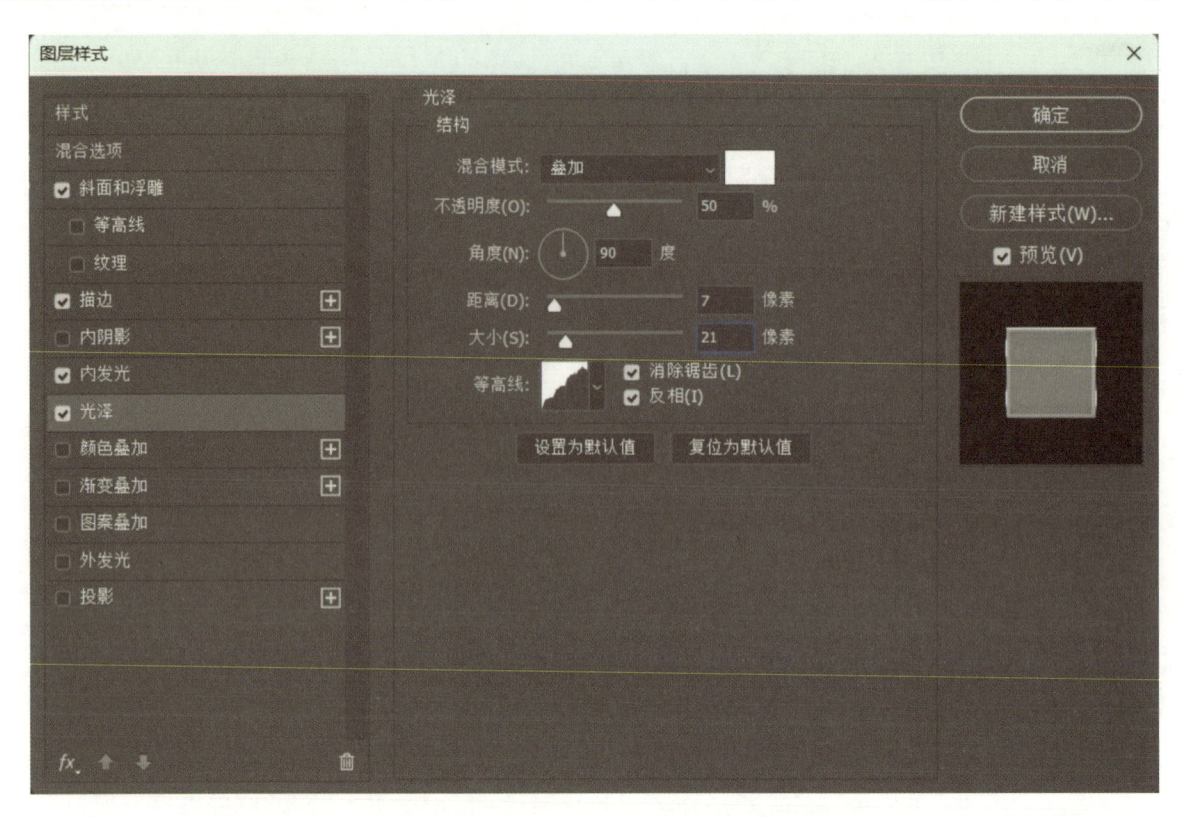

图 4-2-11（d） "光泽"参数设置

图 4-2-11（e） "渐变叠加"参数设置

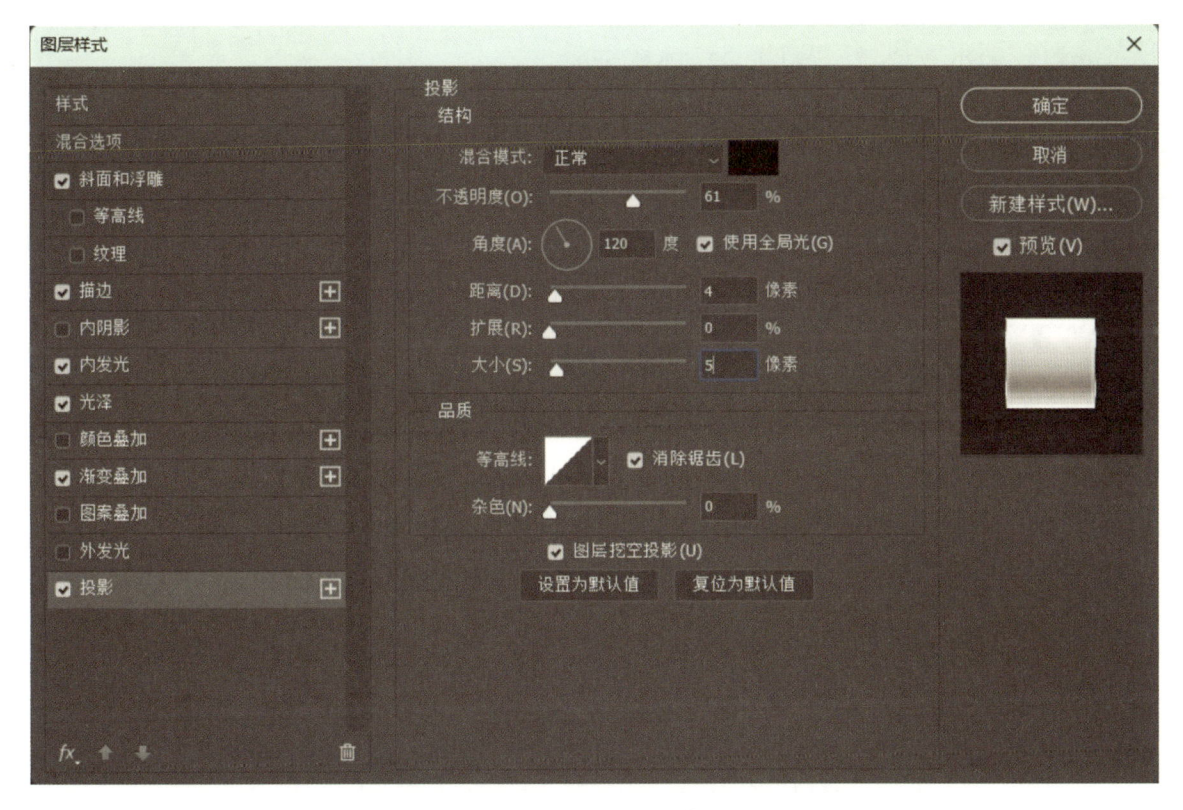

图4-2-11（f） "投影"参数设置

（11）新建图层，选择左侧工具栏中的"矩形选框工具"绘制矩形，设置"前景色"为白色（#ffffff），按"Alt+Delete"组合键进行填充。按"Ctrl+J"组合键执行"复制图层"命令，复制此图层。将复制得到的图形拖动至右侧，设置"前景色"为蓝色（#0257bc），按"Alt+Delete"组合键进行填充，如图4-2-12所示。

图4-2-12 填充矩形颜色

（12）选择左侧工具栏中的"横排文字工具"输入文字"高端奢华大气""运动手环批发"，颜色分别设置为黑色（#000000）和白色（#ffffff），并调整文字的大小及位置，如图4-2-13所示。

（13）选择左侧工具栏中的"横排文字工具"输入小标题文字"有了Ta 让您的生活不再有错过"，设置文字颜色为白色（#ffffff）。将本章素材中的"小文字.png"素材图片拖动至背

111

景图中，调整其大小及位置，如图 4-2-14 所示。

图 4-2-13　输入文字　　　　　　　　图 4-2-14　调整文字

（14）选择左侧工具栏中的"矩形工具"，设置"填充"为蓝色（#00b7ee），"描边"为无，"半径"为 20 像素，绘制一个圆角矩形。选择左侧工具栏中的"横排文字工具"在圆角矩形上面输入文字"科技改变生活"，设置"颜色"为白色（#ffffff）。选择左侧工具栏中的"钢笔工具"绘制出一条直线，设置"描边颜色"为蓝色（#00b7ee），按"Ctrl+J"组合键执行"复制图层"命令，复制一条直线，放置在圆角矩形下方。将本章素材中的"箭头.png"素材图片拖动至背景图中，双击此图层，在弹出的"图层样式"对话框中，为其添加"渐变叠加"效果，设置渐变颜色为深蓝色（#0e5cff）到白色（#ffffff），如图 4-2-15 所示。

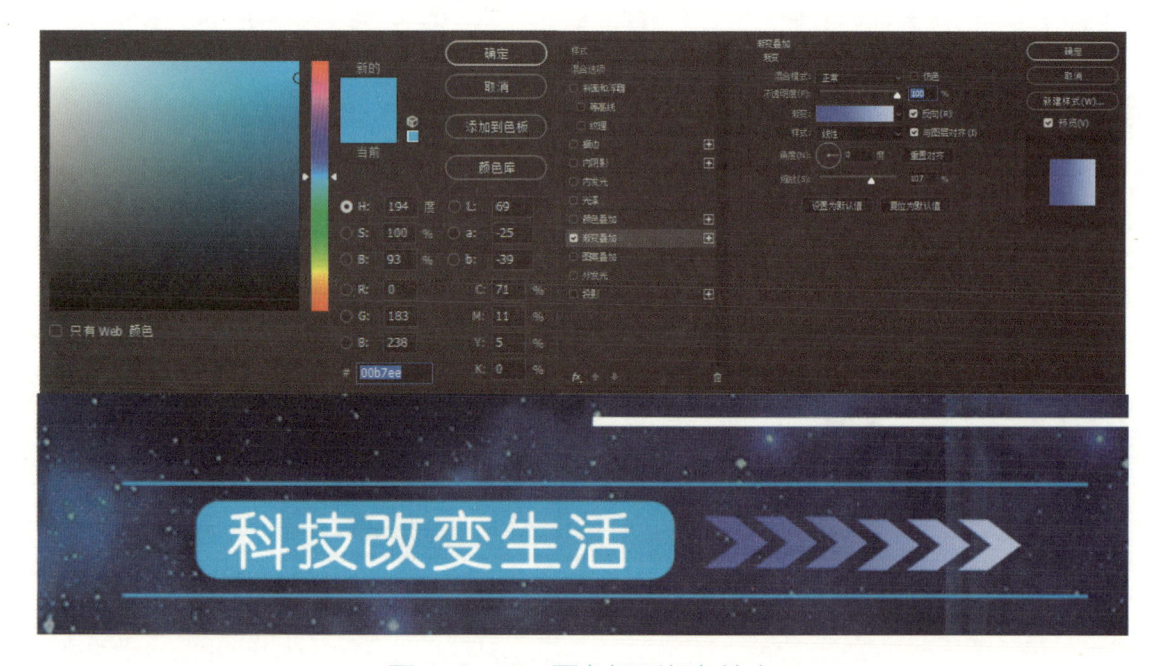

图 4-2-15　圆角矩形颜色填充

（15）将本章素材中的"光效.png"素材图片拖动至背景图中，设置图层混合模式为"线性减淡"，如图 4-2-16（a）所示。为其添加"图层蒙版"，选择左侧工具栏中的"画笔工具"，擦除多余的部分。执行"图像"→"调整"→"色阶"命令，调整广告画面的颜色，参数设置如图 4-2-16（b）所示。

图 4-2-16（a） 设置"线性减淡"　　　　图 4-2-16（b）　"色阶"参数设置

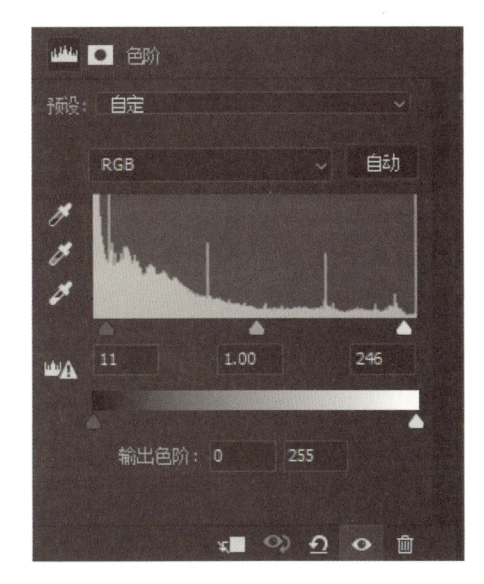

（16）成品效果如图 4-2-17 所示。

图 4-2-17　成品效果

4.3　案例二　笔记本电脑广告

4.3.1　作品介绍

在深邃无垠的黑色天幕下，繁星犹如点点灯火，铺展成一幅穿越时空的壮丽画卷。这幅广告作品，巧妙地运用光影与想象的融合，引领观者穿梭于宇宙与现实的边缘。背景中，一条条玻璃碎裂的特效，如同时间的裂缝神秘莫测，为整个场景增添了未来感与不确定性。

在这片科幻般的背景中，一抹鲜艳的红色光影重重叠叠，既是对未知世界的勇敢探索，也是产品激情与活力的象征。画面右侧，一台精致的笔记本电脑静静伫立，它不仅是科技与设计的结晶，更是连接现实与梦想的桥梁。笔记本电脑的屏幕，仿佛一扇窗，让观者能够目睹外太空彗星运行的壮丽景象，体验一场视觉与心灵的双重震撼。

左侧"2024新品　震撼首发"几个银白色字熠熠生辉，宣告着这款笔记本电脑的到来不仅是技术的革新，更是对未来的一次勇敢宣言。下方"响应快、速度快、32 G 内存"关键词，简洁有力地展现了其卓越的性能，让人对这款产品的期待值瞬间飙升。

而最引人注目的，莫过于那醒目的红色"¥5999"价格标签，它如同一颗璀璨的明珠，照亮了整个广告作品，让人感受到前所未有的性价比与超值体验。这款笔记本电脑，以其卓越的性能、独特的设计以及亲民的价格，将成为市场上的一颗耀眼新星，引领科技潮流，开启全新篇章。作品效果如图 4-3-1 所示。

图 4-3-1　作品效果图

4.3.2　设计思路

在构思这则笔记本电脑广告时，旨在打造一个既科幻又引人入胜的视觉画面，通过色彩、光影与创意元素的巧妙融合，引领观众穿越时空，感受未来科技的魅力。

背景设定为深邃的黑色，象征着宇宙的无限与神秘。繁星点点散布其间，每一颗星星都像是遥远星系传来的光芒，让人不由自主地抬头仰望，仿佛能穿透屏幕触及浩瀚的宇宙。这样的背景不仅营造出一种超脱现实的氛围，也预示着这款笔记本电脑将引领用户进入前所未有的科技新纪元。

在这片星海中，巧妙地融入玻璃碎裂的视觉效果，为画面增添了一抹不羁与震撼。裂痕如同时间的裂缝，透露出未知世界的一角，暗示着这款新品笔记本电脑将打破常规，带来前所未有的革新体验。红色光影重重，在黑暗中如火焰般炽热，不仅吸引了观者的眼球，也象征着产品性能的强劲与激情。

画面右侧，主角——笔记本电脑静静伫立，其冷峻的线条与周围炽热的氛围形成鲜明对比，更显高端大气。笔记本电脑屏幕上，外太空彗星运行的壮丽景象跃然其上，这不仅是对产品高清显示屏的直观展示，也寓意着这款电脑能够带领用户遨游于知识的宇宙，探索未知的领域。

背景左侧，银白色字体的"2024新品　震撼首发"赫然在目，简洁而有力，直接传达了产品的重要信息。下方"响应快、速度快、32 G 内存"关键词，直接突出了产品的核心性能优势，让消费者对这款笔记本电脑的性能有了直观的认识。

而最为醒目的，莫过于价格标签"¥5999"，红色字体在黑色背景的映衬下格外抢眼，直击消费者内心，传递出高性价比的信息，激发消费者的购买欲望。

整幅广告作品通过精心设计的视觉元素与文字信息，将一款未来感十足的笔记本电脑呈现在观者面前，不仅展现了产品的卓越性能与高性价比，更激发了人们对于科技与未来的无限遐想。

4.3.3　设计步骤

1. 核心技能展示

◆ 应用"图层蒙版"命令合成融合图像
◆ 应用"高斯模糊"效果模糊图像

- ◆ 应用"套索工具"绘制图形
- ◆ 应用"多边形套索工具"绘制图形
- ◆ 应用"图层混合模式"调整显示效果
- ◆ 应用"可选颜色"调整图像颜色
- ◆ 应用"色彩平衡"调整图像颜色
- ◆ 应用"图层样式"制作效果

2. 操作步骤

（1）打开 Photoshop 软件，执行"文件"→"新建"命令，在弹出的"新建文档"对话框中设置"宽度"为 1920 像素，"高度"为 600 像素，"分辨率"为 150 像素/英寸，"颜色模式"为 RGB 颜色（8 位），"背景内容"为白色（#ffffff），设置完成后单击"创建"按钮，如图 4-3-2 所示。

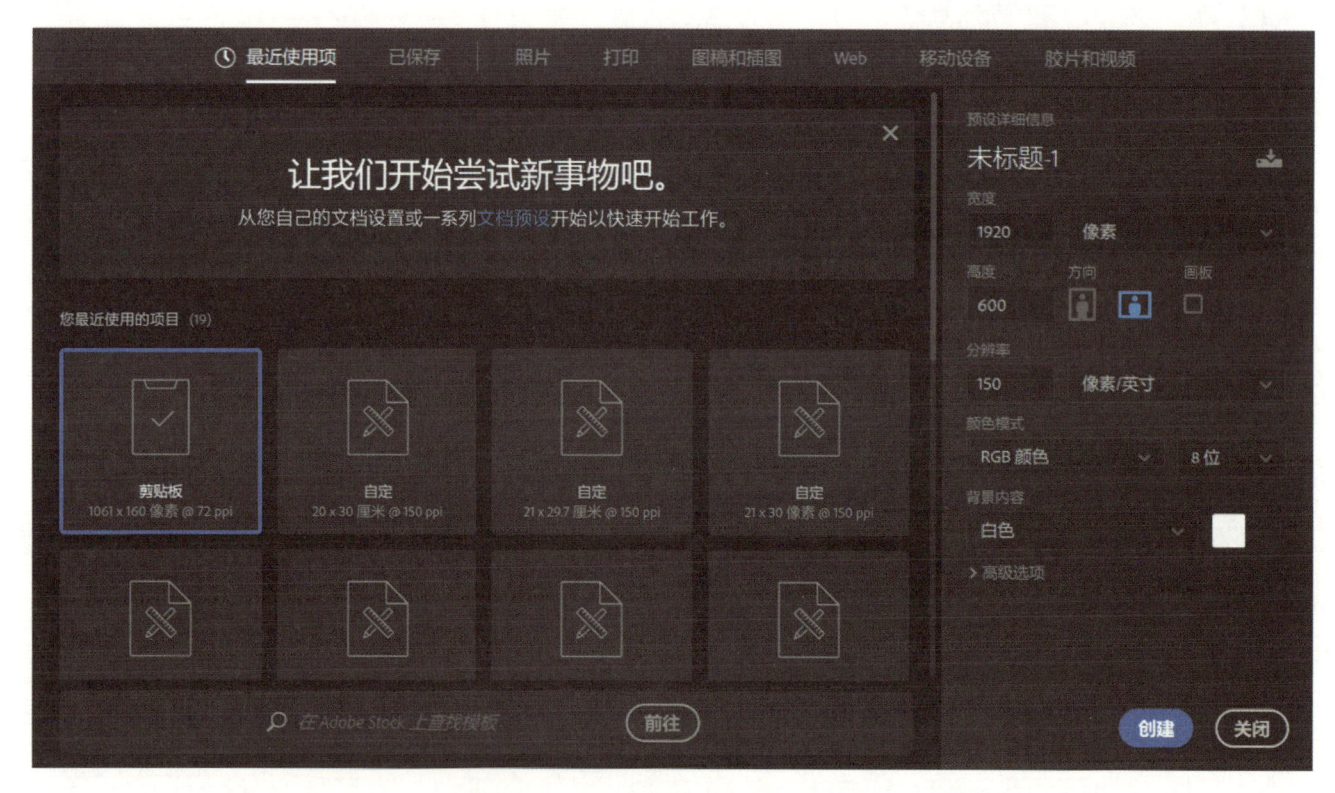

图 4-3-2　"新建文档"对话框

（2）执行"文件"→"打开"命令，在弹出的"打开"对话框中选择本章素材中的"背景.jpg"素材图片，选择左侧工具栏中的"移动工具"将其拖动至背景图中，按"Ctrl+T"组合键执行"自由变换"命令，调整素材图片的大小及位置，如图 4-3-3 所示。

图 4-3-3 添加"背景"素材图片

（3）执行"图像"→"调整"→"可选颜色"命令，在弹出的"可选颜色"对话框中设置"预设"为自定，"颜色"为中性色，"青色"为+6%，"洋红"为-5%，"黄色"为-13%，"黑色"为0%，"方法"选择"相对"选项，设置完成后单击"确定"按钮，如图 4-3-4 所示。

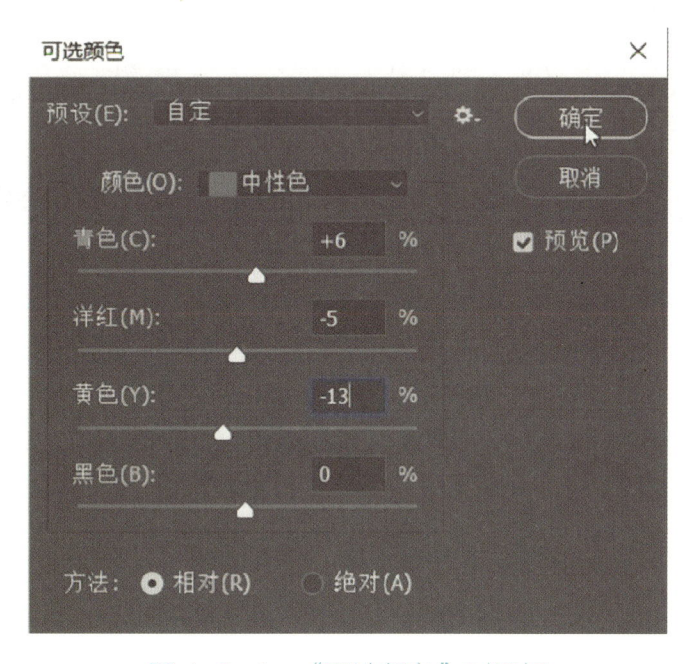

图 4-3-4 "可选颜色"对话框

（4）单击图层面板中的"创建新的填充或调整图层"按钮，选择"色彩平衡"选项，如图 4-3-5（a）所示。在弹出的"色彩平衡"对话框中设置"色调"为中间调，"青色"为-21，"洋红"为0，"黄色"为+12，选择"保留明度"复选框，如图 4-3-5（b）所示。效果如图 4-3-5（c）所示。

图 4-3-5（a） 选择"色彩平衡"选项　　　　图 4-3-5（b）　"色彩平衡"参数设置

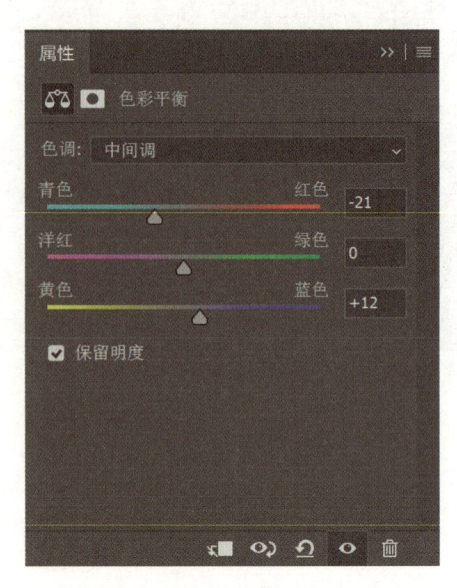

图 4-3-5（c）　调整"色彩平衡"效果

（5）新建图层，设置"前景色"为黑色（#000000），按"Alt+Delete"组合键执行"填充前景色"命令进行填充。为此图层添加"图层蒙版"，选择左侧工具栏中的"画笔工具"，调整"画笔工具"的大小，擦除背景图中间部分，使广告画面呈现出中间亮、两边暗的效果，如图 4-3-6 所示。

图 4-3-6　擦除后效果

（6）执行"文件"→"打开"命令，在弹出的"打开"对话框中选择本章素材中的"烟雾.jpg"素材图片，选择左侧工具栏中的"移动工具"将其拖动至背景图中，按"Ctrl+T"组合键执行"自由变换"命令，调整素材图片的大小及位置，如图 4-3-7（a）所示。为此图层添加"图层蒙版"，选择左侧工具栏中的"画笔工具"，擦除图层蒙版黑色部分，设置图层混合模式为"滤色"，"不透明度"为 40%。再复制多个"烟雾"素材图片的图层，并调整其大小及位置，效果如图 4-3-7（b）所示。

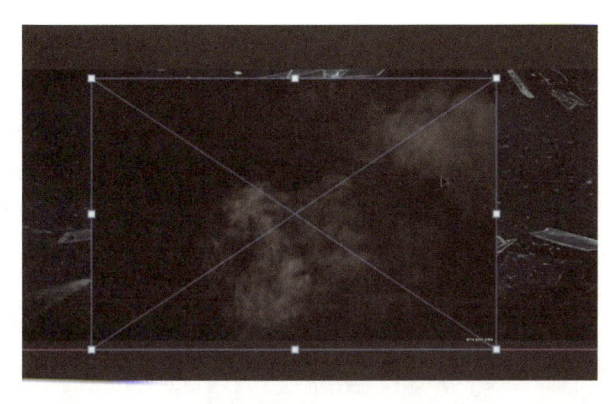

图 4-3-7（a） 添加"烟雾"素材图片

图 4-3-7（b） 添加"烟雾"效果

（7）执行"文件"→"打开"命令，在弹出的"打开"对话框中选择本章素材中的"光效 1.png"素材图片，选择左侧工具栏中的"移动工具"将其拖动至背景图中，按"Ctrl+T"组合键执行"自由变换"命令，调整素材图片的大小及位置，如图 4-3-8 所示。

（8）选择左侧工具栏中的"横排文字工具"，输入文字"震撼首发"，设置"颜色"为白色（#ffffff）。按"Ctrl+T"组合键执行"自由变换"命令，调整文字大小及位置，并为其添加图层样式："斜面和浮雕"参数设置如图 4-3-9（a）所示；"等高线"参数设置如图 4-3-9（b）所示；"光泽"参数设置如图 4-3-9（c）所示；"渐变叠加"参数设置如图 4-3-9（d）所示；"外发光"参数设置如图 4-3-9（e）所示。

图 4-3-8　添加"光效"素材图片

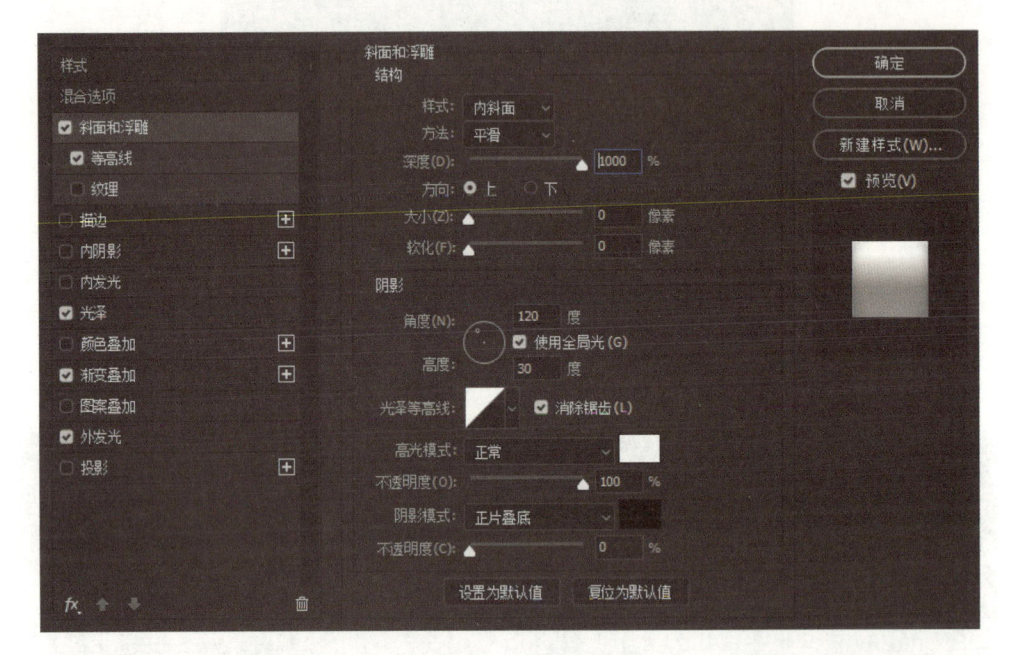

图 4-3-9（a）　"斜面和浮雕"参数设置

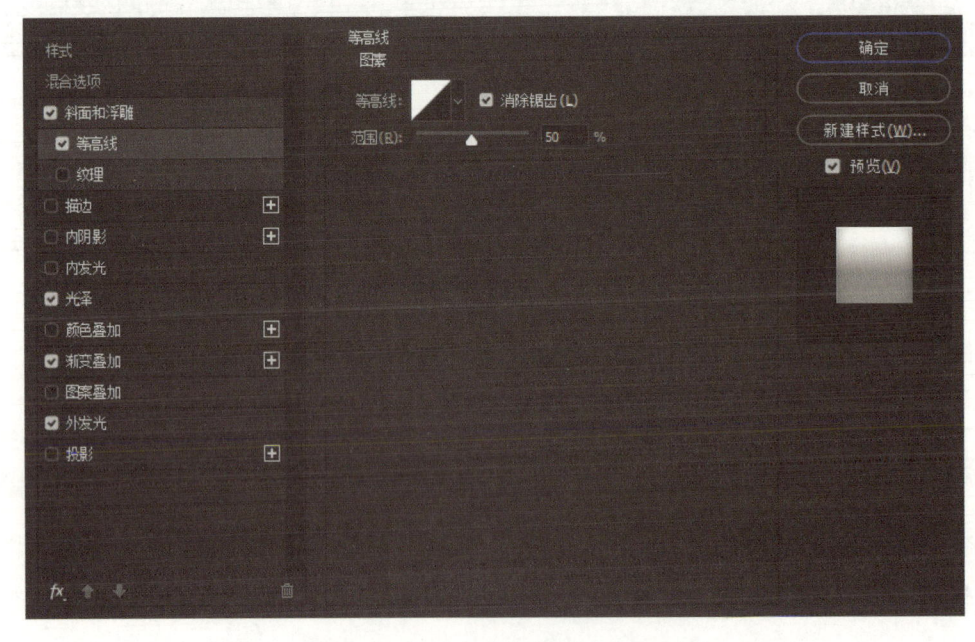

图 4-3-9（b）　"等高线"参数设置

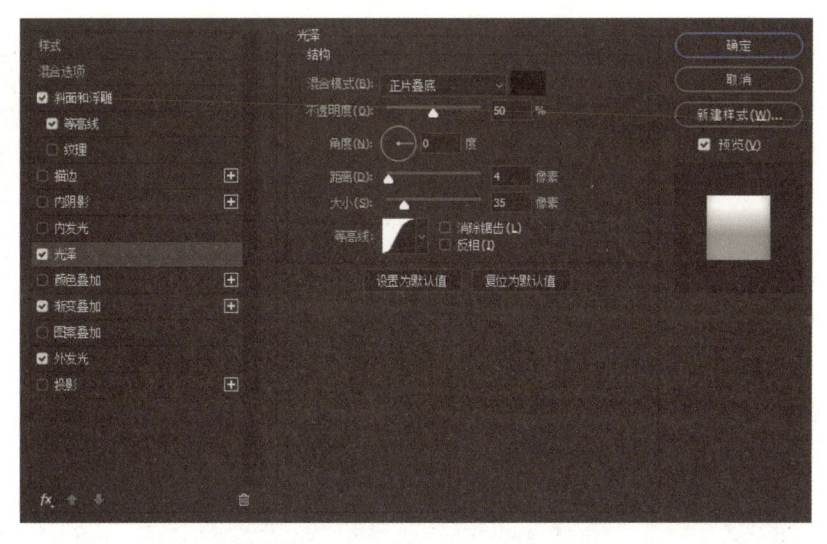

图4-3-9（c） "光泽"参数设置

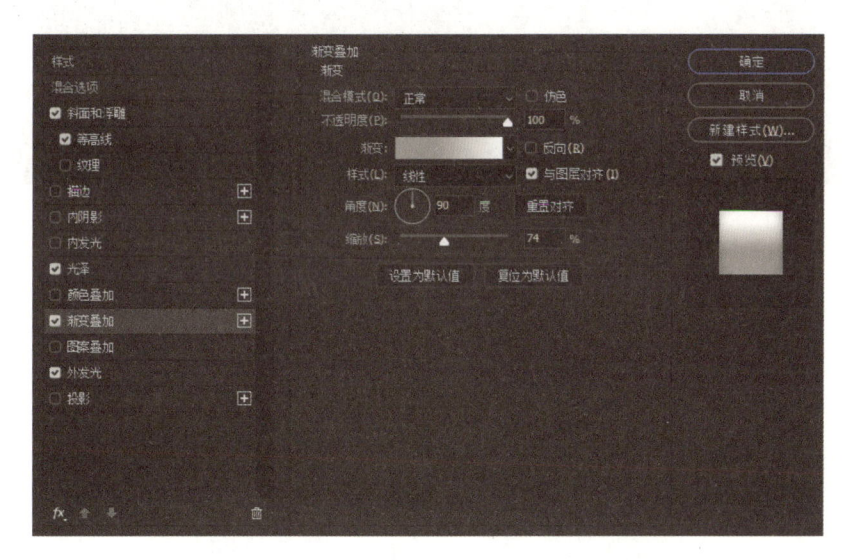

图4-3-9（d） "渐变叠加"参数设置

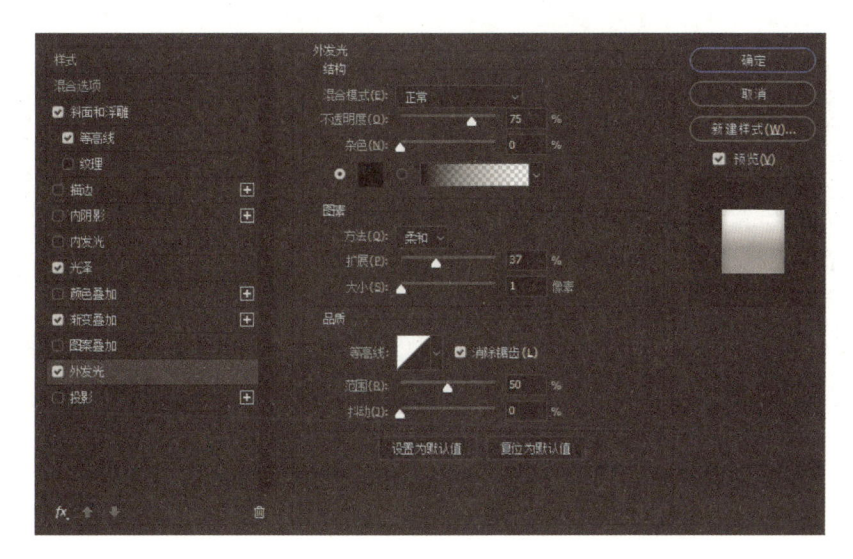

图4-3-9（e） "外发光"参数设置

（9）选择左侧工具栏中的"横排文字工具"分别输入文字"2024新品""响应快、速度快、32 G 内存"。按"Ctrl+T"组合键执行"自由变换"命令，调整文字大小及位置。选择左侧工具栏中的"矩形工具"，在文字下方绘制一个矩形，设置"前景色"为白色（#ffffff），按"Alt+Delete"组合键执行"填充前景色"命令进行填充。选择左侧工具栏中的"横排文字工具"输入"¥5999"，设置文字颜色为红色（#ff0101），调整其大小并放置在白色矩形中。效果如图 4-3-10 所示。

图 4-3-10　文字设计效果

（10）执行"文件"→"打开"命令，在弹出的"打开"对话框中选择本章素材中的"笔记本.png"素材图片，选择左侧工具栏中的"移动工具"将其拖动至背景图中，按"Ctrl+T"组合键执行"自由变换"命令，调整素材图片的大小及位置。选择左侧工具栏中的"多边形套索工具"创建笔记本屏幕画面的选区，并复制此选区，将本章素材中的"屏幕.jpg"素材图片拖动至背景图中，按"Ctrl+Alt+G"组合键执行"创建剪切蒙版"命令，将素材图片剪切到笔记本屏幕上，并调整其大小及位置，如图 4-3-11 所示。

图 4-3-11　添加笔记本素材图片效果

（11）新建图层，选择左侧工具栏中的"套索工具"创建笔记本键盘部分的选区，如图 4-3-12（a）所示，设置"填充颜色"为黑色（#000000），并将新建图层拖动至笔记本图层之下。设置图层混合模式为"正片叠底"。执行"滤镜"→"模糊"→"高斯模糊"命令，在弹出的"高斯模糊"对话框中设置"半径"为 9.2 像素，设置完成后单击"确定"按钮，如图 4-3-12（b）所示，适当调整图层的"不透明度"。效果如图 4-3-12（c）所示。

图 4-3-12（a） "套索工具"选中区域 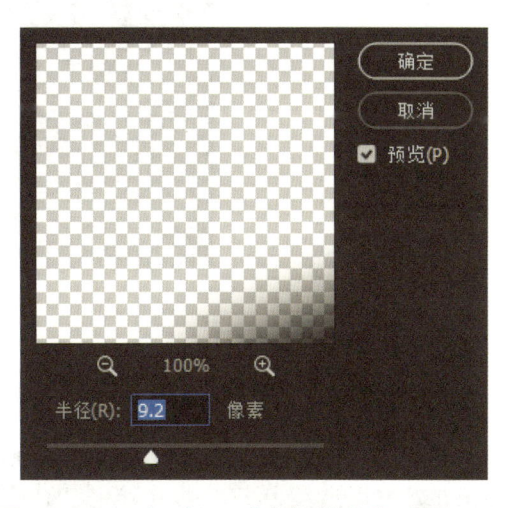　　　　图 4-3-12（b） "高斯模糊"参数设置

图 4-3-12（c） 添加阴影效果

（12）执行"文件"→"打开"命令，在弹出的"打开"对话框中选择本章素材中的"光效 2.png"素材图片，选择左侧工具栏中的"移动工具"将其拖动至背景图中，设置图层混合模式为"滤色"，按"Ctrl+T"组合键执行"自由变换"命令，调整素材图片的大小及位置，按"Ctrl+J"组合键执行"复制图层"命令，复制新的"光效"图层，将两个"光效"图层分别放在笔记本图层之下，并调整"光效"素材图片的位置，效果如图 4-3-13 所示。

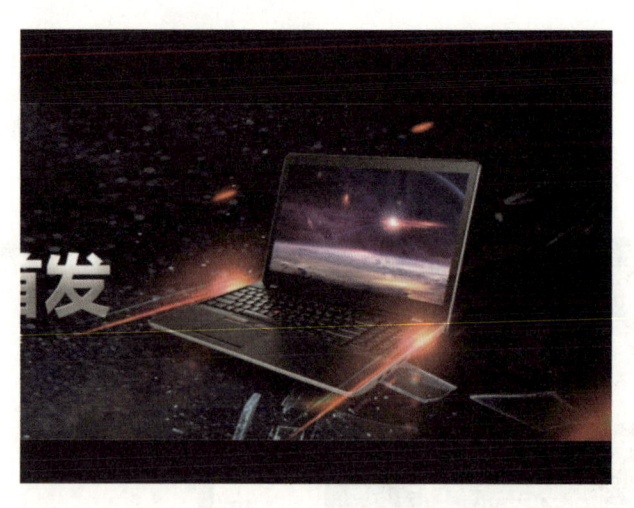

图 4-3-13　光效制作效果

（13）成品效果如图 4-3-14 所示。

图 4-3-14　成品效果

4.4　本章实训

◆ 主题：智能手机广告

◆ 设计思路

1. 情感共鸣

在广告设计中融入情感元素，让观者产生共鸣。可以通过描绘使用智能手机带来的便捷、快乐或连接家人的温馨场景，让观者感受到产品的情感价值。

2. 故事叙述

构建一个引人入胜的故事线，将智能手机作为推动故事发展的关键角色。这种设计方式不仅能吸引观者的注意力，还能加深他们对产品的记忆和理解。

3. 用户评价或推荐

在广告中引入真实用户的评价或推荐，增加产品的可信度和吸引力。可以通过展示用户照片、引用他们的原话或使用视频片段来实现。

4. 创新互动元素

利用增强现实（AR）或二维码等互动技术，为广告增添趣味性和参与感。例如，通过扫描二维码观看产品演示视频或参与互动游戏，让受众更深入地了解产品。

5. 社交媒体整合

考虑到智能手机与社交媒体的紧密联系，可以在广告中鼓励受众在社交媒体上分享自己的使用体验或参与品牌活动。同时，也可以利用社交媒体平台的算法优势，将广告精准推送给目标受众。

6. 简洁明了的呼吁行动

在广告结束时，给出清晰、具体的呼吁行动（Call to Action，CTA），如"立即购买""了解更多详情"或"前往实体店体验"等。确保 CTA 按钮或链接显眼且易于点击，以提高转化率。

7. 持续优化与测试

根据广告的实际表现进行持续优化和测试。通过收集用户反馈、分析数据指标（如点击率、转化率等）来调整广告内容和策略，以获得最佳效果。

第 5 章

服装广告

在当今这个视觉至上的时代，服装广告以其独特的魅力和深远的影响力，成为时尚品牌与消费者沟通的重要桥梁。因此，我们不仅要深入理解服装设计的理念，更要掌握如何通过平面广告设计，将服装的魅力最大化地展现给大众。

本章将深入学习如何运用 Photoshop 创作服装广告。我们将从基础的图像编辑技巧开始，逐步学习如何处理服装的质感、色彩和光影效果，以及如何通过布局和构图来强化广告的主题和视觉冲击力。此外，我们还将学习如何结合最新的设计趋势，创造出既契合品牌形象又具有时代感的广告作品。

无论你是初学者还是有经验的设计师，本章都能够为你提供实用的技巧和灵感，帮助你在服装广告设计领域中更进一步。让我们一起开启这段创意之旅，探索 Photoshop 在服装广告中的无限可能。

学习目标

知识目标

1. 掌握 Photoshop 的基础操作，如选区、图层、滤镜等，以及常用工具，如画笔、橡皮擦、仿制图章等。
2. 了解服装广告设计的基本原理，包括色彩搭配、构图技巧、文字排版等，以及如何在 Photoshop 中实现这些原理。
3. 了解服装行业的基本知识，包括常见的服装类型、品牌、市场定位等，以便在设计中考虑到产品的特性和市场需求。

技能目标

1. 在掌握 Photoshop 基本操作和设计原理的基础上，能够独立完成简单的服装广告初步设计。
2. 对服装广告中的图片进行专业的处理和美化，如调色、锐化、修复等，使其更加符合广告的主题和风格。
3. 能够与团队成员协作完成更复杂、更具挑战性的服装广告设计任务。

素质目标

1. 培养学生的创新意识和审美能力，使其能够设计出更具创意和美感的服装广告。
2. 培养学生的团队合作精神和沟通能力，使其能够更好地与团队成员协作，共同完成设计任务。
3. 培养学生的耐心和细致的工作态度，使其能够认真对待每一个细节，确保设计质量。

5.1 服装广告漫谈

5.1.1 服装广告

服装广告是指通过各种媒介向公众展示服装产品，包括其设计、款式、颜色、材质等特性，以吸引潜在消费者的注意并激发他们的购买兴趣。这些广告通常运用视觉、文字或视频等多种元素，以富有创意和吸引力的方式展现服装的魅力，从而帮助品牌或商家提升知名度、塑造品牌形象，并促进销售业绩的增长。在服装行业中，广告不仅是商品信息的传递工具，更是品牌文化和时尚潮流的传播者。

5.1.2 服装广告制作基础知识

1. 服装广告的分类

（1）时尚杂志广告：通常出现在时尚杂志中，以展示新款服装设计和时尚趋势。

（2）产品目录广告：通常出现在服装品牌的商品目录中，主要展示品牌的产品线和促销信息。

（3）街头时尚广告：捕捉街头时尚元素，展示服装在日常生活中的搭配和穿着方式。

（4）主题系列广告：围绕特定主题或概念设计，如季节性主题、节日主题等，突出服装的适用场景。

（5）人物形象广告：通过模特展示，凸显服装的风格和特点，强调服装与人物形象的结合。

（6）环境场景广告：在特定的环境或场景中拍摄，突出服装的实用性和适应性。

（7）电子商务广告：主要在网络平台出现，用于在线销售服装，强调便捷的购物体验和快速的物流服务。

（8）品牌形象广告：着重于塑造和传播服装品牌的形象，通过创意和视觉效果吸引目标消费者。

2. 服装广告色彩与构图

在服装平面广告的创作中，色彩与构图是两大核心要素，它们紧密关联，共同塑造出令人印象深刻的视觉效果。

色彩，作为视觉的第一语言，对广告的情感表达具有重要的作用。它不仅能直接反映服装的风格和氛围，还能通过对比、渐变等手法，增强服装的质感和细节。例如，鲜艳的色彩能够激发人们的活力和热情，适合年轻、时尚的品牌；柔和的色彩能够营造出温馨、舒适的氛围，适合追求生活品质的品牌。

构图，则是将色彩、服装、模特等元素有机地结合的关键。精心设计的构图能够引导观者的视线，使他们在第一时间注意到广告的重点，并产生强烈的视觉冲击力。在构图中，我们需要考虑服装的展示角度、模特的姿态与表情、背景的选择与搭配等因素，确保整个画面既美观又富有内涵。

3. 了解 Photoshop 基本操作

在使用 Photoshop 制作服装平面广告时，可以遵循以下技巧和方法。

（1）高质量的图像素材：选择分辨率高、清晰度高的服装图片作为基础，确保广告作品的视觉效果。

（2）色彩调整：运用 Photoshop 的色彩调整工具，如色阶、曲线、色彩平衡等，对服装的颜色进行细致调整，增强吸引力。

（3）图层蒙版：利用图层蒙版进行非破坏性编辑，便于随时调整或撤销更改。

（4）修图技巧：运用仿制图章工具、修复画笔工具等修图工具，去除服装上的瑕疵或不理想的部分。

（5）文字排版：选择合适的字体和字号，进行文字排版设计，确保广告文案与服装风格相匹配。

（6）光影效果：通过调整图层的不透明度和混合模式，增加光影效果，增强服装的立体感和层次感。

（7）背景设计：设计与服装风格相符的背景，如纯色、渐变色或带有纹理的背景等。

（8）创意元素：添加模特、配饰、道具等创意元素，丰富广告画面，提升视觉吸引力。

（9）保存与输出：设计完成后，以高分辨率的 JPEG 或 TIFF 格式保存，满足印刷或网络展示使用。

（10）最后检查：在最终输出前，仔细检查广告中的所有元素，确保无错别字、色彩偏差或设计失误。

5.1.3 服装广告的设计与制作

服装广告的设计与制作是一个系统性的过程，一般包括以下步骤。

（1）确定广告目标：明确广告的宣传目的，例如提升品牌知名度、推广新产品、吸引潜在消费者等。

（2）市场调研：深入分析目标市场和潜在消费者，研究竞争对手的广告策略，收集相关数据和信息。

（3）创意构思：根据广告目标和市场调研结果，构思广告创意，包括主题、风格、视觉元素等。

（4）脚本撰写：编写广告文案，包括标题、正文、口号等，确保文案与广告目标和创意相匹配。

（5）选择模特和服装：根据广告风格和目标受众，挑选合适的模特和服装款式，以符合品牌形象。

（6）拍摄准备：准备拍摄场地、道具、化妆、灯光等，确保拍摄条件满足广告创意需求。

（7）拍摄执行：进行服装广告的拍摄工作，包括模特的姿势、表情、服装的展示等。

（8）图片编辑：对拍摄的照片进行后期处理，包括色彩调整、图像修饰与合成等，以实现预期的视觉效果。

（9）广告排版：将编辑后的图片与文案进行排版设计，确保整体布局美观、信息传达清晰。

（10）审核与修改：对广告设计进行审核，根据反馈进行修改和完善。

（11）制作成品：将最终确定的广告设计制作成所需的格式和尺寸，适用于不同的发布渠道，如印刷品、网络广告等。

（12）发布与评估：发布广告，并对广告效果进行跟踪评估，收集反馈信息，为后续广告活动提供参考。

5.1.4 拓展内容

校正倾斜图片

（1）打开如图 5-1-1 所示的原始图片，瓶子为倾斜状态，需要使用 Photoshop 中的工具对其进行矫正。

图 5-1-1　原始图片

（2）选择左侧工具栏中的"标尺工具"，沿倾斜的瓶子绘制一条斜线，单击选项栏中"拉直图层"按钮，如图 5-1-2 所示。

图 5-1-2　使用"标尺工具"绘制斜线

（3）校正瓶子图片后，选择左侧工具栏中的"魔棒工具"，按住 Shift 键选择图中四边空角。执行"选择"→"修改"→"扩展"命令，在弹出的"扩展选区"对话框中设置"扩展量"为 3 像素，如图 5-1-3 所示。

图 5-1-3 扩展选区参数设置

（4）执行"编辑"→"填充"命令，在弹出的"填充"对话框中设置"内容"为内容识别，如图 5-1-4 所示。

图 5-1-4 设置内容识别

（5）此时图片四角扩展填充区域还有瑕疵，选择左侧工具栏中的"修补工具"对其进行修补，如图 5-1-5 所示。

图 5-1-5　对四角扩展填充区域进行修补

（6）完成后成品效果，如图 5-1-6 所示。

图 5-1-6　成品效果图

5.2　案例一　旗袍广告

5.2.1　作品介绍

这幅旗袍平面广告作品以其独特的古典韵味与精致设计，展现了一幅跨越时空的美学画卷。背景是一片宁静致远的浅蓝色，如同晨曦初照的天空，清新而雅致，为整个画面奠定了柔和而深远的基调。

在这片淡雅的蓝幕之上，中国山水画以细腻的笔触缓缓展开，云雾缭绕间，山峰层峦叠嶂，流水潺潺，仿佛能听见古筝声在山谷间回响，引领观者步入一个充满诗意的世界。这不仅是一幅风景画，更是对中华大地壮丽河山的深情颂歌，为旗袍之美提供了和谐相融的自然舞台。

画面中央，一位身着旗袍的女士悠然自得，她手持一柄精致的团扇，轻轻摇曳，端庄又不失温婉。旗袍的剪裁恰到好处地勾勒出女士曼妙的身姿，每一针每一线都透露着匠人的精湛技艺与对传统文化的深刻理解。旗袍上的图案或繁复或简约，与女士的气质相得益彰，共同演绎着古典与现代的交融故事。

尤为巧妙的是，背景中巧妙地融入了女士的影子，作为背景的一部分，与实体形象相互呼应，形成了虚实相生的视觉效果。这影子不仅增添了画面的层次感与深度，更寓意着旗袍文化在历史长河中的传承与延续，无论时代如何变迁，那份独特的古典风情始终如一。

文字"古典风情秀 旗袍展华姿"简洁而有力地概括了作品的主题，既赞美了旗袍所展现的古典韵味，又突出了其作为中华服饰瑰宝的华丽姿态。而左上角及右下角的"雅韵绮裳"品牌名称，如同点睛之笔，为这幅作品赋予了明确的品牌标识与文化内涵，让人在欣赏之余，对这一品牌产生了浓厚的兴趣与向往。作品效果如图 5-2-1 所示。

图 5-2-1　作品效果图

5.2.2　设计思路

本广告设计旨在通过融合古典与现代美学，展现旗袍的优雅韵味与"雅韵绮裳"品牌的独特魅力。浅蓝色的背景营造出一种宁静致远的氛围，与中国山水画的意境相得益彰，而旗袍女士形象则是这一古典美与现代时尚碰撞的完美诠释者。

画面选用淡雅细腻的水墨山水风格，包含远山近水、云雾缭绕的景象，象征着中国传统文化的深远与博大。利用光影技术，在山水背景上营造出柔和而富有层次的光线变化，特别是女士周围的光晕处理，使其仿佛置身于一个梦幻般的古典世界。同时，女士的影子作为背景的一部分，应设计得既清晰又富有诗意，与实景形成有趣的互动，增强画面的故事性和深度。

女士形象应端庄大方，面带微笑，眼神中流露出温婉与自信。通过细腻的笔触和对光影的处理，让女士的每一个动作、每一个表情都充满故事感，仿佛能引领观者穿越时空，感受那份独特的古典风情。

广告中文字"古典风情秀 旗袍展华姿"应设计得醒目突出，文字描边颜色可选用金色或棕色等暖色调，与整体画面和谐统一。"雅韵绮裳"品牌名称应出现在画面的显著位置，如左上角和右下角，采用统一的字体和颜色，确保品牌的识别度。

5.2.3 设计步骤

1. 核心技能展示

- 应用"图层蒙版"命令合成融合图像
- 应用"魔棒工具"选择对象
- 应用"套索工具"绘制图形
- 应用"曲线工具"调整图像色调
- 应用"图层混合模式"调整显示效果
- 应用"可选颜色"调整图像颜色
- 应用"色相/饱和度"调整图像颜色
- 应用"图层样式"制作效果

2. 操作步骤

（1）打开Photoshop软件，执行"文件"→"新建"命令，在弹出的"新建文档"对话框中设置"宽度"为1880像素，"高度"为1000像素，"分辨率"为150像素/英寸，"颜色模式"为RGB颜色（8位），"背景内容"为白色（#ffffff），设置完成后单击"创建"按钮，如图5-2-2所示。

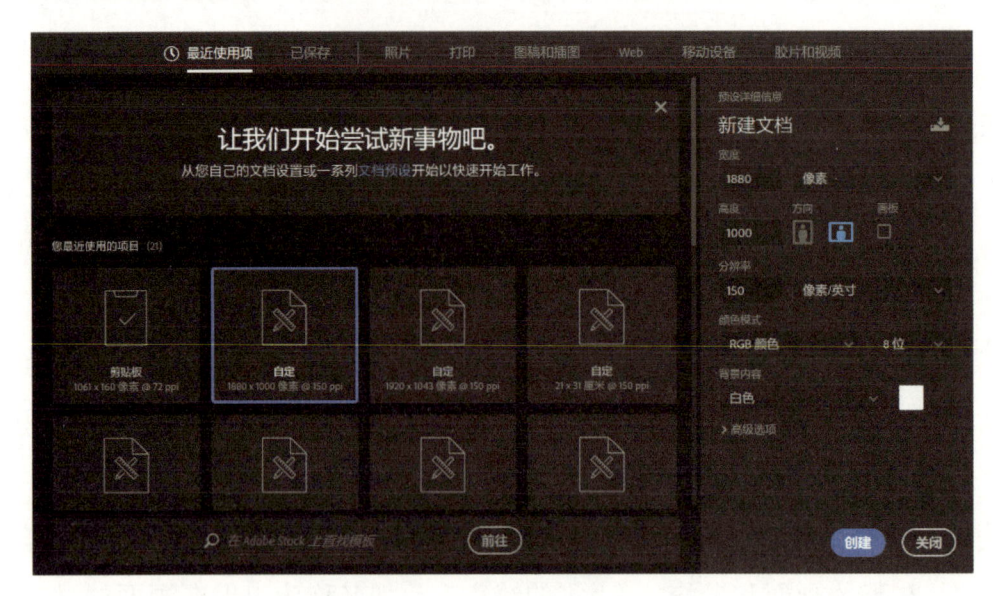

图 5-2-2 "新建文档"对话框

（2）选择左侧工具栏中的"矩形工具"，绘制一个矩形，设置"前景色"为蓝色（#74b3ca），按"Alt+Delete"组合键执行"填充前景色"命令进行填充。再按"Ctrl+J"组合键执行"复制图层"命令，复制一个新的背景图层，设置"前景色"为蓝色（#8cd2ec），在此图层的"属性"面板中，按住鼠标左键向右拖到最大值，如图 5-2-3（a）所示（像素值根据矩形框的大小不同而改变，此处只作为参考）。单击"角半径值锁链"按钮，将"右上角半径""左下角半径""右下角半径"全部设置为 0 像素，如图 5-2-3（b）所示。双击此图层，在弹出的"图层模式"对话框中选择"描边"，设置"大小"为 5 像素，"位置"为外部，"混合模式"为正常，"不透明度"为 45%，"填充类型"选择"颜色"，设置"颜色"为黄绿色（#b0ad7d），设置完成后单击"确定"按钮，效果如图 5-2-3（c）所示。

图 5-2-3（a） "属性"面板设置 1

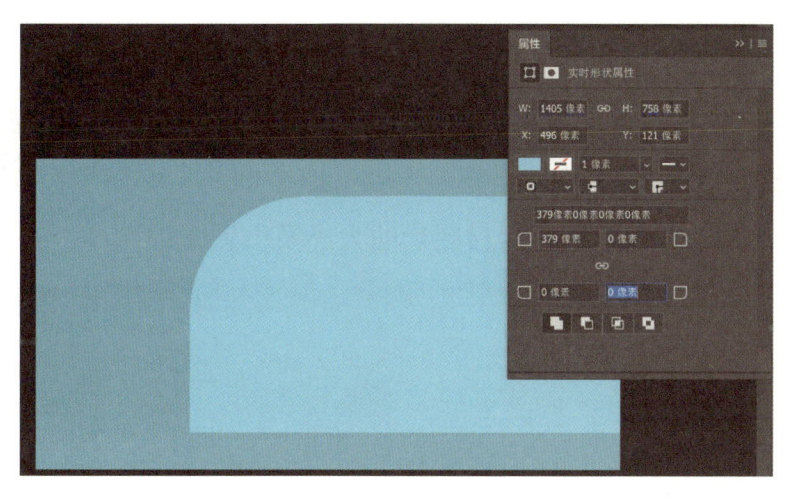

图 5-2-3（b） "属性"面板设置 2

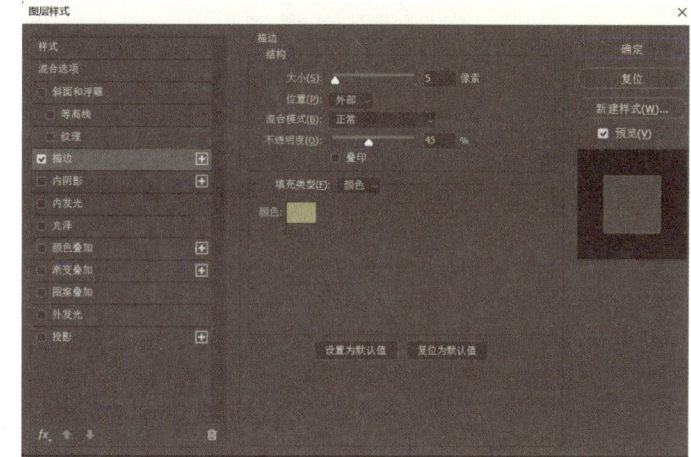

图 5-2-3（c） "图层样式"参数设置及效果

（3）执行"文件"→"打开"命令，在弹出的"打开"对话框中选择本章素材中的"背景 1.jpg"素材图片，选择左侧工具栏中的"移动工具"将其拖动至背景图中，设置图层混合模式为"明度"。按"Ctrl+T"组合键执行"自由变换"命令，调整素材图片的大小及位置，如图 5-2-4 所示。

图 5-2-4 添加素材图片 1

（4）执行"文件"→"打开"命令，在弹出的"打开"对话框中选择本章素材中的"背景 2.jpg"素材图片，选择左侧工具栏中的"移动工具"将其图层拖动至步骤（2）所绘制的矩形图层之上。单击鼠标右键选择"创建剪贴蒙版"选项，设置"不透明度"为50%。按"Ctrl+T"组合键执行"自由变换"命令，调整素材图片的大小及位置，如图5-2-5所示。

图 5-2-5　添加素材图片 2

（5）执行"文件"→"打开"命令，在弹出的"打开"对话框中选择本章素材中的"旗袍女士.png"素材图片，选择左侧工具栏中的"移动工具"将其拖动至背景图中，按"Ctrl+T"组合键执行"自由变换"命令，调整素材图片的大小及位置。为此图层添加"图层蒙版"，选择左侧工具栏中的"画笔工具"，将素材图片多余的部分擦除，效果如图5-2-6所示。

图 5-2-6　添加"旗袍女士"素材图片效果

（6）选择"旗袍女士"图层，按"Ctrl+J"组合键执行"复制图层"命令，复制两个新图层,设置"不透明度"为 35%。选择一个"旗袍女士"图层,按"Ctrl+T"组合键,单击鼠标右键选择"水平翻转"选项,将翻转后的素材图片放置到合适的位置,如图 5-2-7 所示。

图 5-2-7 复制"旗袍女士"图层效果

(7)选择左侧工具栏中的"矩形工具"绘制一个长条状矩形,设置"宽度"为 20 像素,"前景色"为蓝色(#55a5c2),按"Alt+Delete"组合键执行"填充前景色"命令进行填充,设置"不透明度"为30%,按"Ctrl+J"组合键执行"复制图层"命令,复制一个新的长条状矩形,选择左侧工具栏中的"移动工具"将两个长条状矩形放置到合适的位置,如图 5-2-8 所示。

图 5-2-8 绘制长条状矩形

（8）选择左侧工具栏中的"横排文字工具"分别输入"古典风情秀 旗袍展华姿""全场2件8折/3件5折""活动时间：6.6-8.8""雅韵绮裳 Chic Elegance"，设置文字"颜色"为绿色（#5cbbb3），设置图层样式："斜面和浮雕"参数设置如图5-2-9（a）所示，"描边"参数设置如图5-2-9（b）所示，设置描边的颜色为黄色（#eee76f）。设置完成后，调整字体样式、大小及位置，效果如图5-2-9（c）所示。

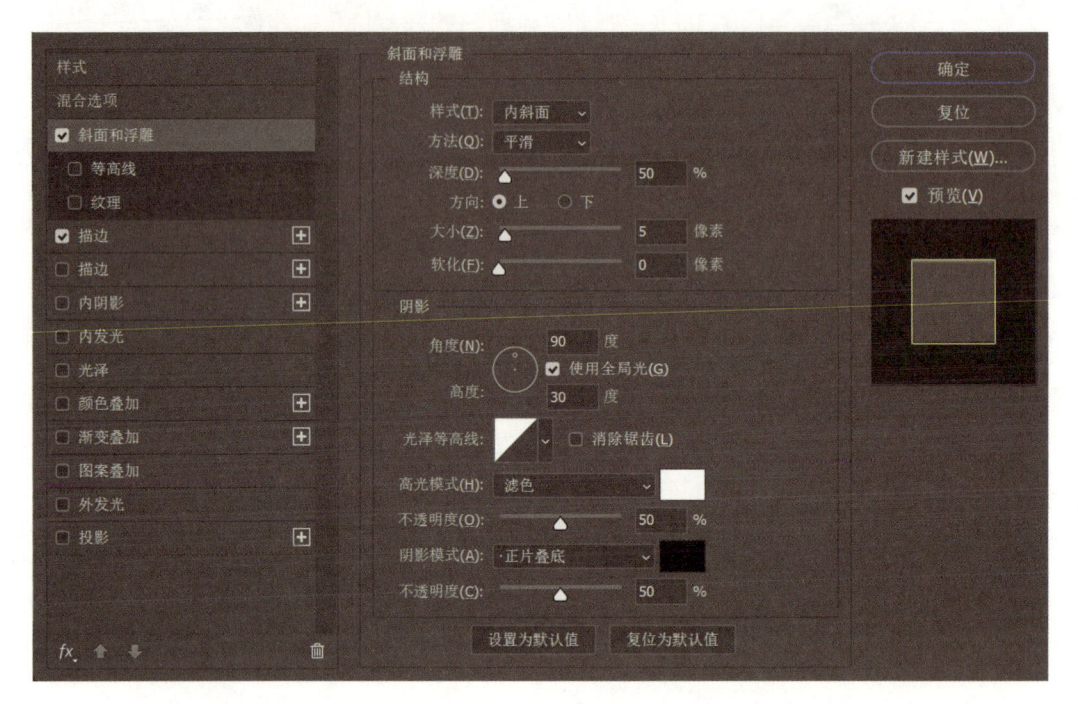

图5-2-9（a） "斜面和浮雕"参数设置

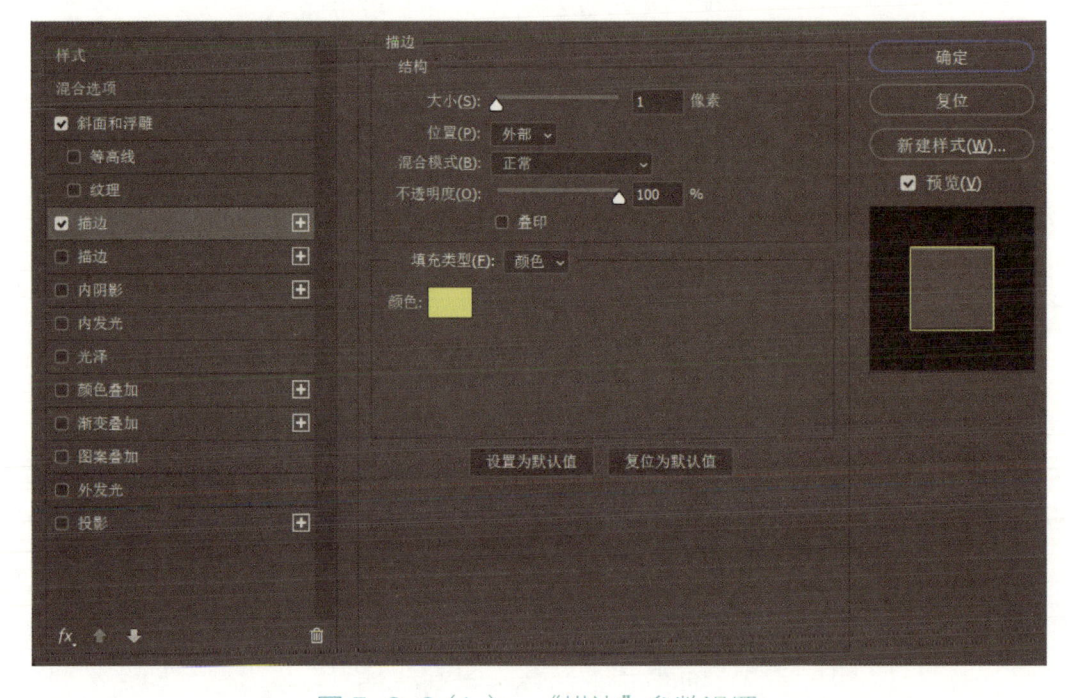

图5-2-9（b） "描边"参数设置

图 5-2-9（c） 文字制作效果

（9）成品效果如图 5-2-10 所示。

图 5-2-10 成品效果

5.3 案例二 运动鞋广告

5.3.1 作品介绍

这幅运动鞋平面广告作品巧妙地融合了灰黑色与棕色作为背景底色，通过斜线设计，将两种色调自然划分成不同区域，营造出一种既沉稳又充满活力的视觉氛围。背景色调的选择与运动鞋的主题颜色相得益彰，既突出了产品的色彩特点，又增强了整体的和谐感。

在背景的中央，品牌名称"WZON"以独特的字体设计嵌入其中，不仅醒目地展示了品牌身份，还巧妙地与背景融为一体，展现了品牌的高级感与辨识度。这一设计细节显著提升了观者对品牌的记忆与认知。

画面正中央，一双精心设计的运动鞋成为视觉焦点。通过对运动鞋进行阴影处理，使其在平面上展现出立体的视觉效果，仿佛跃然而出，令人感受到其真实的质感与动感。这种处理方式不仅提升了产品的吸引力，还增强了画面的层次感和深度。

紧挨着运动鞋，醒目的文字"时尚运动休闲鞋"与"Sport Sasual Shoes"以中英文对照的形式出现，清晰传达了产品的定位与特点。简洁有力的语言，让人一眼就能抓住产品的核心卖点——时尚、运动与休闲的完美结合。

此外，画面左下方还贴心地标注了运动鞋的价格信息，为潜在消费者提供了重要的购买参考。这一细节处理体现了品牌对消费者需求的关注与尊重，也方便了消费者的快速决策。

整体来看，这幅运动鞋平面广告作品在色彩搭配、构图设计、文字排版等方面都展现了卓越的创意与技巧。它不仅成功地吸引了观者的注意力，还巧妙地传达了产品的价值与魅力，为品牌赢得了更多的关注与认可。作品效果如图 5-3-1 所示。

图 5-3-1 作品效果图

5.3.2 设计思路

在灰黑色与棕色交错的背景中，可以巧妙地利用光影效果，使"WZON"品牌名称在背景中形成鲜明对比，同时保持整体的和谐统一。这种处理方式不仅增强了品牌的辨识度，还引导观者的视线自然过渡到画面中心。

"时尚运动休闲鞋"与"Sport Sasual Shoes"这两行文字，可以采用不同的字体风格来区分中英文，比如中文使用现代感强的粗体，英文则选用流畅、易于阅读的细体或衬线体，以增强视觉层次感。文字颜色上，可以选择与运动鞋主色调相呼应的亮色或金属色，如银色或金色，以吸引注意力并提升整体的高级感。同时，确保文字排版清晰可读，避免与背景或运动鞋产生视觉冲突。

运动鞋作为画面的核心，除了阴影处理外，还可以通过光线角度的调整，模拟自然光或舞台灯光等效果，使鞋面材质、纹理和颜色更加生动逼真。可以在鞋的某些部位添加高光或反光效果，如鞋带扣、鞋底或品牌标志等，以强调其设计细节和品质感。此外，运动鞋的摆放角度和姿态也很重要，应选择能够展现其特色和舒适度的角度。

对运动鞋的描述文案应简洁有力，突出其独特卖点，如"轻盈透气，专为运动而生""时尚与舒适并存，引领休闲新风潮"等。文案的字体和颜色应与整体设计风格相协调，同时保证阅读流畅性。可以将文案分散在画面四周或围绕运动鞋布局，形成视觉引导线，引导观众按照一定的顺序浏览画面。

价格信息应放置在显眼但不影响整体美观的位置，如左下方或右下角。可以使用大号字体和醒目的颜色（如红色或黄色）来突出价格信息，同时附上"限时优惠""特价促销"等促销语，以增加购买吸引力。

为了增加画面的趣味性和互动性，可以在画面中加入一些创意元素，如动态线条、微小图案或品牌吉祥物等。这些元素应与运动鞋的整体设计风格相契合，既能吸引观众的注意力，又能传达出品牌的年轻活力和创新精神。

5.3.3 设计步骤

1. 核心技能展示

- ◆ 应用"图层蒙版"命令合成融合图像
- ◆ 应用"高斯模糊"效果模糊图像

- 应用"填充工具"填充颜色
- 应用"渐变工具"填充渐变颜色
- 应用"图层混合模式"调整显示效果
- 应用"文字工具"制作文字
- 应用"色相/饱和度"调整图像颜色
- 应用"图层样式"制作效果
- 应用"橡皮擦工具"擦除内容
- 应用"自然饱和度"调整图像饱和度

2. 操作步骤

（1）打开 Photoshop 软件，执行"文件"→"新建"命令，在弹出的"新建文档"对话框中设置"宽度"为 1920 像素，"高度"为 1080 像素，"分辨率"为 150 像素/英寸，"颜色模式"为 RGB 颜色（8 位），"背景内容"为白色（#ffffff），设置完成后单击"创建"按钮，如图 5-3-2 所示。

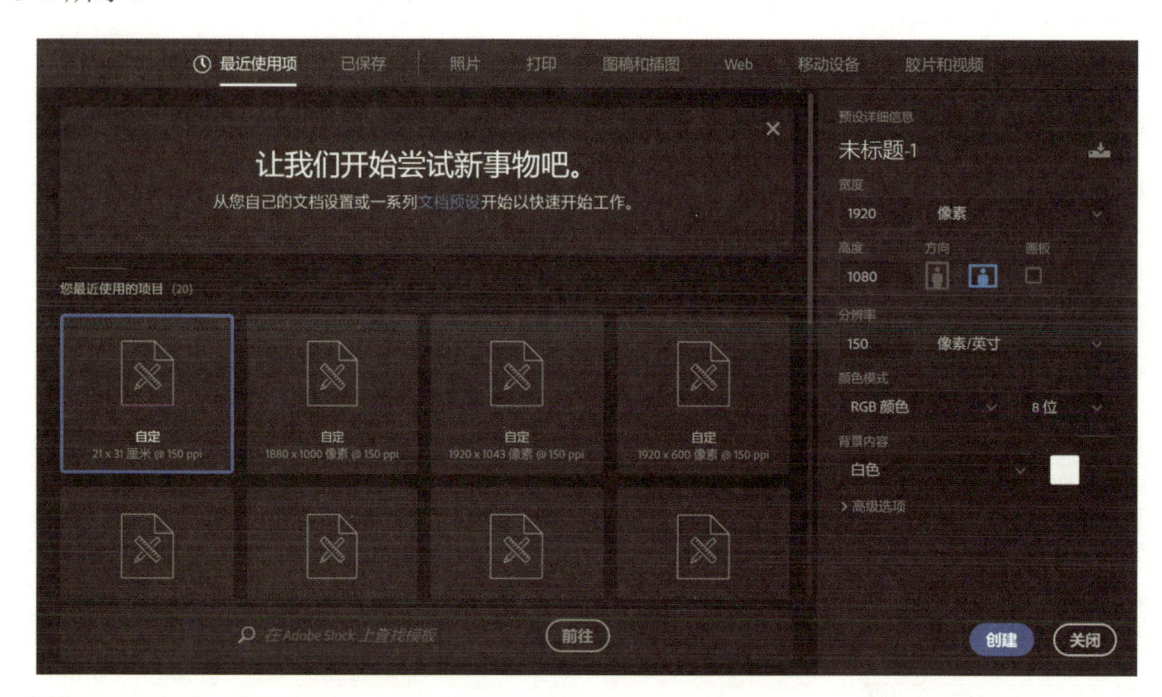

图 5-3-2 "新建文档"对话框

（2）执行"文件"→"打开"命令，在弹出的"打开"对话框中选择本章素材中的"运动鞋.png"素材图片，选择左侧工具栏中的"移动工具"将其拖动至背景图中，按"Ctrl+T"组合键执行"自由变换"命令，调整素材图片的大小及位置。选择此图层，设置"前景色"

为深蓝色（#303439），按"Alt+Delete"组合键执行"填充前景色"命令进行颜色填充，如图 5-3-3 所示。

图 5-3-3　添加素材图片

（3）选择左侧工具栏中的"矩形工具"绘制一个矩形，设置"前景色"为棕色（#a38660），按"Alt+Delete"组合键执行"填充前景色"命令进行颜色填充，如图 5-3-4（a）所示。选择左侧工具栏中的"直接选择工具"，选择左下角的锚点，按住"Shift+鼠标左键"向右拖动，调整到合适的位置，效果如图 5-3-4（b）所示。

图 5-3-4（a）　绘制矩形

图 5-3-4（b） 调整锚点及效果

（4）选择"运动鞋"图层，按"Ctrl+J"组合键执行"复制图层"命令，复制一个"运动鞋"图层。选择此图层，按"Ctrl+M"组合键执行"曲线"命令，在弹出的"曲线"对话框中设置"输出"为0，"输入"为255，设置完成后单击"确定"按钮，如图5-3-5（a）所示。将此图层拖动至原有的"运动鞋"图层之下，按"Ctrl+T"组合键执行"自由变换"命令，按住"Shift+鼠标左键"调整图片的大小。执行"滤镜"→"模糊"→"高斯模糊"命令，在弹出的"高斯模糊"对话框中设置"半径"为4像素，设置完成后单击"确定"按钮，效果如图5-3-5（b）所示。

图 5-3-5（a） "曲线"对话框及效果

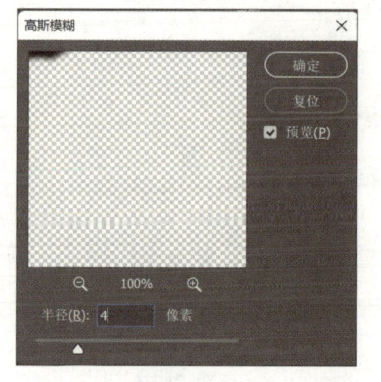

图 5-3-5（b） "高斯模糊"对话框及效果

（5）选择左侧工具栏中的"套索工具"，创建手绘选区，按"Shift+F6"组合键执行"羽化"命令，在弹出的"羽化选区"对话框中设置"羽化半径"为30像素，设置完成后单击"确定"按钮，如图5-3-6（a）所示。执行"滤镜"→"模糊"→"高斯模糊"命令，在弹出的"高斯模糊"对话框中设置"半径"为26像素，设置完成后单击"确定"按钮，如图5-3-6（b）所示。

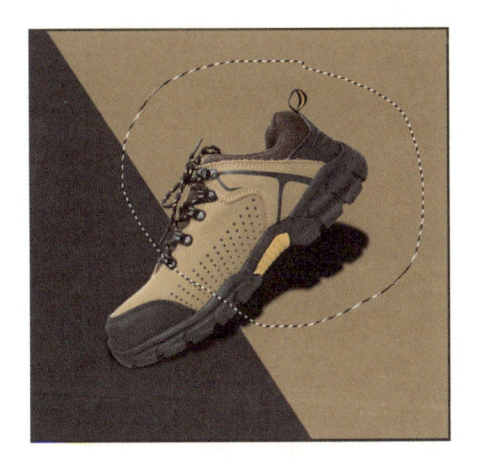

图 5-3-6（a）　"羽化选区"对话框及效果

图 5-3-6（b）　"高斯模糊"对话框及效果

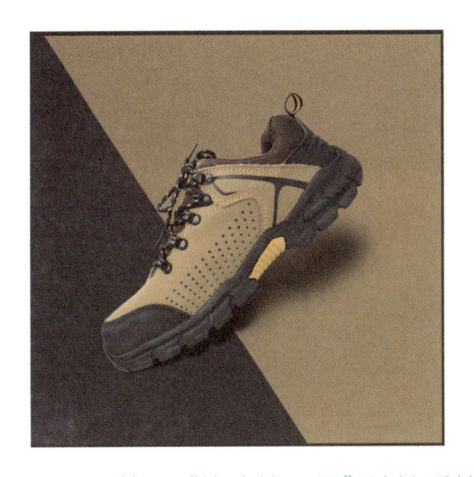

图 5-3-7　使用"橡皮擦工具"涂抹后效果

（6）选择左侧工具栏中的"橡皮擦工具"，调整橡皮擦大小，在鞋子阴影处进行涂抹，减淡鞋跟处阴影效果，将鞋头处的阴影抹除掉，效果如图5-3-7所示。

（7）选择左侧工具栏中的"横排文字工具"，输入品牌文字"WZON"，调整文字样式、大小、字间距和位置，设置"不透明度"为20%。效果如图5-3-8所示。

图 5-3-8　添加品牌文字效果

（8）按"Ctrl+R"组合键执行"显示标尺"命令，调出参考线。选择左侧工具栏中的"横排文字工具"以及"直排文字工具"，按照如图 5-3-9（i）所示的文字效果，分别输入对应内容，参考设置如下。

◆ 横排文字工具

① 输入"WZON"，设置"不透明度"为 90%，其他参数设置如图 5-3-9（a）所示。

② 输入"时尚运动休闲鞋"，参数设置如图 5-3-9（b）所示。

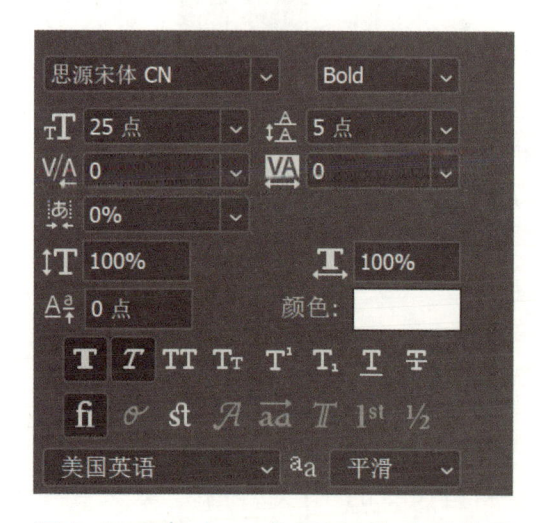

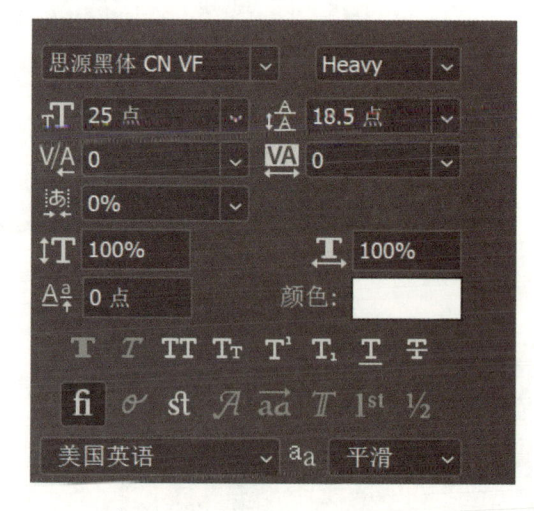

图 5-3-9（a）　"WZON"参数放置　　图 5-3-9（b）　"时尚运动休闲鞋"参数设置

③ 输入"Sport Sasual Shoes"，参数设置如图 5-3-9（c）所示。

④ 单击鼠标右键选择"转换为段落文本"选项，输入产品设计理念内容，设置"不透明度"为 30%，其他参数设置如图 5-3-9（d）所示。

⑤ 输入"RMB 399 元"，参数设置如图 5-3-9（e）所示。

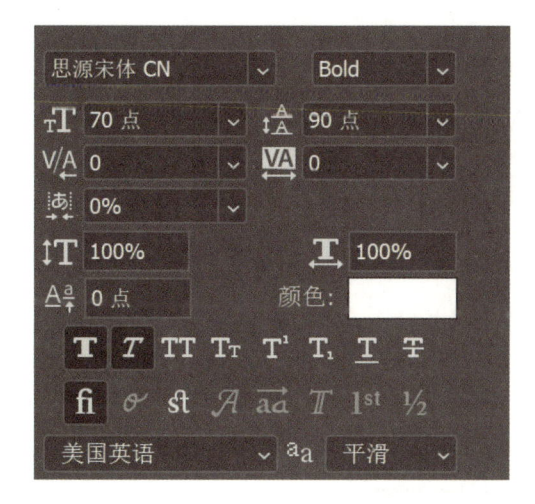

图 5-3-9（c） "Sport Sasual Shoes" 参数设置

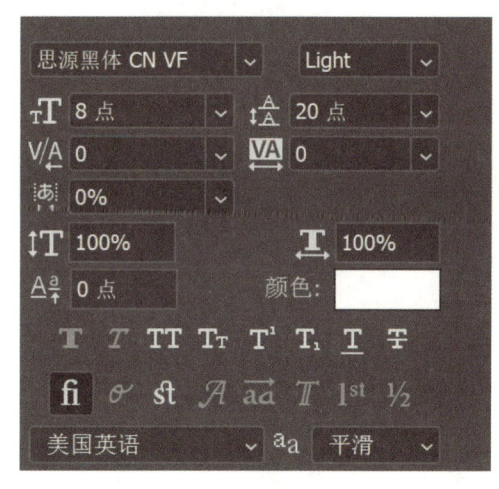

图 5-3-9（d） "段落文本" 参数设置

⑥ 输入文字 "RMB 399 元"，设置"不透明度"为 30%，其他参数设置如图 5-3-9（f）所示。将所输入的文字放置在画面的左下角。

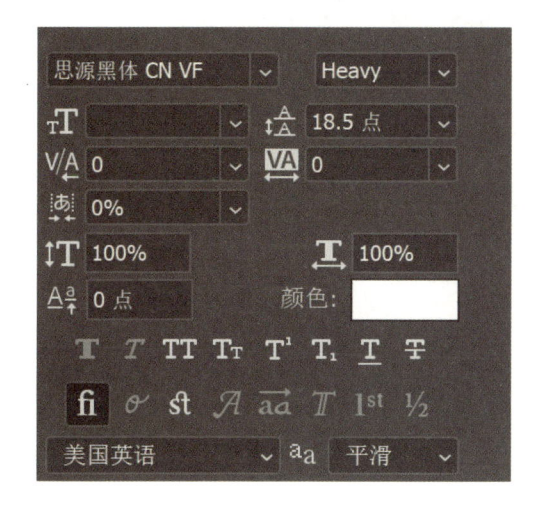

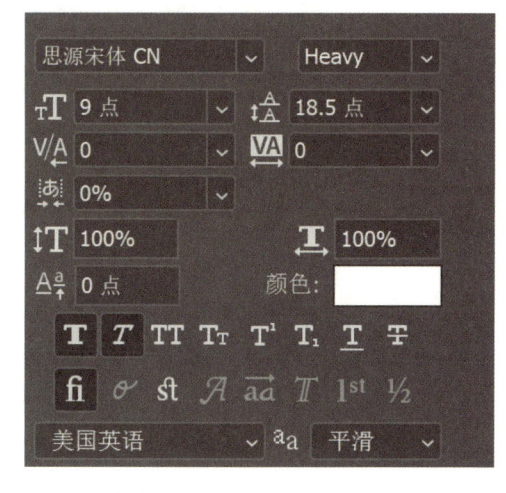

图 5-3-9（e） "RMB 399" 参数设置　　图 5-3-9（f） 左下角 "RMB 399" 参数设置

⑦ 输入"Sport Sasual Shoes",设置"不透明度"为30%,文字右对齐,其他参考设置如图5-3-9(g)所示。将所输入的文字放置在画面的右下角。

◆ 直排文字工具

输入"Sasual Shoes",设置"不透明度"为50%,其他参数设置如图5-3-9(h)所示。将所输入的文字放置在画面的右侧。

最终整体文字效果如图5-3-9(i)所示。

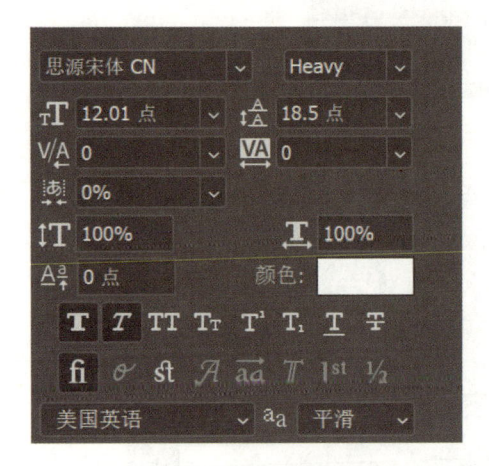

图5-3-9(g)　右下角"Sport Sasual Shoes"参数设置

图5-3-9(h)　右侧"Sasual Shoes"参数设置

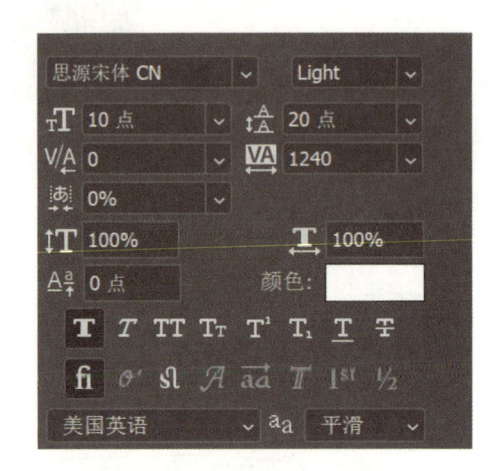

图5-3-9(i)　整体文字效果

(9)选择左侧工具栏中的"横排文字工具"和"直排文字工具",按照如图5-3-10(c)所示的文字效果,分别输入对应内容,参考设置如下。

◆ 横排文字工具

输入"……",参数设置如图5-3-10(a)所示。

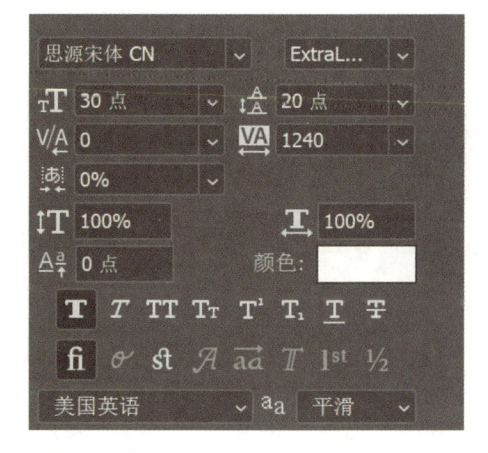

图 5-3-10（a） "……" 参数设置

◆ 直排文字工具

输入"//////////////"，参数设置如图 5-3-10（b）所示。添加装饰效果如图 5-3-10（c）所示。

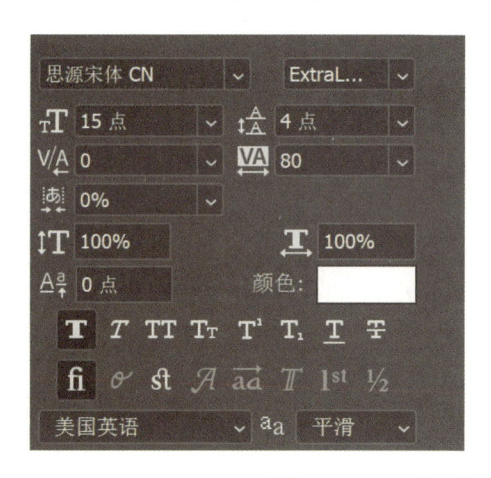

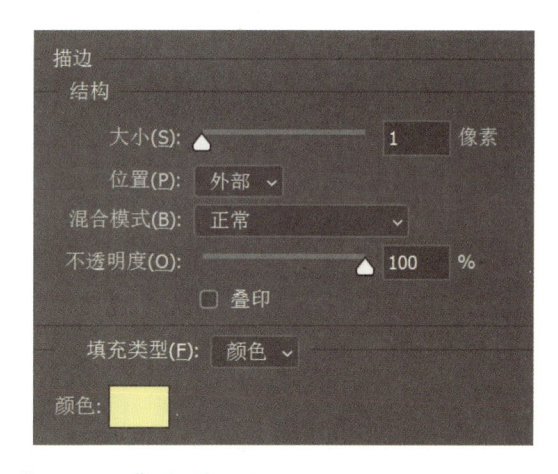

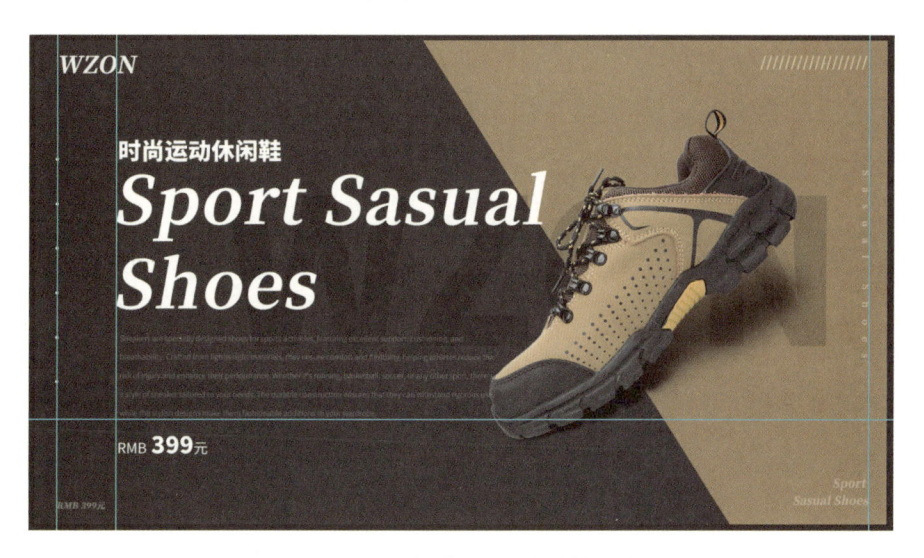

图 5-3-10（b） "//////////////" 参数设置

图 5-3-10（c） 添加装饰效果

（10）成品效果如图 5-3-11 所示。

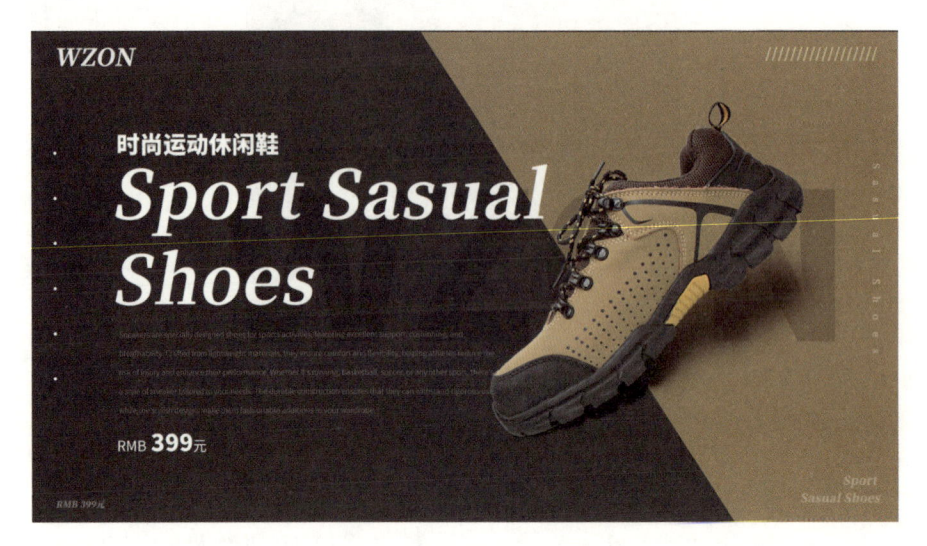

图 5-3-11 成品效果

5.4 本章实训

◆ 主题：都市潮流风服装广告

◆ 设计思路

1. 情感共鸣

在广告中捕捉都市生活的快节奏与慢享受之间的平衡，展示穿着这些服装的个体如何在繁忙的都市生活中找到自我，表达对生活的热爱和追求。通过情感化的叙述，使观众能够在情感层面与广告产生共鸣。

2. 时尚引领

强调这些服装是潮流的引领者，通过展示流行趋势或设计师限量版等元素，塑造品牌的时尚权威形象。同时，可以邀请知名人士进行试穿并分享体验，增加品牌的可信度和影响力。

3. 细节展示

在广告中，通过高清摄影或特写镜头展示服装的每一个细节，如独特的面料纹理、精致的刺绣工艺、创新的剪裁设计等。这些细节不仅能够彰显服装的品质和工艺，还能激发观者的购买欲望。

4. 互动体验

利用社交媒体平台或线下活动，设计互动环节让观者参与其中。例如，举办线上试衣间活动，让观者上传自己的照片并尝试搭配广告中的服装；或者在线下店铺设置 AR 试衣镜，让观者在虚拟现实中体验服装效果。这些互动体验不仅能够提升观众的参与感和品牌忠诚度，还能通过口碑传播吸引更多潜在消费者。

5. 持续创新

保持对时尚潮流的敏锐洞察力，不断推出符合市场需求的新品。同时，与设计师、艺术家等跨界合作，为品牌注入新的活力和创意。通过持续创新，保持品牌在都市潮流风服装领域的领先地位。

第 6 章

杂志广告

在当今这个信息时代中,图像与视觉设计的重要性日益凸显,它们不仅能够传达信息,更能激发人们的情感和共鸣。杂志广告,作为平面设计的重要领域,凭借其生动直观的图像与创意的设计,往往能够深入人心,吸引消费者的目光。因此,掌握杂志广告的设计与制作技巧,对于中职学生来说,不仅是提高专业技能的需要,更是适应社会发展的必然要求。

本章将带领大家走进杂志广告的世界,探索其背后的设计原理与制作技巧。我们将从杂志广告的特点、设计原则、创意构思、图像处理、文字排版等方面进行深入剖析,并通过实例操作,帮助大家掌握杂志广告的设计与制作流程。

在学习过程中,我们不仅要注重理论知识的学习,更要注重实践操作的训练。通过不断地实践,可以将理论知识转化为实际的操作技能,从而更好地服务于未来的职业生涯。

学习目标

知识目标

1. 掌握 Photoshop 的基本操作界面与工具功能，如图层、选区、画笔、滤镜等。
2. 理解杂志广告设计的基本原理，包括版面布局、色彩搭配、字体选择等。
3. 熟悉杂志广告的常见形式与风格，如全页广告、跨页广告、插页广告等。
4. 学习杂志广告中的图文排版技巧，如文字排版、图片处理、背景设计等。
5. 了解杂志广告的行业规范与标准，如广告尺寸、分辨率、文件格式等。

技能目标

1. 能够独立使用 Photoshop 进行杂志广告的设计制作。
2. 能够根据广告主题与宣传内容，合理规划版面布局，优化视觉效果。
3. 熟练运用 Photoshop 中的各种工具与功能，实现图片的精准处理与美化。
4. 掌握杂志广告中的图文结合技巧，提高广告的吸引力与可读性。
5. 能够将设计作品导出为符合行业标准的文件格式，如 JPG、PDF 等。

素质目标

1. 培养良好的审美观念与创意思维，能够独立完成广告设计的创意构思。
2. 提高对色彩、图形、文字等视觉元素的敏感度与把控能力。
3. 增强团队合作意识与沟通能力，能够与其团队成员或客户有效协作，完成广告设计任务。
4. 培养细致、耐心、精益求精的工作态度，确保广告设计的质量与精度。

6.1 杂志广告漫谈

6.1.1 杂志广告

杂志广告是指在杂志这一媒介平台上发布的广告，利用杂志的读者群和覆盖范围，向目标受众传达品牌、产品或服务的信息。杂志广告通常采用图文结合的创意设计，以精美的图片和引人入胜的文字，以吸引读者的注意力并激发他们的购买兴趣。

杂志广告的魅力在于其独特的视觉表现力和深度的品牌传播效果。由于杂志拥有较为稳定的读者群体，广告主可以针对特定的读者群体精准投放广告，从而提升广告的效果。此外，杂志广告还可以通过创意设计和精美的排版，增强品牌的认知度和美誉度，从而帮助广告主在激烈的市场竞争中脱颖而出。

6.1.2 杂志平面广告制作基础知识

1. 了解杂志的特点

（1）针对性强：面向特定的读者群体，广告可以根据该群体的特征进行有针对性的发布。

（2）视觉冲击力：通过图片、色彩和版式设计等视觉元素来吸引读者的注意力。

（3）长期保存性：杂志通常具有较长的保存期限，广告信息可以在较长时间内持续影响读者。

（4）信息量丰富：杂志广告可以包含较多的文字和图像信息，便于详细展示产品或服务。

（5）可信度高：作为传统媒体的一种，杂志的广告内容常被视为具有较高的可信度。

（6）创意空间大：广告设计者可以利用杂志的版面空间进行创意设计，以增强广告的表现力。

2. 广告的基本构成

杂志平面广告的基本构成通常包括以下 7 个要素。

（1）标题：这是吸引读者注意力的关键部分，通常简洁有力。

（2）副标题：进一步解释或补充标题的内容。

（3）文案：详细描述产品或服务的特点、优势和使用方法。

（4）图像：包括产品图片、插图或相关场景图，旨在吸引视觉注意并传达信息。

（5）品牌标识：展示公司或品牌的标志，增强品牌识别度。

（6）联系信息：提供购买途径、网址、联系方式等，方便读者了解和购买。

（7）设计元素：使用边框、色彩、字体等设计元素，以增强广告的视觉效果和专业性。

3. Photoshop 的基本操作

杂志平面广告图像处理技巧与制作方法包括以下 9 个步骤。

（1）图像选择：选择高分辨率的原始图像，确保图像清晰度和分辨率符合印刷品质要求。

（2）图像编辑：使用图像编辑软件，如 Photoshop，进行裁剪、调整大小、校正颜色和调整对比度等基础编辑。

（3）图像优化：通过锐化滤镜增强图像细节，使用降噪工具减少图像噪点，确保图像放大后依然清晰。

（4）设计布局：根据广告内容和版面设计要求，合理安排图像位置，协调文字与图像的布局关系。

（5）色彩调整：根据广告主题和品牌形象，调整图像的色彩饱和度、色调和亮度，确保整体色彩协调。

（6）图层效果：利用图层效果添加特殊视觉效果，如阴影、高光、渐变等，增强图像的视觉吸引力。

（7）输出检查：在输出前，检查图像的分辨率、色彩模式和尺寸是否符合印刷标准，确保图像质量。

（8）打样校对：制作样张，检查图像在实际印刷中的效果，必要时进行调整以优化最终的印刷效果。

（9）保存与备份：妥善保存最终的图像文件，并进行备份，以便后续使用或修改。

6.1.3 杂志平面广告的设计与制作

杂志平面广告的设计与制作步骤通常包括以下流程。

（1）明确广告目的：首先，确定广告的目标受众、预期效果以及传达的核心信息。

（2）进行市场调研：分析目标市场的趋势，研究竞争对手的广告策略，以及目标受众的偏好。

（3）创意策划：结合广告目的和市场调研结果，策划广告的主题、风格和情感诉求。

（4）草图设计：将创意转化为视觉设计草图，包括色彩、排版和元素布局。

（5）详细设计：使用专业的设计软件，如 Adobe InDesign 或 Photoshop，细化草图，制作出完整的广告设计。

（6）修改优化：根据客户的意见进行修改和优化，以完善广告设计作品。

（7）准备发布材料：根据杂志的要求，准备适合其版式和尺寸的广告发布材料。

（8）提交与确认：将最终的设计稿提交杂志出版方，并确认广告的发布时间和版位。

（9）跟踪广告效果：广告发布后，通过跟踪读者反馈、销售量变化等数据指标，评估广告的效果。

（10）总结与反馈：根据广告效果，总结经验教训，为后续的广告设计提供参考。

6.1.4　拓展内容

如何给立体盒子添加图案？

（1）打开如图 6-1-1 所示的图案素材，按 Ctrl 键，单击图层中的图案缩略图，载入选区，按"Ctrl+C"组合键执行"复制"命令，复制图案，关闭图案图层。

图 6-1-1　图案素材

（2）新建图层，执行"滤镜"→"消失点"命令，在盒子上绘制平面，按 Ctrl 键向下创建其他面，如图 6-1-2 所示。

（3）按"Ctrl+V"组合键执行"粘贴"命令，粘贴图案至盒子上，并调整图案大小及位置，设置图层混合模式为"正片叠底"，完成效果如图 6-1-3 所示。

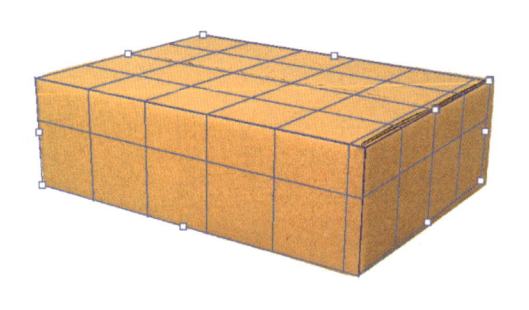

图 6-1-2　绘制"消失面"　　　　　　　　　图 6-1-3　完成效果

6.2　案例一　旅游风格杂志广告

6.2.1　作品介绍

　　这幅旅游主题杂志广告作品，如同一幅引人入胜的画卷，缓缓展开南太平洋群岛那令人心驰神往的奇迹世界。整体色调以清新脱俗的蓝色为主旋律，它不仅勾勒出了那片广阔无垠的蔚蓝海域，更将观者的思绪带往了那遥远而神秘的地方。一抹明亮的黄色边框巧妙点缀其间，如同晨曦初照，为这宁静的画面增添了几分活力与温暖。

　　画面深处，南太平洋群岛的壮丽风光跃然纸上。迷人的海水在阳光的照耀下闪烁着耀眼的光芒，仿佛每一波涟漪都蕴含着无尽的故事与梦想。细腻的沙滩如同柔软的绸缎，沿着海岸线轻轻铺展，邀请着每一位旅者踏上这片梦幻般的土地。远处的热带雨林，以它那郁郁葱葱的绿色，诉说着大自然的神秘与宏伟，引人无限遐想。

　　在海报的精心布局下，一系列特色活动以生动的视觉形象呈现在观者面前。无论是"海底探险"的惊险刺激，还是"海滩浮潜"的悠然自得，或者是"热带雨林徒步"的探险之旅，都让人仿佛亲临其境，感受南太平洋的独特魅力。这些活动不仅是对自然美景的深入探索，更是心灵与自然的亲密对话。

　　主标题"探索南太平洋群岛的无尽奇迹！"以醒目的字体和位置，直接点明了广告的主题与核心，激发着观者内心深处对未知世界的渴望与向往。小标题"尽情享受海水和沙滩带来的快乐"进一步强调了南太平洋群岛作为度假胜地的独特魅力，让人不由自主地想要沉浸在那份纯粹而美好的时光之中。

　　此外，海报还贴心地提供了"文化交流"和"在线预订"的信息，为那些渴望深入了解当地文化、规划美好旅程的旅者提供了便利。而电话、邮箱、网址等联系方式的清晰标注，则让观者能够轻松获取更多信息，开启属于自己的南太平洋之旅。

总而言之，这幅旅游主题杂志广告作品以其精美的画面、生动的内容和贴心的服务，成功地为观者呈现了一个充满无限可能与奇迹的南太平洋群岛世界。它不仅是一幅广告，更是一封来自远方的邀请函，邀请着每一位热爱生活、渴望探索的旅者，共同踏上这场难忘的旅程。作品效果如图 6-2-1 所示。

图 6-2-1　作品效果图

6.2.2　设计思路

在设计这幅旅游主题的杂志广告时，我们的核心思路是引领读者踏上一场梦幻般的南太平洋群岛探索之旅，通过视觉与情感的双重吸引，激发他们的旅行热情。

选择清新自然的蓝色调作为主色，完美契合了南太平洋的海天一色，营造出一种宁静而深邃的氛围。蓝色象征着广阔与自由，能够迅速将观者带入那片遥远而神秘的海域。而明亮的黄色边框则作为点睛之笔，为整个画面增添了一抹活力与温暖，仿佛阳光透过云层，照亮了这片美丽的岛屿，让人感受到无限的憧憬。

画面中心聚焦于南太平洋群岛的美丽风光，通过层次分明的布局，将海水、沙滩、热带雨林等自然景观巧妙地融合在一起。上半部分的蓝色海湾背景，展现了岛屿的宁静与祥和，游艇的点缀暗示了这里不仅是自然的乐园，也是休闲度假的绝佳之地。下半部分以白色为主底色，波浪形的黄色和浅黄色浪花图案不仅与整体色调相呼应，还巧妙地引导观众的视线向下延伸，使画面更具动感和深度。

特色活动如"海底探险""海滩浮潜""热带雨林徒步"等被置于画面正中央，并配以对应的视觉图像，直观地展示了南太平洋群岛的多样玩法和独特魅力。这些活动不仅能够吸引对自然探险感兴趣的读者，还能激发他们的好奇心和探险欲。主标题"探索南太平洋群岛的无尽奇迹！"以醒目的字体和颜色突出显示，直接点明了广告的主题和目的。小标题"尽情享受海水和沙滩带来的快乐"则进一步强调了这里的休闲与放松氛围。

在广告中，我们还巧妙地融入了"文化交流"和"在线预订"等互动元素，旨在引导读者深入了解南太平洋的文化特色，并方便他们进行旅行规划。同时，电话、邮箱、网址等联系方式的清晰展示，也为有需求的读者提供了便捷的咨询和预订渠道。

6.2.3　设计步骤

1. 核心技能展示

◆ 应用"图层蒙版"命令合成融合图像

◆ 应用"高斯模糊"效果模糊图像

◆ 应用"填充工具"填充颜色

◆ 应用"渐变工具"填充渐变颜色

◆ 应用"图层混合模式"调整显示效果

- ◆ 应用"文字工具"添加文字
- ◆ 应用"色相/饱和度"调整图像颜色
- ◆ 应用"图层样式"制作效果
- ◆ 应用"橡皮擦工具"擦除内容
- ◆ 应用"自然饱和度"调整图像饱和度

2. 操作步骤

（1）打开 Photoshop 软件，执行"文件"→"新建"命令，在弹出的"新建文档"对话框中设置"宽度"为 20 厘米，"高度"为 30 厘米，"分辨率"为 300 像素/英寸，"颜色模式"为 RGB 颜色（8 位），"背景内容"为白色（#ffffff），设置完成后单击"创建"按钮，如图 6-2-2 所示。

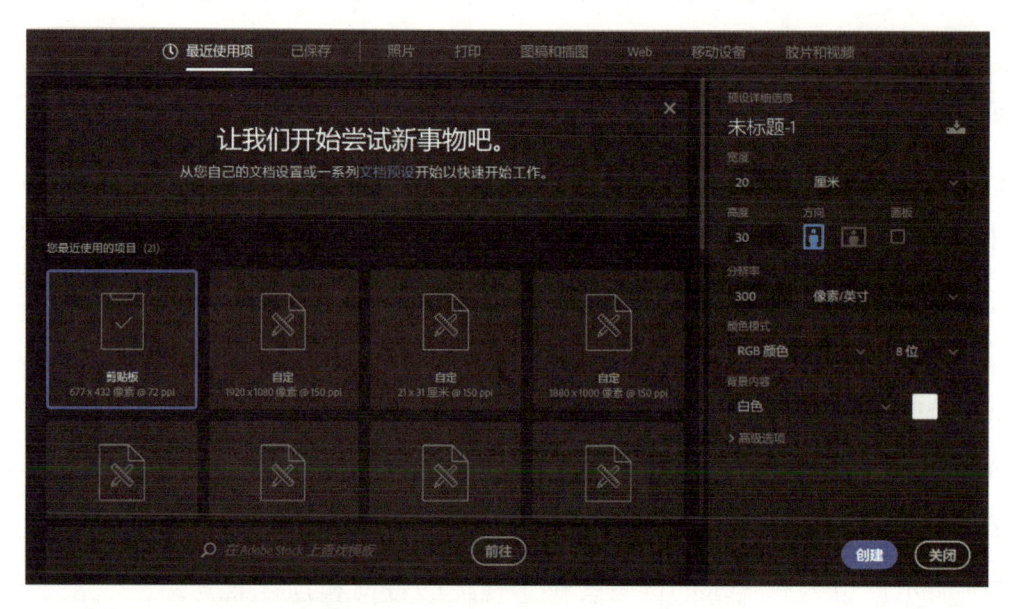

图 6-2-2　"新建文档"对话框

（2）执行"文件"→"打开"命令，在弹出的"打开"对话框中选择本章素材中的"背景 1.jpg"素材图片，选择左侧工具栏中的"移动工具"将其拖动至画面靠上部分，按"Ctrl+T"组合键执行"自由变换"命令，调整素材图片的大小及位置，如图 6-2-3 所示。

（3）选择左侧工具栏中的"钢笔工具"绘制一个云朵形状，将参数栏中的属性设置为"形状"，设置"填充"为蓝色（#004f8f），"描边"为无，如图 6-2-4（a）所示。绘制完成后，按"Ctrl+J"组合键执行"复制图层"命令，复制一个新的云朵形状，设置"颜色

图 6-2-3　添加素材图片

填充"为深蓝色（#003567）。将两个云朵形状放置在合适的位置，效果如图 6-2-4（b）所示。

图 6-2-4（a） "钢笔工具"参数栏设置 1

图 6-2-4（b） 蓝色云朵形状效果

（4）选择左侧工具栏中的"钢笔工具"再绘制一个云朵形状，将参数栏中的属性设置为"形状"，设置"填充"为黄色（#ffe100），"描边"为无，如图 6-2-5（a）所示。绘制完成后，将其放置在蓝色云朵形状上面。效果如图 6-2-5（b）所示。

图 6-2-5（a） "钢笔工具"参数栏设置 2

图 6-2-5（b） 黄色云朵形状效果

（5）选择左侧工具栏中的"椭圆工具"，按住 Shift 键绘制一个圆形，将参数栏中的属性设置为"形状"，设置"填充"为白色（#ffffff），"描边"为无，如图 6-2-6（a）所示。双击此图层打开"图层样式"对话框，样式选择"投影"，设置"混合模式"为正片叠底，"不透明度"为 11%，"角度"为 120 度，"距离"为 45 像素，"扩展"为 0%，"大小"为 38 像素，设置完成后单击"确定"按钮，如图 6-2-6（b）所示。选择圆形图层，按"Ctrl+J"组合键执行"复制图层"命令,复制得到新的圆形图层,双击此图层打开"图层样式"对话框,样式选择"描边",设置"大小"为 3 像素,"位置"为外部,"混合模式"为正常,"不透明度"为 100%,"颜色"为白色(#ffffff),设置完成后单击"确定"按钮,如图 6-2-6(c)所示。

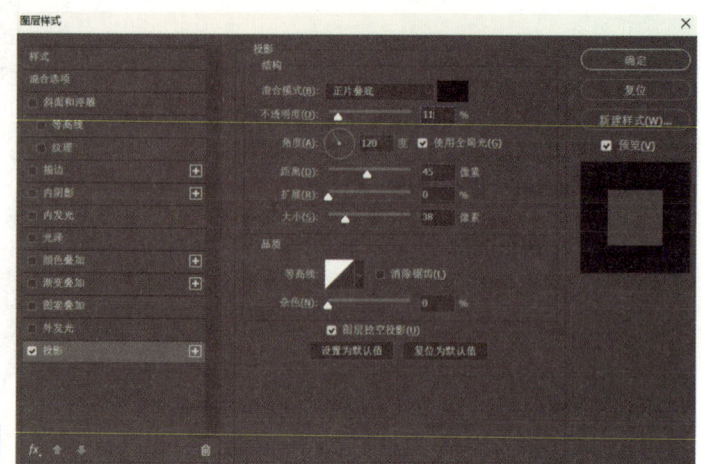

图 6-2-6(a)　"椭圆工具"参数栏设置

图 6-2-6(b)　"投影"参数设置

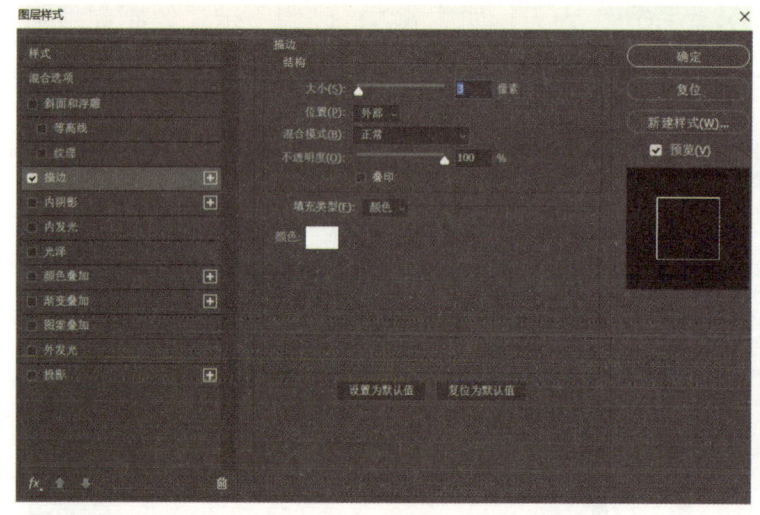

图 6-2-6(c)　"描边"参数设置

图 6-2-6(d)　圆形效果

(6)选择左侧工具栏中的"钢笔工具"在右侧绘制一个云朵形状,将参数栏中的属性设置为"形状",设置"填充"为白色(#ffffff),"描边"为无,如图 6-2-7(a)所示。双击此图层打开"图层样式"对话框,样式选择"投影",设置"混合模式"为正片叠底,"不透明度"为 11%,"角度"为 120 度,"距离"为 45 像素,"扩展"为 0%,"大小"为 38 像素,设置完成后单击"确定"按钮。效果及参数设置,如图 6-2-7(b)所示。

图 6-2-7（a） "钢笔工具"参数栏设置

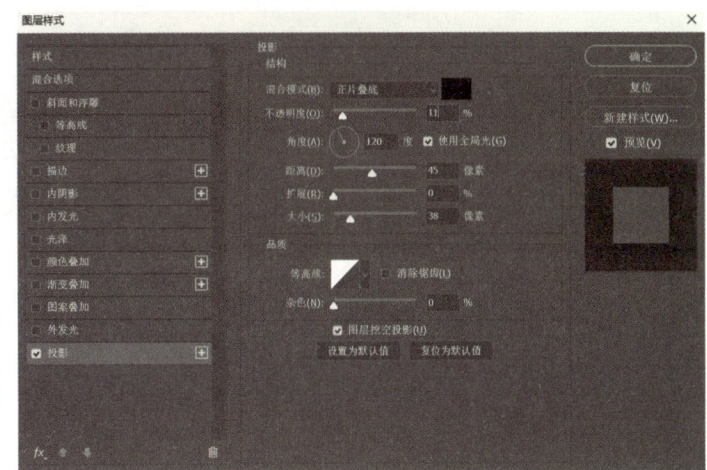

图 6-2-7（b） 白色云朵形状效果及参数设置

（7）选择左侧工具栏中的"横排文字工具"输入大标题文字内容，设置"字体"为思源黑体，"字体大小"为 48 点，"字体颜色"为蓝色（#003567），如图 6-2-8（a）所示。选择左侧工具栏中的"横排文字工具"输入小标题文字内容，设置"字体"为黑体，"字体大小"为 17.43 点，"字体颜色"为蓝色（#003567），如图 6-2-8（b）所示。将本章素材中的"文化交流.png"和"预订机票.png"素材图片拖动至背景图中，分别放在左侧的圆形和右侧的云朵图形中，按"Ctrl+T"组合键执行"自由变换"命令，调整其大小及位置。效果如图 6-2-8（c）所示。

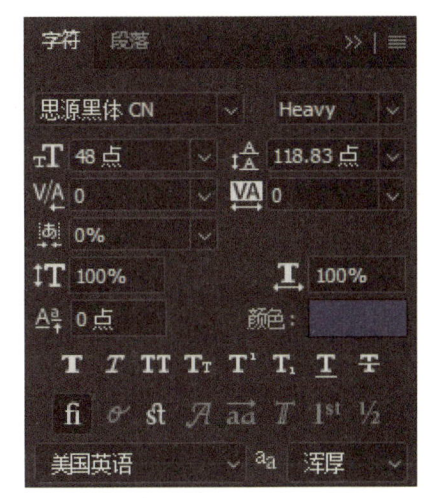

图 6-2-8（a） 大标题文字参数设置

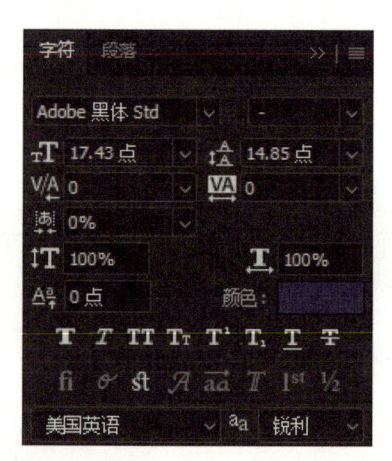

图6-2-8（b） 小标题文字参数设置

图6-2-8（c） 添加文字及素材图片效果

（8）选择左侧工具栏中的"横排文字工具"输入文字"特色活动"，设置"字体"为思源黑体，"字体大小"为22点，如图6-2-9（a）所示。选择左侧工具栏中的"椭圆工具"，按住Shift键绘制一个圆形，设置"填充颜色"为黄色（#ffe100），按"Ctrl+J"组合键执行"复制图层"命令，复制一个圆形，按"Ctrl+T"组合键执行"自由变换"命令，将此圆形缩小。再重复两次以上操作，所得效果如图6-2-9（b）所示。选择四个圆形图层，单击鼠标右键选择"转换为智能对象"选项，将四个图层合并为一个图层，按"Ctrl+J"组合键执行"复制图层"命令，复制此图层，再按"Ctrl+T"组合键执行"自由变换"命令，单击鼠标右键选择"水平翻转"选项，翻转图形并放置到"特色活动"的右侧。效果如图6-2-9（c）所示。

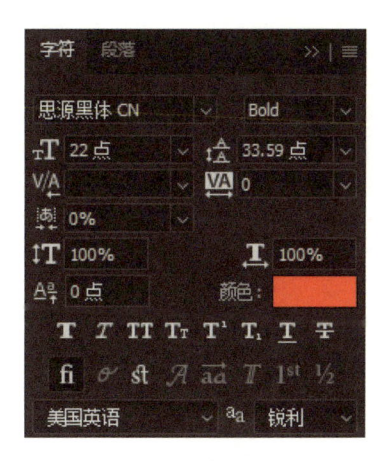

图 6-2-9（a） 文字参数设置

图 6-2-9（b） 左侧圆形效果

图 6-2-9（c） 两侧圆形效果

（9）选择左侧工具栏中的"钢笔工具"在画面下方绘制一个云朵形状，将参数栏中的属性设置为"形状"，设置"填充"为灰色（#eaeae8），"描边"为无，效果如图 6-2-10（a）所示。将本章素材中的"背景 2.jpg"素材图片拖动至背景图中，使用"剪切蒙版工具"将素材图片剪切到云朵形状上，按"Ctrl+T"组合键执行"自由变换"命令，调整素材图片的大小及位置，效果如图 6-2-10（b）所示。选择左侧工具栏中的"钢笔工具"再绘制一个云朵形状，将参数栏中的属性设置为"形状"，设置"填充"为黄色（#ffe100），"描边"为无，效果如图 6-2-10（c）所示。再将本章素材中的"价格 1.png"素材图片拖动至云朵形状上，按"Ctrl+T"组合键执行"自由变换"命令，调整其大小并放在合适的位置，如图 6-2-10（d）所示。将本章素材中的"海底探险.png"素材图片拖动至背景图中，按"Ctrl+T"组合键执行"自由变换"命令，调整素材图片的大小及位置，如图 6-2-10（e）所示。

Photoshop 综合实训项目——商业广告制作

图 6-2-10（a） 绘制云朵形状①   图 6-2-10（b） 添加剪切蒙版效果

图 6-2-10（c） 绘制云朵形状②    图 6-2-10（d） 添加素材图片 1

图 6-2-10（e） 添加素材图片 2

（10）复制上一步骤操作，水平排列出三组图形，分别替换为本章素材中的"背景 3.jpg""价格 2.png""背景 4.jpg""价格 3.png"。信息介绍效果，如图 6-2-11 所示。

图 6-2-11 信息介绍效果

（11）选择左侧工具栏中的"钢笔工具"在画面下方绘制横线线段以及云朵形状，将参数栏中的属性设置为"形状"，设置"填充"为黄色（#ffe100），"描边"为无，按"Ctrl+T"组合键执行"自由变换"命令，调整其大小及位置，如图6-2-12所示。

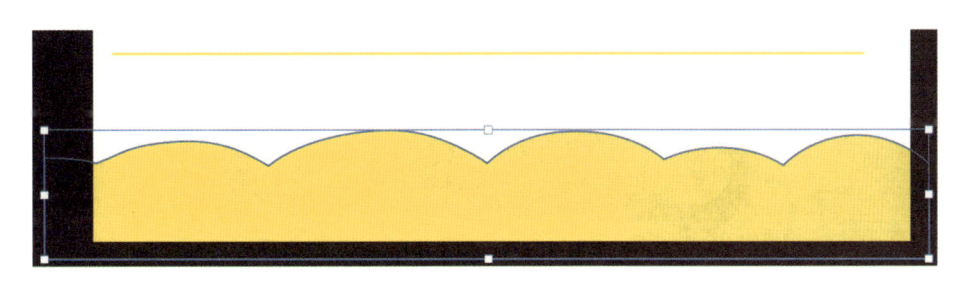

图 6-2-12　绘制横线线段以及云朵形状

（12）选择左侧工具栏中的"钢笔工具"再在画面最下方绘制云朵形状，将参数栏中的属性设置为"形状"，设置"填充"为浅黄色（#fff7e2），"描边"为无，按"Ctrl+T"组合键执行"自由变换"命令，调整其大小及位置，如图6-2-13所示。

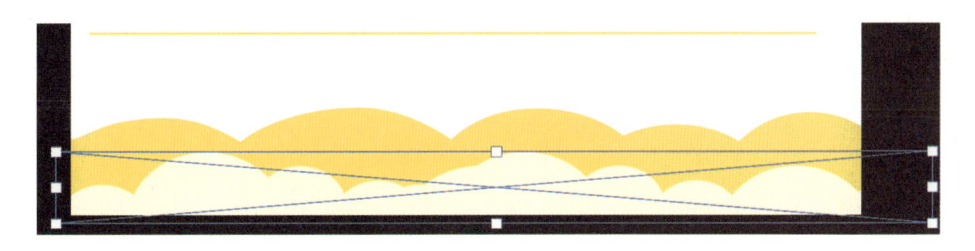

图 6-2-13　绘制浅黄色云朵形状

（13）执行"文件"→"打开"命令，在弹出的"打开"对话框中选择本章素材中的"联系方式.png"素材图片，选择左侧工具栏中的"移动工具"将其拖动至背景图中，按"Ctrl+T"组合键执行"自由变换"命令，调整素材图片的大小及位置，如图6-2-14所示。

图 6-2-14　添加联系方式

（14）成品效果如图6-2-15所示。

图 6-2-15　成品效果

6.3　案例二　电商促销广告

6.3.1　作品介绍

　　这幅作品是一幅设计精美的促销海报，它专为翼鸟优选平台的"双十一大促"活动量身打造。整个海报以亮丽的橙色和黄色为主调，不仅传递出活力四射的氛围，还充满了浓厚的节日气息，让人一眼就能感受到"双十一"购物的狂欢氛围。

　　海报的顶部，大字"双十一"以醒目的字体和颜色呈现，强调了这是"双十一"购物狂欢的专属活动，吸引了顾客的注意力。紧随其后的是"抢先购"的字样，进一步刺激消费者的购买兴趣，吸引他们参与活动，享受限时优惠。

　　在优惠信息方面，海报上精心安排了多个优惠层级，如"满200减80""满400减150"以及"满600减300"等，确保顾客在购买不同金额的商品时均能享受到优惠。此外，"全场商品五折起"的优惠和"会员享四折起"的特权，更是将活动的优惠力度推向了新的高度，令人难以抗拒。

为了提升顾客的购物体验，海报底部还详细标注了店铺地址、联系电话，为消费者提供了便捷的购物指南，方便顾客随时进行咨询或购买。

在整体设计上，这幅作品注重色彩搭配和元素布局，使得整个海报看起来既简洁又富有层次感。同时，通过鲜明的色彩和醒目的文字，有效地吸引了消费者的眼球，让他们对"双十一大促"活动产生了浓厚的兴趣。

总体而言，这幅作品凭借其精美的设计、丰富的优惠信息和便捷的购物指南，成功地为翼鸟优选的"双十一大促"活动增添了浓厚的节日氛围，并有效地促进了销售活动的进行。无论是从视觉效果还是实用性方面，它都是一幅优秀的促销海报作品。作品效果如图 6-3-1 所示。

图 6-3-1　作品效果图

6.3.2　设计思路

在设计这幅翼鸟优选"双十一大促"活动的促销海报时，以吸引消费者注意力、传递优惠信息、促进销售为目标，通过色彩、文字、布局等元素，精心构建了一幅充满诱惑力和节日氛围的作品。

首先，在色彩选择上，采用了橙色和黄色为主调。这两种颜色明亮且富有活力，能够迅速吸引消费者的眼球，并营造出"双十一"购物狂欢的热烈氛围。同时，巧妙地运用了色彩对比和渐变效果，使得整个海报在视觉上更具层次感和立体感。

　　其次，在文字设计上，注重字体的选择、大小、颜色和排版。通过醒目的字体和颜色，突出了"双十一"和"抢先购"等关键信息，使消费者一眼就能抓住海报的核心内容。同时，还通过不同层级的优惠信息排列，引导消费者了解并参与到活动中来。

　　在布局上，采用对称与平衡的设计原则，使得整个海报看起来既美观又和谐。通过将优惠信息、店铺地址和联系电话等关键元素合理分布，既保证了信息的完整性，又避免了视觉上的混乱。

　　此外，这幅促销海报作品还特别注重了细节的处理。从色彩的搭配到文字的排版，从元素的布局到整体的风格，都力求做到精益求精，使海报在视觉上更具吸引力和冲击力。

　　总体而言，以吸引消费者、传递优惠信息、促进销售为设计目标，通过色彩、文字、布局和细节的处理，打造一幅充满诱惑力和节日氛围的促销海报，为翼鸟优选的"双十一大促"活动带来更好的宣传效果和销售业绩。

6.3.3　设计步骤

1. 核心技能展示

◆ 应用"填充工具"填充颜色

◆ 应用"图层蒙版"命令合成融合图像

◆ 应用"自定义形状工具"绘制五角星

◆ 应用"图层混合模式"调整显示效果

◆ 应用"文字工具"添加文字

◆ 应用"色相/饱和度"调整图像颜色

◆ 应用"图层样式"制作效果

◆ 应用"橡皮擦工具"擦除内容

◆ 应用"矩形工具"绘制矩形

2. 操作步骤

(1) 打开 Photoshop 软件,执行"文件"→"新建"命令,在弹出的"新建文档"对话框中设置"宽度"为 20 厘米,"高度"为 30 厘米,"分辨率"为 150 像素/英寸,"颜色模式"为 RGB 颜色(8 位),"背景内容"为白色(#ffffff),设置完成后单击"创建"按钮,如图 6-3-2 所示。

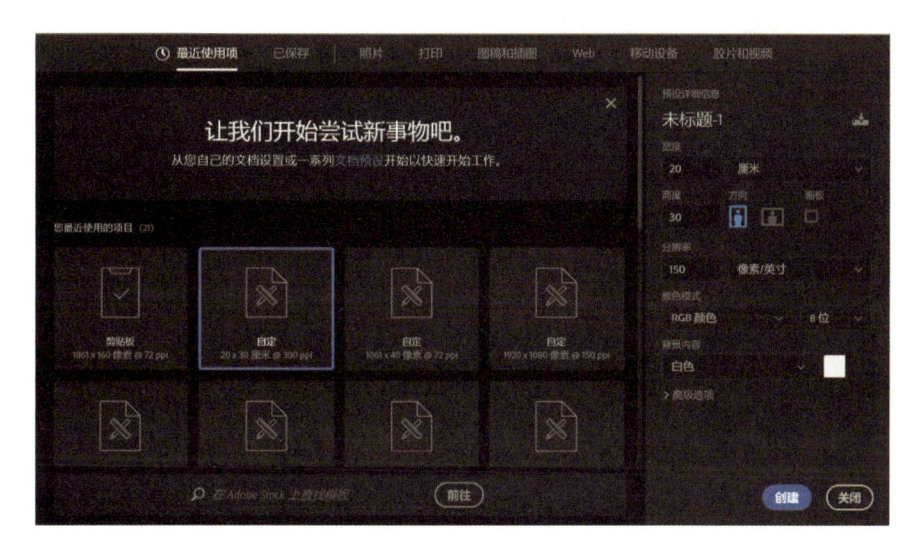

图 6-3-2 "新建文档"对话框

(2) 执行"文件"→"打开"命令,在弹出的"打开"对话框中选择本章素材中的"背景.jpg"素材图片,选择左侧工具栏中的"移动工具"将其拖动至背景图中,按"Ctrl+T"组合键执行"自由变换"命令,调整素材图片的大小及位置,如图 6-3-3 所示。

图 6-3-3 添加图片素材

（3）单击"创建新的填充或调整图层"按钮，选择"色相/饱和度"选项，如图6-3-4（a）所示。在弹出的"色相/饱和度"对话框中设置"色相"为+114，"饱和度"为0，"明度"为0，如图6-3-4（b）所示。

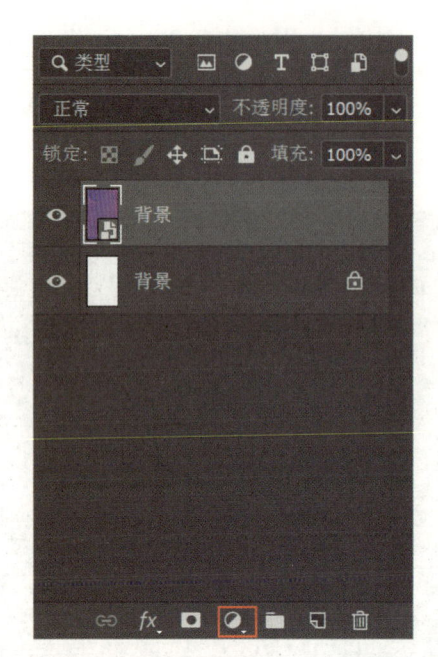

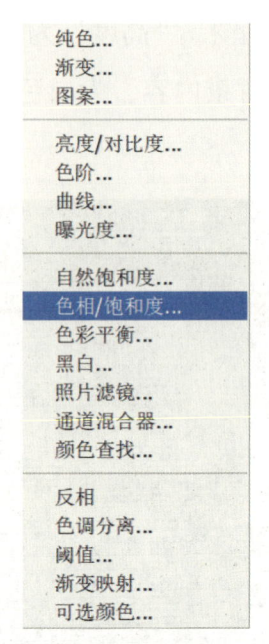

图6-3-4（a） 选择"色相/饱和度"

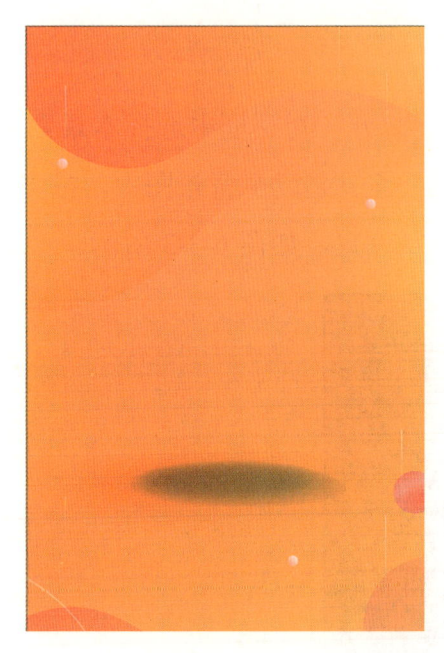

图6-3-4（b） "色相/饱和度"参数设置

（4）选择左侧工具栏中的"椭圆工具"，将参数栏中的属性设置为"形状"，设置"填充"为紫色（#fe48d1），"描边"为无，按住Shift键绘制一个圆形，按"Ctrl+T"组合键执行"自由变换"命令，调整圆形的大小及位置。再按"Ctrl+J"组合键执行"复制图层"命令，复制一个圆形，设置"颜色填充"为橙色（#fea248），并放置在合适的位置。效果如图6-3-5所示。

图 6-3-5　绘制圆形效果

（5）执行"文件"→"打开"命令，在弹出的"打开"对话框中选择本章素材中的"底图.png"素材图片，选择左侧工具栏中的"移动工具"将其拖动至背景图中，按"Ctrl+T"组合键执行"自由变换"命令，调整素材图片的大小及位置，如图6-3-6所示。

图 6-3-6　添加"底图"素材图片

（6）执行"文件"→"打开"命令，在弹出的"打开"对话框中选择本章素材中的"双十一.png"素材图片，选择左侧工具栏中的"移动工具"将其拖动至背景图中，按"Ctrl+T"组合键执行"自由变换"命令，调整素材图片的大小及位置。选择左侧工具栏中的"横排文字工具"，输入小标题文字内容，设置"字体"为思源黑体，"字体大小"为50点，"颜色"为白色（#ffffff），"字间距"为-50，效果如图6-3-7所示。

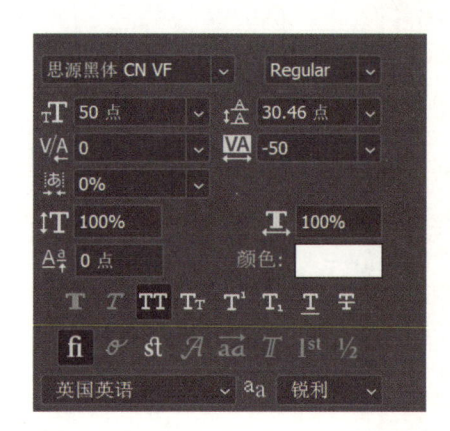

图 6-3-7　字体参数设置及效果 1

（7）选择左侧工具栏中的"横排文字工具"，输入小标题文字内容，设置"字体"为黑体，"字体大小"为18.13点，"颜色"为白色（#ffffff），"字间距"为150，效果如图6-3-8所示。

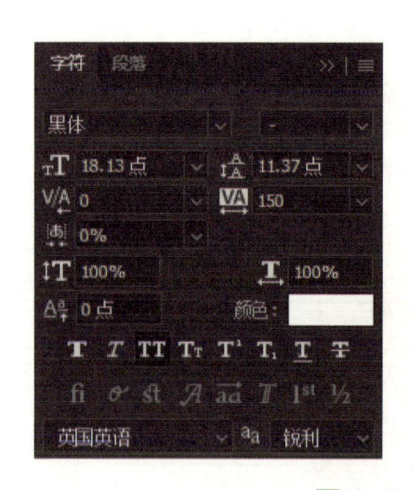

图 6-3-8　文字参数设置及效果 2

（8）选择左侧工具栏中的"矩形工具"，设置"颜色填充"为白色（#ffffff），绘制两个矩形。再选择"自定义形状工具"，设置"颜色填充"为白色（#ffffff），绘制三个五角星，按"Ctrl+T"组合键执行"自由变换"命令，调整矩形和五角星的大小及位置，如图6-3-9所示。

图 6-3-9　绘制五角星

（9）执行"文件"→"打开"命令，在弹出的"打开"对话框中选择本章素材中的"金币.png""红包.png"素材图片，选择左侧工具栏中的"移动工具"将其拖动至背景图中，按"Ctrl+T"组合键执行"自由变换"命令，调整素材图片的大小及位置。执行"滤镜"→"模糊"→"动感模糊"命令，为"红包"素材图片添加效果，设置"角度"为-57度，"距离"为64像素，设置完成后单击"确定"按钮。按"Ctrl+J"组合键执行"复制图层"命令，复制"红包"素材图片，并放置在合适的位置，效果如图6-3-10所示。

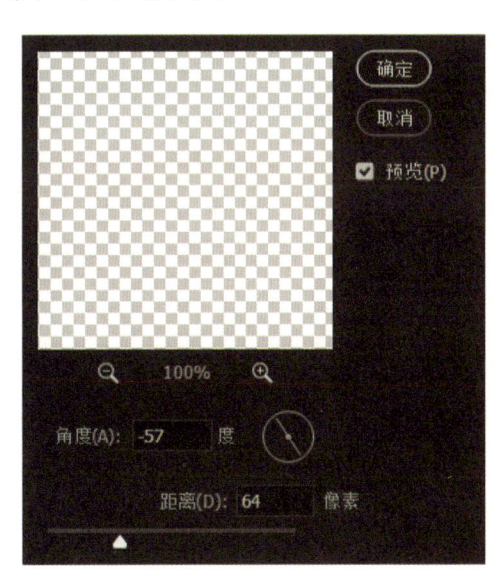

图 6-3-10　添加"金币"和"红包"素材图片及"动感模糊"参数设置

（10）执行"文件"→"打开"命令，在弹出的"打开"对话框中选择本章素材中的"英文.png"素材图片，选择左侧工具栏中的"移动工具"将其拖动至背景图中，按"Ctrl+T"组合键执行"自由变换"命令，调整素材图片的大小及位置。选择左侧工具栏中的"矩形工具"绘制一个矩形，设置"颜色填充"为白色（#ffffff），按"Ctrl+T"组合键执行"自由变换"命令，调整其大小及位置。将本章素材中的"地址.png"素材图片拖动至矩形图层上，按"Ctrl+T"组合键执行"自由变换"命令，调整其大小及位置，效果如图6-3-11所示。

图 6-3-11 添加英文以及地址效果

（11）执行"文件"→"打开"命令，在弹出的"打开"对话框中选择本章素材中的"Logo.png"素材图片，选择左侧工具栏中的"移动工具"将其拖动至背景图中，按"Ctrl+T"组合键执行"自由变换"命令，调整素材图片的大小及位置。双击此图层进行设置，在弹出的"图层样式"对话框中，样式选择"描边"，设置"大小"为1像素，"位置"为外部，"混合模式"为正常，"不透明度"为 100%，"颜色"为红色（#ed6464）。样式选择"投影"，设置"混合模式"为正片叠底，"不透明度"为11%，"角度"为90度，"距离"为23像素，"扩展"为0%，"大小"为19像素，"杂色"为0%，将Logo放置在画面的左上角，效果如图 6-3-12 所示。

图 6-3-12 添加 Logo 效果

（12）成品效果如图 6-3-13 所示。

图 6-3-13　成品效果

6.4　本章实训

◆ 主题：商场促销广告

◆ 设计思路

1. 色彩搭配

选择能够代表商场品牌形象或符合促销氛围的颜色。例如，冬季促销，可以使用温暖的色调如红色和橙色来营造节日氛围；夏季促销，可以选择清爽的蓝色或绿色来传达清凉感。同时，确保主色调与辅助色之间的和谐搭配，以增强视觉效果。

2. 布局规划

合理的布局是吸引顾客注意的关键。通常促销信息（如折扣率、优惠内容）应放置在广告的最显眼位置，如顶部中央或底部三分之一处。同时，确保商品图片或插图与文字描述紧密相关，便于顾客快速理解促销内容。此外，留出足够的空白区域，避免信息过于拥挤，使广告看起来更加整洁和易于阅读。

3. 字体选择

字体是传递信息的重要工具。对于促销信息，应选择易于辨认且具有一定视觉冲击力的字体；而对于辅助性文字，如品牌名称或地址信息，则可以选择更加优雅或正式的字体以体现品牌形象。同时，注意字体大小、粗细和间距的搭配，确保整体阅读的流畅性。

4. 创意元素

可以融入一些创意元素，增加广告的吸引力。例如，利用渐变、阴影、立体效果等图形设计技巧，增强商品的立体感，或者设计一些有趣的互动环节，如扫码参与抽奖、分享赢好礼等，鼓励顾客参与并分享广告内容。这些创意元素不仅能让广告更加生动有趣，还能提升顾客的参与度和购买意愿。

5. 情感共鸣

通过广告传达的情感与顾客产生共鸣。无论是通过温馨的家庭场景、时尚的潮流元素还是励志的生活态度，都要让顾客感受到促销背后的积极意义和品牌价值。这样不仅能增加广告的感染力，还能提升顾客对商场的好感度和忠诚度。

第 7 章

公益广告

在数字时代,视觉传达变得尤为重要。作为中职学校平面设计创意与制作课程的一部分,公益广告设计的学习不仅是技术的掌握,更是对社会责任和创意表达的探索。本章将引导学生们走进公益广告的世界,通过理论与实践的结合,学习以下知识。

1. 理解公益广告的意义:公益广告旨在传递社会正能量,引导公众关注社会问题,提高社会整体福祉。学习公益广告的设计,不仅是为了掌握技术,更是为了培养社会责任感和使命感。

2. 掌握 Photoshop 基本操作技能:通过实例操作,学习如何使用 Photoshop 进行图像编辑、色彩调整、元素合成等关键技术,为公益广告的创作打下坚实基础。

3. 培养创意与审美能力:公益广告的设计需要独特的创意和审美能力。本章将通过案例分析、创意练习等方式,激发学生们的创意灵感,提升学生们的设计思维。

4. 了解公益广告的社会效应:学习公益广告如何影响公众意识,推动社会进步。理解公益广告的社会价值,将使学生们更加珍视这一职业的使命与责任。

让我们共同开启这段公益广告设计的旅程,用我们的智慧和创意,为社会带来更多的正能量和美好。

学习目标

🏆 知识目标

1. 掌握公益广告的基本概念、特点及其在社会中的作用。
2. 了解 Photoshop 软件在公益广告制作中的应用及其优势。
3. 熟悉公益广告设计的基本要素，包括文字、图像、色彩等。

📝 技能目标

1. 能够熟练使用 Photoshop 软件进行公益广告的设计制作。
2. 掌握公益广告中常用的图像处理技巧，如裁剪、调整色彩、添加滤镜等。
3. 学会运用文字、图形、色彩等设计元素，创作出具有视觉冲击力和感染力的公益广告作品。

📋 素质目标

1. 培养学生的创新思维和设计技能，激发其对公益事业的热爱和责任感。
2. 提高学生的审美素养和艺术修养，培养其对美的感知力和表现力。
3. 引导学生关注社会问题，积极参与公益活动，为社会贡献自己的力量。

7.1 公益广告漫谈

7.1.1 公益广告

公益广告，是以推动社会公益事业、倡导良好社会风尚、提高公众道德意识为目的的广告形式。它与商业广告不同，不以追求直接的商业利益为目的，而是致力于通过传播正能量、弘扬社会正气，以促进社会和谐与进步。公益广告的内容广泛，可以涉及环境保护、文化传承、关爱弱势群体、社会公德等多个方面。

7.1.2 公益广告制作基础知识

1. 设计理念与原则

公益广告的设计理念与原则应围绕着传递积极的社会信息、提升公众意识、促进社会进步和增进人类福祉。其核心原则包括以下内容。

（1）社会责任：公益广告应承担起引导公众行为、塑造社会价值观的责任，反映社会正能量。

（2）真实性：信息必须基于事实，确保广告内容的真实性，避免误导观者。

（3）易于理解：设计应简洁明了，确保信息传达清晰，易于不同年龄和文化背景的人群理解。

（4）情感共鸣：通过触动人心的故事或视觉元素，激发观者的情感共鸣，增强广告的影响力。

（5）文化敏感性：尊重多元文化，避免使用可能引起误解或冒犯的元素。

（6）创新性：采用新颖的创意和表现手法，吸引观众的注意力，提高广告效果。

（7）可持续性：鼓励环保和可持续发展的理念，促进资源的合理利用和环境保护。

（8）行动号召：不仅是传递信息，更应鼓励观众采取实际行动，实现广告的最终目的。

2. 设计元素与技巧

公益广告的核心目标在于传递正面信息和提升公众意识，其设计元素与技巧对于吸引观者注意力和有效传达信息至关重要。以下是一些关键的设计元素与技巧。

（1）明确的信息：公益广告应传递清晰、有力的信息。设计时应确保信息简洁明了，便于观者快速理解。

（2）引人入胜的视觉元素：使用强烈的视觉图像和符号来吸引观众的注意力。这些元素应与广告的主题紧密相关，能够引起共鸣。

（3）色彩运用：色彩能够影响人的情绪和行为。选择合适的色彩搭配，可以增强信息的传达效果，如使用暖色调来传递温馨和关爱的主题。

（4）字体选择：字体应与广告的整体风格和信息内容相匹配。清晰易读的字体有助于观众更好地接收信息。

（5）有序的布局：设计布局应简洁有序，避免过多杂乱的元素干扰信息的传递。合理利用空间，确保视觉焦点突出。

（6）文字与图像的结合：文字和图像应相辅相成，共同强化广告的主题。图像可以辅助解释文字内容，而文字则可以补充图像所不能表达的信息。

（7）创意与创新：采用多样化的设计手法和创新的表达方式，增强广告的吸引力和记忆点。

（8）文化敏感性：在设计公益广告时，要考虑到不同文化背景的观众。确保广告内容和设计元素不会引起误解或冒犯。

（9）可行性与实用性：设计应考虑实际应用的可行性，确保广告能够在不同的媒介和场合中有效传播。

（10）反馈与测试：在广告发布前，可以通过测试和收集反馈来评估广告的效果，根据反馈进行必要的调整。

3. Photoshop 软件基础

公益广告图像处理技巧和制作方法包括以下 7 个方面。

（1）图像编辑：选择合适的图像编辑软件，如 Photoshop、Adobe Illustrator 等。对图像进行基本的编辑，包括裁剪、调整大小、旋转等，以确保图像符合广告设计的要求。

（2）图层管理：在图像编辑软件中，利用图层功能对图像的不同部分进行独立编辑。通过创建新图层添加文字、图形或其他元素，这样可以方便地对每个部分进行修改而不影响其他内容。

（3）滤镜应用：选择合适的滤镜，如模糊、锐化、色彩调整等，增强图像效果，提升视觉感受，使公益广告更加吸引人。

（4）色彩调整：通过调整图像的色彩平衡、对比度和亮度，使图像更加生动和具有吸引力。在公益广告中，色彩的选择和调整也应传达出积极和正面的信息。

（5）文字设计：在公益广告中，文字是用来传达信息的重要元素。选择合适的字体、大小和颜色，确保文字清晰易读。使用图层样式给文字添加阴影、光泽等效果，使其更加突出。

（6）图像合成：将不同的图像元素合成，创造出一个统一和谐的画面。使用蒙版和混合模式可以帮助不同图层之间自然融合，创造出更加专业和吸引人的广告图像。

（7）保存和输出：编辑完成后，应根据要求选择合适的文件格式和分辨率。印刷品通常需要较高的分辨率和无损格式，如 TIFF 或 PDF 格式，网络广告可以选择 JPEG 格式，并根据需要适当降低分辨率以优化文件大小。

7.1.3 公益广告的设计与制作

公益广告的设计与制作主要包括以下 10 个步骤。

（1）确定主题：选择一个具有社会意义且能够引起公众共鸣的主题，确保广告内容具有教育性和启发性。

（2）市场调研：了解目标受众的需求和偏好，分析同类公益广告的市场表现，找出创新点和改进空间。

（3）创意构思：围绕选定的主题，进行创意思考，形成初步的广告创意和概念。

（4）脚本撰写：根据创意构思，撰写广告脚本，包括文案、对话、旁白等，确保信息传达清晰、准确。

（5）视觉设计：设计广告的视觉元素，如图像、色彩、字体等，确保视觉效果与主题相符，能够吸引观众注意。

（6）制作执行：根据脚本和设计，执行广告的拍摄或制作工作，包括选择合适的场景、演员、道具等。

（7）后期制作：对拍摄或制作完成的广告进行剪辑、配音、特效添加等后期处理，以提升广告质量。

（8）测试反馈：在限定范围内测试广告效果，收集反馈信息，根据反馈对广告进行必要的调整。

（9）正式发布：选择合适的平台和时机发布广告，确保广告能够达到最佳的传播效果。

（10）效果评估：发布后，对广告的传播效果进行全面评估，包括观看次数、分享次数、公众反馈等关键指标，以衡量广告的社会影响力。

7.1.4 拓展内容

提升画面高级感有以下四种方法。

（1）背景+纹理：纯色的背景很难体现丰富的品质感，为了增强视觉层次和深度可以为背景添加光影效果、纹理线条、丝绸质感，对比效果如图7-1-1所示。

图7-1-1　背景+纹理对比效果

（2）字体变化：在原图画面元素较少的情况下，单一的字体设计难以丰富视觉效果，为了增强视觉吸引力，可以提取关键字，并采用不同字体，如书法字体，同时添加金色纹理效果，对比效果如图7-1-2所示。

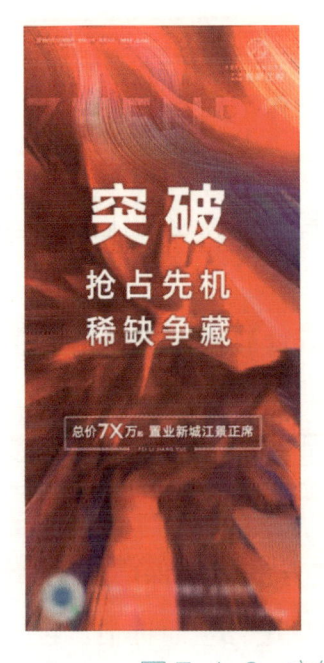

图7-1-2　字体变化对比效果

（3）稳重的配色：在案例图中，如果多种色彩随意搭配，会造成视觉上的混乱和不协调。为了营造一种沉稳而高级的视觉效果，应使用和谐的配色方案，如黑色与白色、灰色与金色等组合。这样的配色可以突出画面高级感，增强整体的协调性，对比效果如图 7-1-3 所示。

图 7-1-3　稳重的配色对比效果

（4）字体选择：当文字不是视觉焦点的时候，应避免使用太过复杂的字体类型。宋体黑体因其清晰易读而成为首选。字体的大小以及字重应与整体设计相匹配，不宜过大，也不能影响可读性，效果如图 7-1-4 所示。

图 7-1-4　文字选择效果

7.2 案例一 世界森林日公益广告

7.2.1 作品介绍

在这幅世界森林日公益广告作品中，我们首先被一片浓郁的绿色所包围，那是大自然的底色，也是生机与希望的象征。背景中，连绵起伏的青山层峦叠嶂，宛如大地的脊梁，支撑起一片茂密的森林。树木郁郁葱葱，枝叶交错间透出一抹抹阳光，那是大自然最温柔的笔触。

画面的右上角，一束光线穿透云层，由上而下洒落，照亮了这片绿色的世界。这束光不仅带来了光明与温暖，更寓意着人类对于环境保护的觉醒与行动。

"世界森林日"五个字醒目地出现在画面的中央，字体雄浑有力，色彩鲜明，瞬间吸引了观者的目光。这不仅是一个节日的宣告，更是对全球人民共同关注森林保护、促进绿色发展的深切呼唤。

紧接着，"保护环境从你我他开始"的标语在主标题正下方缓缓展开，如同一条纽带，将每一个观者的心与环境保护的使命紧密相连。这句话简洁而深刻，提醒我们每一个人都是地球家园的守护者，保护环境需要我们每个人的共同努力和付出。

在画面的右下角，是关于"世界森林日"的详细介绍。这段文字以简洁明了的语言，向观者阐述了设立这一节日的意义以及目的。它不仅增加了观者对世界森林日的了解，更激发了他们参与环境保护的热情和动力。

最后，在画面的最下方，是联系方式、地址和邮箱等实用信息。这些信息为观者提供了便捷的沟通渠道，让他们能够更加积极地参与到世界森林日的各项活动中来。

整幅公益广告作品以绿色为主色调，象征着生命与希望；以青山和森林为背景，展现了大自然的壮丽与美好；以鲜明的文字和实用的信息为引导，呼吁全社会共同关注环境保护事业。它不仅是一幅广告作品，更是一份对美好未来的期许和承诺。作品效果如图 7-2-1 所示。

公益广告　第7章

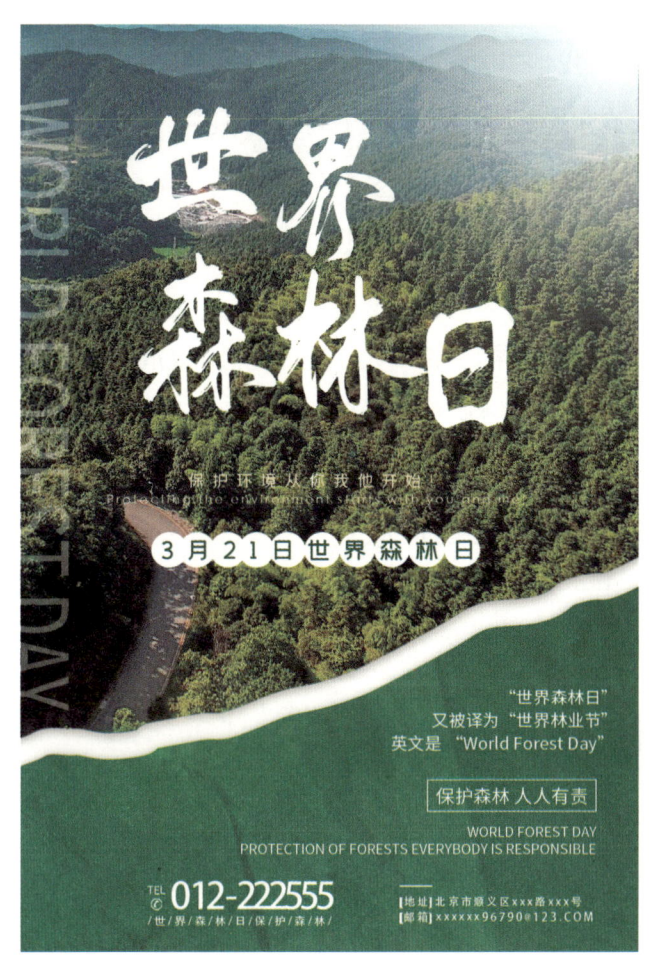

图 7-2-1　作品效果图

7.2.2　设计思路

选用深绿色作为主背景色，象征生机盎然的森林，传达出自然与生命的力量。背景中可适当加入浅绿、墨绿等渐变色，增加层次感，使画面更加生动。

使用细腻的笔触或高清图片，展现连绵起伏的青山轮廓和郁郁葱葱的森林景象。可以加入不同种类的树木，如松树、柏树、阔叶树等，展现森林的多样性。在森林深处，可以巧妙地融入小动物的身影或声音，如鸟鸣、溪流声，营造出生机勃勃的氛围。

右上角的光线设计至关重要，它象征着希望与光明。光线应柔和而有力，从云层或树梢间透出，照亮下方的森林和大地，寓意着人类的关爱与行动能为地球带来光明与希望。光线周围可适当添加光晕效果，增强神圣感。

主标题"世界森林日"，选用清晰易读、具有力量感的字体，颜色可以是白色或金色，确保在绿色背景中醒目突出。字体大小适中，位于画面中央，下方可加一条细线或阴影以增加立体感。

副标题"保护环境从你我他开始",字体稍小但保持清晰可辨,颜色可以是深绿色或黑色,与主标题形成呼应。位置位于主标题正下方,排列整齐,表达出保护环境的紧迫性和每个人的责任。

日期"3月21日世界森林日",字体简洁明了,颜色与副标题相同或稍淡,置于副标题下方,提醒公众记住这个特殊的日子。

"世界森林日"介绍位于右下角,字体大小适中,排版清晰。内容简洁概括世界森林日的意义、历史及当前面临的挑战,鼓励公众关注和参与。

联系方式、地址和邮箱位于最下方,字体不宜过小,确保可读性。排版整齐,方便公众获取并联系组织以了解更多信息或参与活动。

整个广告设计应营造出一种宁静而有力的氛围,既展现森林的美丽与脆弱,又强调人类行动的重要性。通过视觉、文字和情感的多重引导,激发公众的环保意识和参与热情。

7.2.3 设计步骤

1. 核心技能展示

- ◆ 应用"文字工具"添加文字
- ◆ 应用"填充工具"填充颜色
- ◆ 应用"图层蒙版"命令合成融合图像
- ◆ 应用"图层样式"制作效果
- ◆ 应用"橡皮擦工具"擦除内容
- ◆ 应用"钢笔工具"绘制线条
- ◆ 应用"椭圆工具"绘制圆形
- ◆ 应用"镜头光晕"制作光效

2. 操作步骤

(1)打开Photoshop软件,执行"文件"→"新建"命令,在弹出的"新建文档"对话框中设置"宽度"为20厘米,"高度"为30厘米,"分辨率"为150像素/英寸,"颜色模式"为RGB颜色(8位),"背景内容"为绿色(#13773d),设置完成后单击"创建"按钮,如图7-2-2所示。

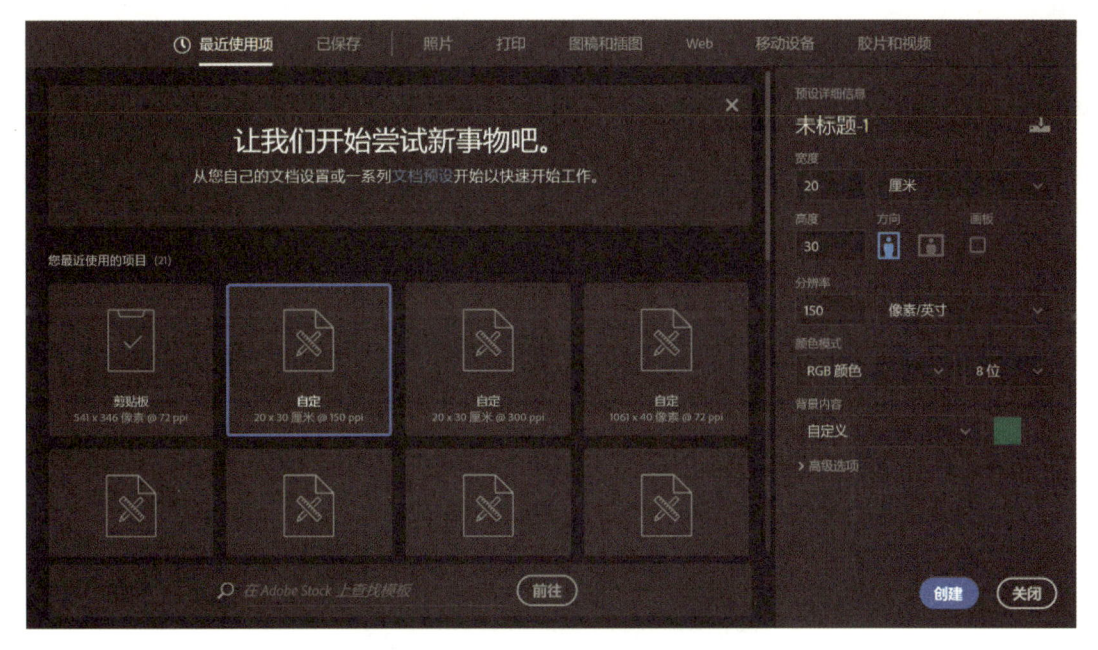

图 7-2-2 "新建文档"对话框

（2）执行"文件"→"打开"命令，在弹出的"打开"对话框中选择本章素材中的"宣纸.png"素材图片，选择左侧工具栏中的"移动工具"将其拖动至背景图中，按"Ctrl+T"组合键执行"自由变换"命令，调整素材图片的大小及位置。将此图层"不透明度"设置为30%，效果如图 7-2-3 所示。

图 7-2-3 添加"宣纸"素材图片效果

（3）执行"文件"→"打开"命令，在弹出的"打开"对话框中选择本章素材中的"森林.jpg"素材图片，选择左侧工具栏中的"移动工具"将其拖动至背景图中，按"Ctrl+T"组合键执行"自由变换"命令，调整素材图片的大小及位置。为此图层添加图层蒙版，选择左侧工具栏中的"画笔工具"，擦除素材图片下半部分多余的内容，效果如图 7-2-4 所示。

图 7-2-4　擦除素材图片效果

（4）选择左侧工具栏中的"钢笔工具"绘制出背景图与森林的"分割线"，在参数栏中设置"描边"为白色（#ffffff）50 像素，效果如图 7-2-5（a）所示。图层样式设置为"内阴影"，在"内阴影"选项卡中设置"混合模式"为正片叠底，"颜色填充"为黑色（#000000），"不透明度"为 35%，"距离"为 4 像素，"阻塞"为 0%，"大小"为 24 像素，参数设置如图 7-2-5（b）所示。

图 7-2-5（a）　"分割线"效果

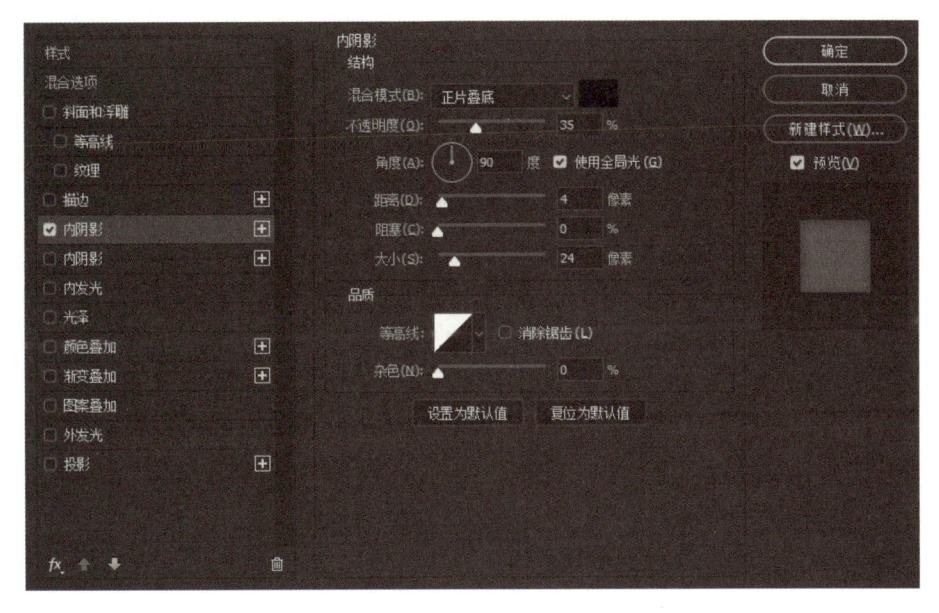

图 7-2-5（b） "内阴影"参数设置

（5）选择左侧工具栏中的"横排文字工具"输入大标题"世界森林日"，设置书法风格字体，设置"文字大小"为 170 点，"颜色填充"为白色（#ffffff）。选择左侧工具栏中的"直排文字工具"输入英文文字内容，设置"文字大小"为 60 点，"不透明度"为 36%，放置在合适的位置，效果如图 7-2-6 所示。

图 7-2-6 添加文字效果

（6）选择左侧工具栏中的"椭圆工具"绘制出一排圆形，设置"颜色填充"为白色（#ffffff）。使用"横排文字工具"输入"3 月 21 日世界森林日"，并调整字体大小及字间距，设置图层样式为"颜色叠加","混合模式"为正常,"颜色"为绿色(#006b35),"不透明度"为100%,效果如图7-2-7所示。

图7-2-7 绘制圆形及添加文字效果

(7)选择左侧工具栏中的"横排文字工具"输入文字内容并调整字体样式、大小、字间距和位置,效果如图7-2-8(a)所示。设置图层样式为"渐变叠加",参数设置如图7-2-8(b)所示。

图7-2-8(a) 新增文字

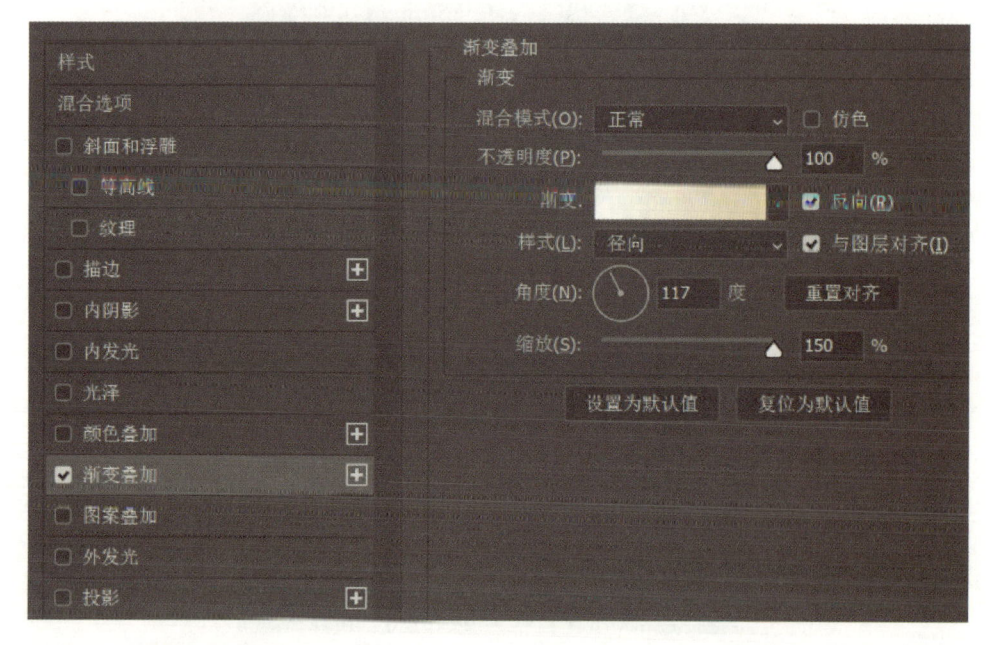

图7-2-8(b) "渐变叠加"参数设置

(8)将本章素材中的"文字.png"素材图片拖动至背景图右下角,按"Ctrl+T"组合键执行"自由变换"命令,调整其大小及位置。再将本章素材中的"地址.png"素材图片拖动至背景图下方，按"Ctrl+T"组合键执行"自由变换"命令，调整其大小及位置，如图 7-2-9 所示。

图 7-2-9　添加素材图片效果

（9）新建图层，设置"颜色填充"为黑色（#000000），执行"滤镜"→"渲染"→"镜头光晕"命令，在弹出的"镜头光晕"对话框中设置"亮度"为 127%，"镜头类型"为 105 毫米聚焦，将"光晕"拖动至右上角，单击"确定"按钮，如图 7-2-10（a）所示。设置图层混合模式为"滤色"，效果如图 7-2-10（b）所示。

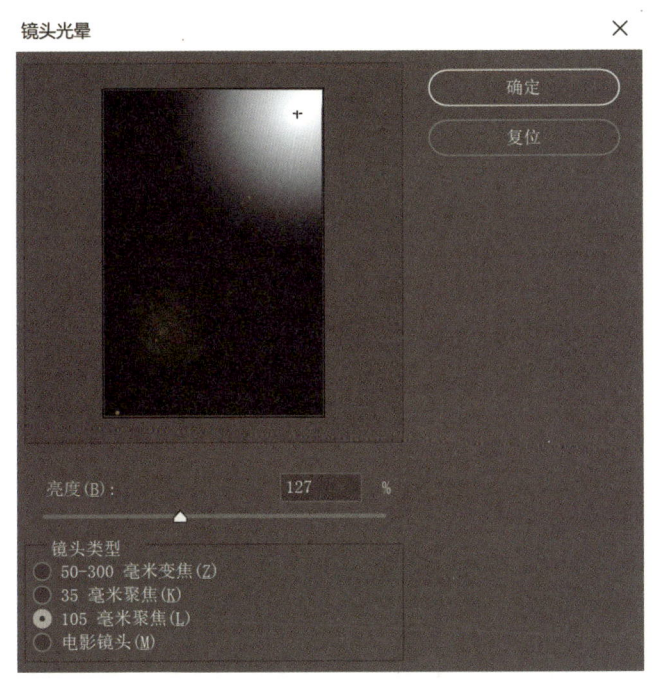

图 7-2-10（a）　"镜头光晕"对话框 　　　图 7-2-10（b）　添加镜头光晕效果

（10）成品效果如图 7-2-11 所示。

图 7-2-11 成品效果

7.3 案例二 节约用水公益广告

7.3.1 作品介绍

　　这幅节约用水公益广告作品以强烈的对比手法，直观地传达了节水的迫切性和必要性。画面分为两部分，左侧是清澈的水域，波光粼粼，中央巧妙地嵌入了一个正在滴水的水龙头图案，象征着日常生活中不经意间流失的水资源。每一滴水的落下，都似乎在无声地呼唤着人们的关注与珍惜。

　　右侧则是另一番景象，干涸的土地裂开了一道道触目惊心的缝隙，荒芜而绝望，与左侧的水域形成鲜明对比，让人深刻感受到水资源的宝贵与稀缺。这种对比不仅震撼人心，也引发了对水资源现状的深刻反思。

画面正中央,"水滴生命的珍贵"七个字横跨水与土的界限,一半浸润在水中,一半则暴露在干涸的大地上,寓意着水是生命之源,其珍贵程度不言而喻。这句标语简短而有力,直接点明了广告的主题。

右上角,"保护环境 节约用水"的口号简洁明了,呼吁社会各界行动起来,共同保护我们赖以生存的环境,珍惜每一滴宝贵的水资源。

左下角,"WORLD WATER DAY"的字样提醒我们,这一天是专为提升全球公众对水资源保护意识而设立的"世界水日",进一步强调了节水行动的国际意义和紧迫性。

最后,画面下方,"每一滴水都是生命之源 让我们珍惜每一滴水"这句话以更具行动导向的方式,呼吁每一个人都能从自身做起,从点滴小事做起,珍惜并合理利用水资源,共同守护这个蓝色星球上的生命之源。作品效果如图 7-3-1 所示。

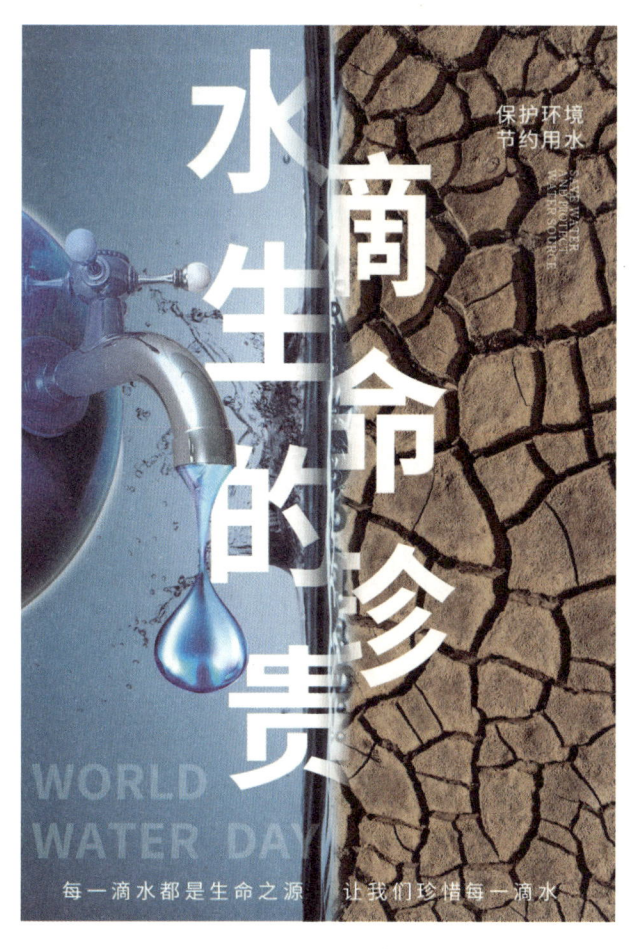

图 7-3-1　作品效果图

7.3.2　设计思路

采用清新淡雅的蓝色调,通过渐变效果展现水的清澈与深邃,同时在阳光照耀下,水面上泛起粼粼波光，营造出一种宁静而富有生机的氛围。在水龙头下方，可以加入一束聚焦的光线，强调水滴的珍贵与重要性。

使用暖色调的土黄色与暗褐色，通过粗糙的纹理和裂痕来表现土地的干涸与荒芜。在光影处理上，可以加入微弱的夕阳余晖，让这片土地显得更加凄凉与无助，与水的生机勃勃形成鲜明对比。

设计一个水龙头，其表面可以添加一些岁月的痕迹，如锈迹或磨损，暗示着它见证了无数次的开与关，也见证了水资源的流逝与珍贵。水龙头下方，水滴以慢动作的形式缓缓滴落，每一滴都显得非常沉重与宝贵。

文字部分采用圆润而富有弹性的字体，一半沉浸在水背景中，仿佛被水滋养；另一半则延伸至干涸的土地上，如同生命之泉的呼唤，提醒人们珍惜每一滴水。文字周围可以轻轻环绕着细微的水波纹，增加动感与意境。

右上角的"保护环境 节约用水"口号采用简洁明快的字体，配以醒目的颜色（如绿色或白色），确保在远处也能清晰辨认。左下角的"WORLD WATER DAY"则采用更为庄重的字体，与节日的严肃性相呼应。

在画面正中靠下的位置，除了"每一滴水都是生命之源 让我们珍惜每一滴水"的标语外，还可以加入一些温馨或震撼的插图元素，如干涸河床中挣扎的小鱼、因缺水而枯萎的植物等，以激发观众的情感共鸣。

最后，在画面的某个角落或底部，可以设置二维码或网址链接，引导观众了解更多关于水资源保护的知识和行动方式，鼓励他们从自身做起，为节约用水贡献一份力量。

通过这样的设计思路，旨在通过强烈的视觉对比和深刻的情感共鸣，唤起公众对水资源保护的重视与行动。

7.3.3 设计步骤

1. 核心技能展示

- ◆ 应用"文字工具"添加文字
- ◆ 应用"色相/饱和度"调整图像颜色
- ◆ 应用"图层蒙版"命令合成融合图像
- ◆ 应用"曲线工具"调整图像明暗变化
- ◆ 应用"橡皮擦工具"擦除内容

- 应用"羽化工具"羽化边缘
- 应用"渐变工具"制作渐变效果

2. 操作步骤

（1）打开 Photoshop 软件，执行"文件"→"新建"命令，在弹出的"新建文档"对话框中设置"宽度"为 20 厘米，"高度"为 30 厘米，"分辨率"为 150 像素/英寸，"颜色模式"为 RGB 颜色（8 位），"背景内容"为白色（#ffffff），设置完成后单击"创建"按钮，如图 7-3-2 所示。

图 7-3-2　"新建文档"对话框

（2）执行"文件"→"打开"命令，在弹出的"打开"对话框中选择本章素材中的"背景.jpg"素材图片，选择左侧工具栏中的"移动工具"将其拖动至背景图中，按"Ctrl+T"组合键执行"自由变换"命令，调整素材图片的大小及位置，如图 7-3-3 所示。

（3）执行"文件"→"打开"命令，在弹出的"打开"对话框中选择本章素材中的"土地.jpg"素材图片，选择左侧工具栏中的"移动工具"将其拖动至背景图中，按"Ctrl+T"组合键执行"自由变换"命令，调整素材图片的大小及位置，并为此图层添加图层蒙版。选择左侧工具栏中的"矩形选框工具"，框选出背景素材左边部分，选择左侧工具栏中的"画笔工具"将矩形选框范围中的内容擦除掉。按"Ctrl+U"组合键执行"色相/饱和度"命令，在弹出的"色相/饱和度"对话框中设置"色相"为0,"饱和度"为-26,"明度"为-16,参数设置如图7-3-4(a)所示。设置完成后单击"确定"按钮,效果如图7-3-4(b)所示。

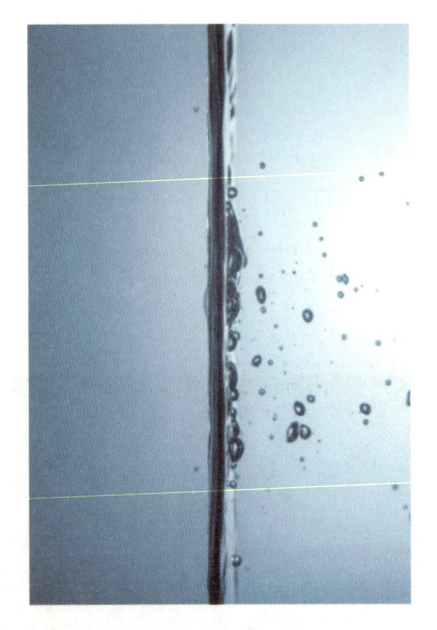

图7-3-3 添加"背景"素材图片效果

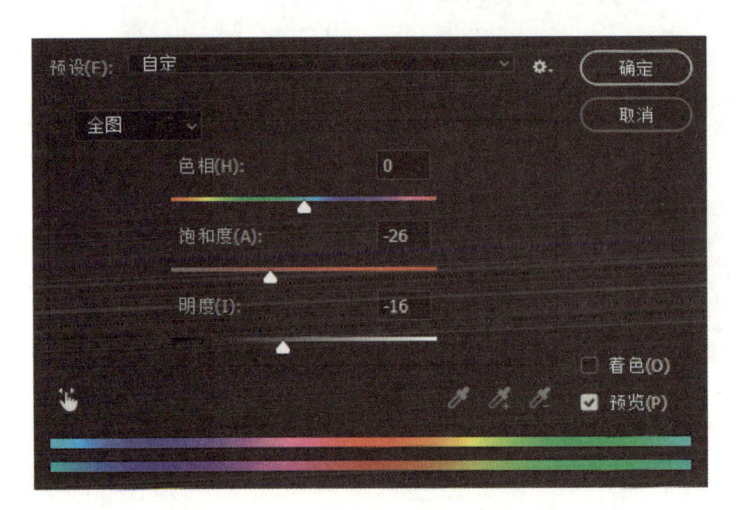

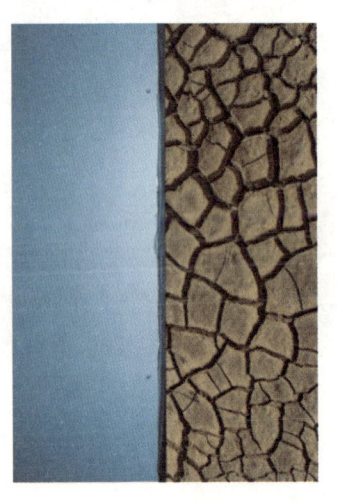

图7-3-4(a) "色相/饱和度"参数设置　　图7-3-4(b) 添加"土地"素材图片效果

(4)选择左侧工具栏中的"套索工具",选取出背景图中间的分割线,按"Shift+F6"组合键执行"羽化"命令,在弹出的"羽化选区"对话框中设置"羽化半径"为10像素,设置完成后单击"确定"按钮。按"Ctrl+J"组合键执行"复制图层"命令,复制新的"分割线"图层并放置在"土地"图层上面。为新复制的"分割线"图层添加图层蒙版,使用左侧工具栏中的"橡皮擦工具",擦除多余的部分,效果如图7-3-5所示。

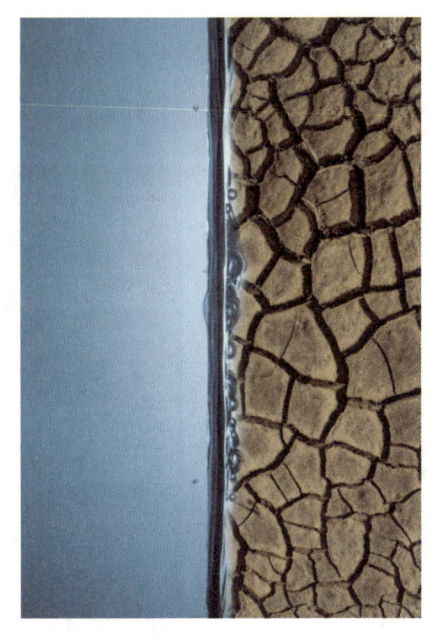

图 7-3-5　使用"套索工具"制图效果

（5）执行"文件"→"打开"命令，在弹出的"打开"对话框中选择本章素材中的"水滴.png"素材图片，选择左侧工具栏中的"移动工具"将其拖动至背景图中。按"Ctrl+T"组合键执行"自由变换"命令，调整素材图片的大小及位置，并为此图层添加图层蒙版，选择左侧工具栏中的"橡皮擦工具"擦除多余的部分。利用"曲线"工具调整图像明暗变化，参数设置如图 7-3-6（a）所示。效果如图 7-3-6（b）所示。

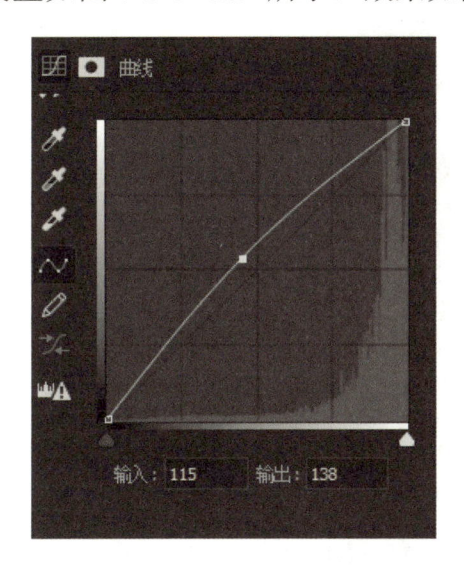

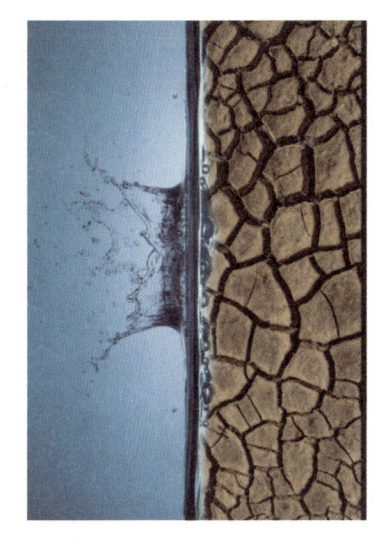

图 7-3-6（a）　"曲线"参数设置　　　　图 7-3-6（b）　添加"水滴"素材图片效果

（6）选择左侧工具栏中的"横排文字工具"输入大标题"水""滴""生""命""的""珍""贵"，设置字体为"思源黑体"，"文字大小"为 146.01 点，"颜色填充"为白色（#ffffff），如图 7-3-7（a）所示。为每一个字添加图层蒙版，使用左侧工具栏中"渐变工具"，设置渐变颜色为由黑色（#000000）到白色（#ffffff），设置渐变效果为径向渐变，参数设置如图7-3-7（b）所示。调整每个字在整幅画面中的位置，效果如图7-3-7（c）所示。

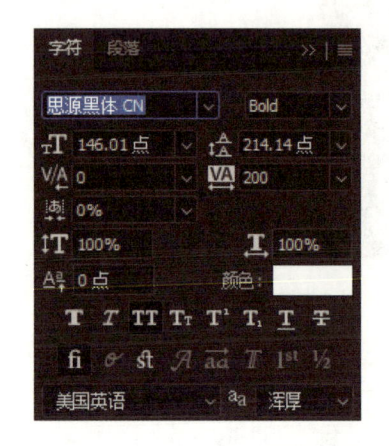

图7-3-7（a）　"字符"参数设置

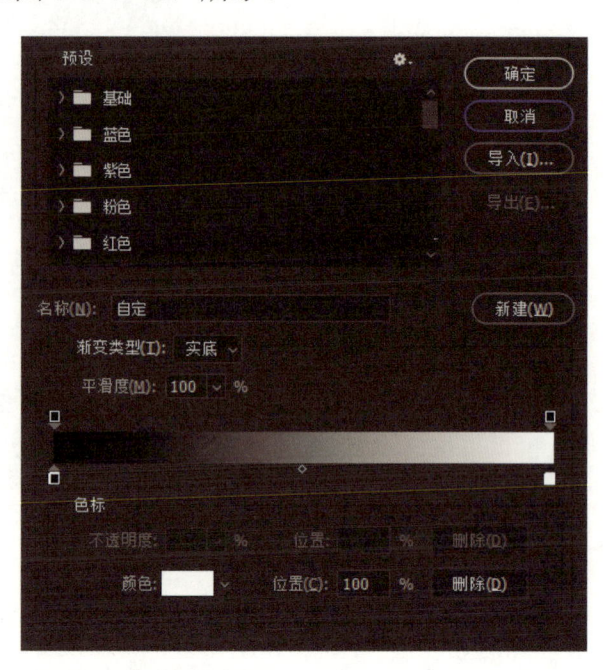

图7-3-7（b）　"渐变工具"参数设置

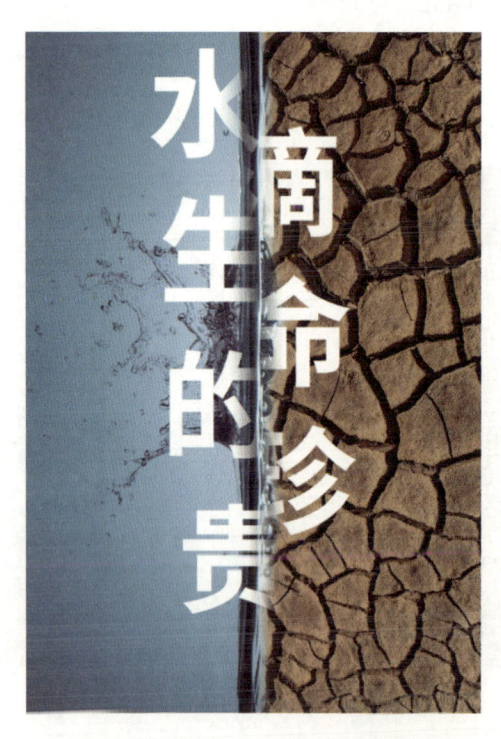

图7-3-7（c）　大标题文字效果

（7）执行"文件"→"打开"命令，在弹出的"打开"对话框中选择本章素材中的"英文1.png""英文2.png"素材图片，选择左侧工具栏中的"移动工具"将素材图片拖动至背景图左下角以及右上角。按"Ctrl+T"组合键执行"自由变换"命令，调整素材图片的大小及位置，设置"不透明度"为25%，效果如图7-3-8所示。

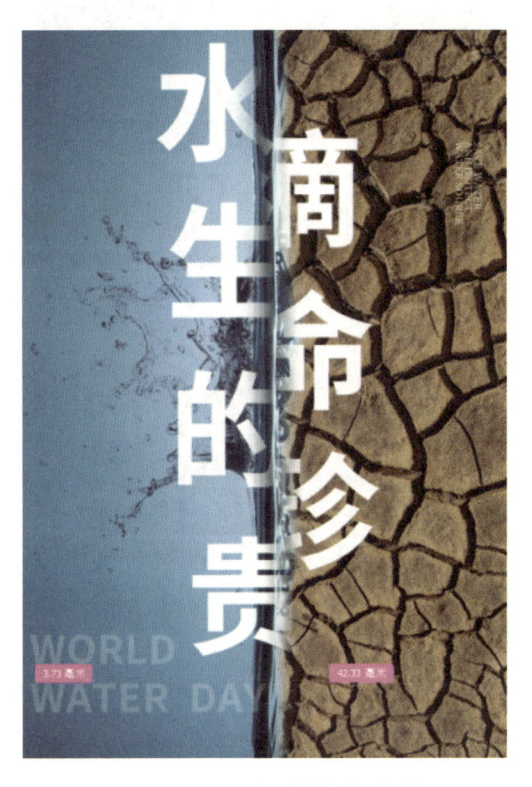

图 7-3-8　添加英文文字效果

（8）选择左侧工具栏中的"横排文字工具"，输入文字"保护环境 节约用水""每一滴水都是生命之源 让我们珍惜每一滴水"，并调整文字字体和大小，设置字体颜色为白色（#ffffff），调整字间距，画面上方的文字参数设置如图7-3-9（a）所示，画面下方的文字参数设置如图7-3-9（b）所示。整体效果如图7-3-9（c）所示。

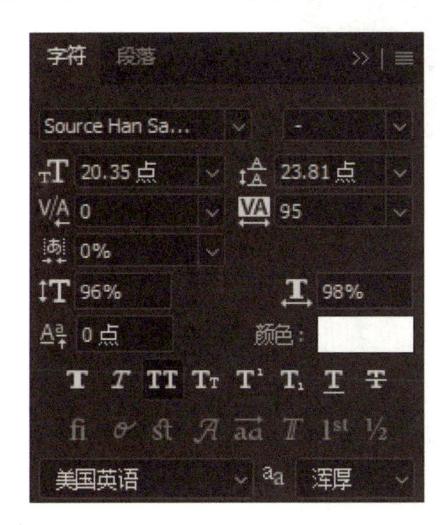

图 7-3-9（a）　画面上方的文字参数设置　　图 7-3-9（b）　画面下方的文字参数设置

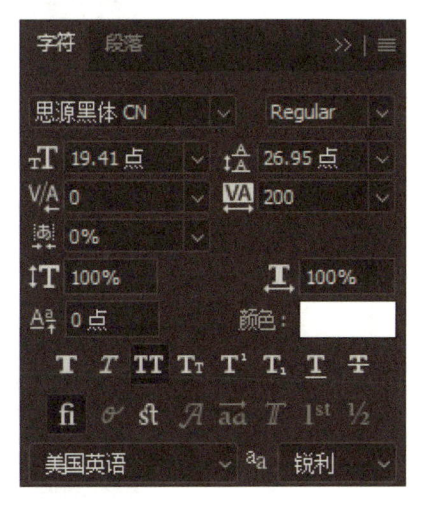

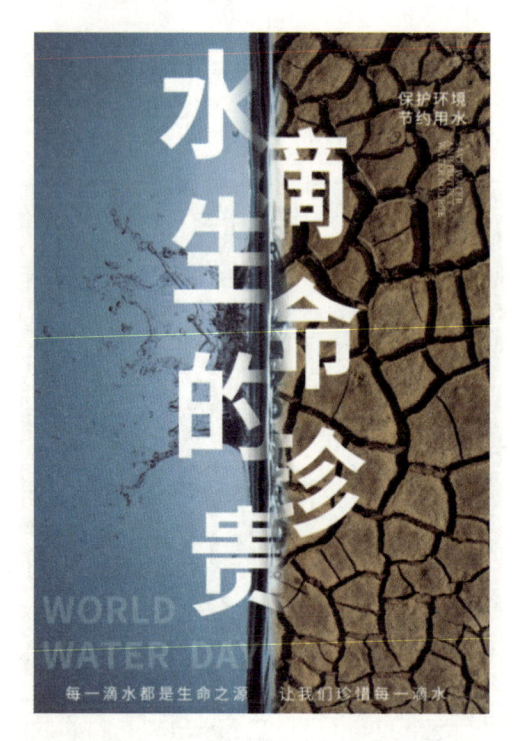

图7-3-9(c)　整体文字设计效果

（9）执行"文件"→"打开"命令，在弹出的"打开"对话框中选择本章素材中的"水龙头.png"素材图片，选择左侧工具栏中的"移动工具"将其拖动至背景图左侧，按"Ctrl+T"组合键执行"自由变换"命令，调整素材图片的大小及位置，如图7-3-10所示。

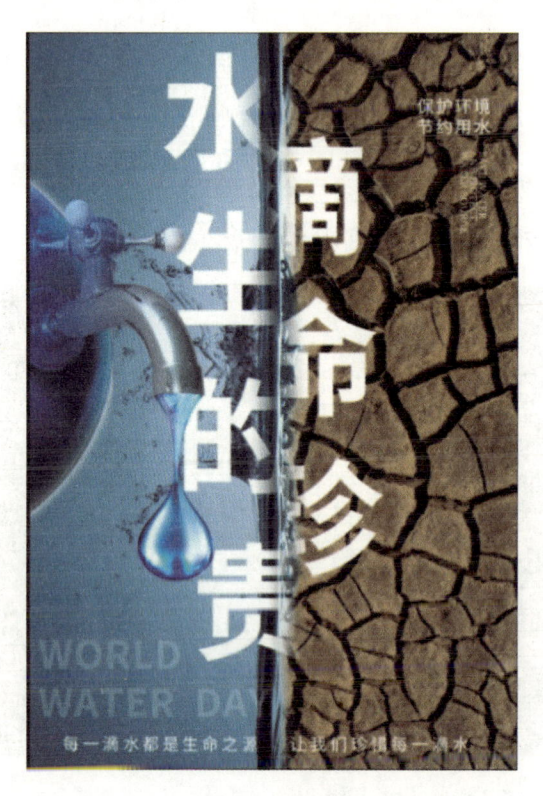

图7-3-10　添加"水龙头"素材图片效果

（10）成品效果如图 7-3-11 所示。

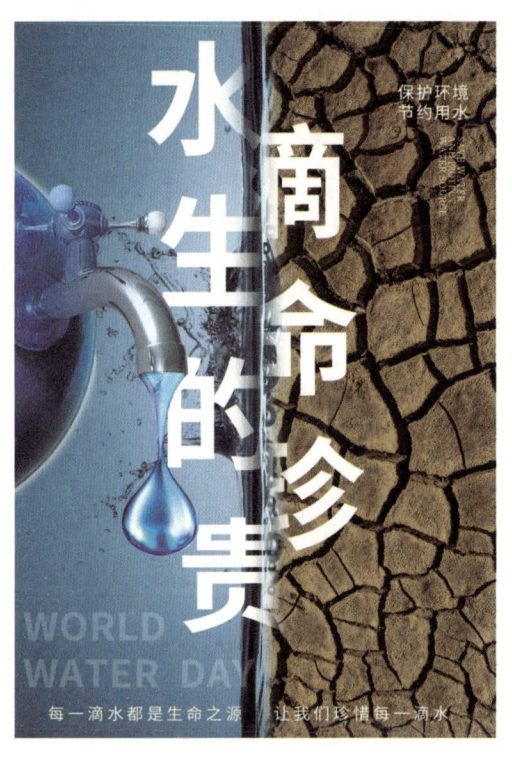

图 7-3-11 成品效果

7.4 本章实训

◆ 主题：世界读书日公益广告

◆ 设计思路

设计一份关于世界读书日的平面公益广告，旨在强调阅读的重要性、传递阅读乐趣及其对个人与社会的积极影响，要注重主题明确、色彩和谐、图像生动、文字有力、版式平衡、互动性强以及呼吁倡导等方面。

1. 主题设定

明确广告的主题，如"阅读，点亮心灵之光"或"书籍，世界的窗口"。

2. 色彩选择

选择温馨、舒适的色调，如暖色或中性色，以营造一种宁静、和谐的氛围。

3. 图像设计

可以使用不同的人物或场景，展示他们在阅读时的专注与愉悦。也可以加入象征知识与智慧的元素，如书籍、灯塔、星空等。

4. 文字内容

文字应简洁有力，能引发共鸣。例如，"一本书，一座城，一世界。"或者"让阅读成为习惯，让知识改变命运。"

5. 版式设计

保持整体版面的平衡与和谐，文字和图像要相互配合，共同传达主题。

6. 互动元素

考虑加入一些互动元素，如二维码，引导观者扫描后了解更多关于阅读的信息或参与相关活动。

7. 呼吁与倡导

可以加入一些公益性的呼吁或倡导，如"支持公共阅读空间的建设""捐书助学"等，以此强化广告的社会责任感。

第 8 章

画册书籍广告

随着视觉文化时代的到来，图像已经成为我们日常生活中不可或缺的一部分。无论是街边的广告牌，还是我们手中的杂志、书籍，甚至是网络上的各种信息，都离不开图像的设计与处理。作为设计领域的重要工具，Photoshop 以其强大的图像编辑功能，成为众多设计师们的首选软件。

在本章中，我们将重点探讨如何使用 Photoshop 进行画册和书籍广告的设计。从基础知识入手，通过实例讲解的方式，带领读者逐步掌握选区的创建与绘图、图像的编辑与色彩调整、图层、通道和路径的使用等核心技术。在此基础上，我们还将深入探讨如何为设计作品添加特殊效果，以及海报、报纸、杂志、户外广告、POP 广告等具体设计项目的实现方法。

对于画册和书籍的设计，我们将重点关注封面设计、版式布局、字体排版以及图片处理等方面。通过实际案例，详细讲解如何利用 Photoshop 的各种功能，打造出既美观又富有创意的设计作品。同时，我们还会分享一些实用的设计技巧和经验，帮助读者更好地理解和应用所学知识。

在广告设计部分，我们将重点关注广告的视觉冲击力、信息传递效率和艺术美感等方面。通过讲解不同类型的广告设计案例，帮助读者理解广告设计的核心要素和创意方法。同时，我们还将介绍一些常用的广告表现手法和技巧，帮助读者提升广告设计的实战能力。

学习目标

🏆 知识目标

1. 了解画册书籍广告的基本概念、作用和特点，了解其在市场推广中的价值和意义。
2. 掌握广告设计的基本原则，了解如何根据目标受众和市场需求进行有针对性的设计。
3. 了解与广告相关的法律法规，如广告法、著作权法等，确保设计作品合法合规。

📝 技能目标

1. 掌握 Photoshop 基本操作，如图像处理、合成、修饰等，为广告设计提供技术支持。
2. 提高创意思维和设计能力，能够独立完成具有创意和吸引力的广告作品。
3. 在团队项目中，学会与他人协作、沟通，共同完成广告设计和制作任务。

📋 素质目标

1. 树立职业意识，遵守职业道德规范，注重个人形象和言行举止，展现良好的职业素养。
2. 通过欣赏优秀广告作品、参与设计实践等方式，提高审美能力和艺术修养，培养对美的敏感度和鉴赏力。
3. 鼓励创新思维和尝试，勇于挑战自我、突破常规，为广告设计注入新的理念和元素。

8.1 画册书籍广告漫谈

8.1.1 画册书籍广告

画册书籍广告是一种印刷媒介，主要用于企业对外宣传自身文化、产品特点等。它不仅是企业的名片，还是企业公关交往中的广告载体，属于市场营销活动的一部分。

画册的内容通常包括产品的外形、尺寸、材质、型号等信息，或者企业的发展、管理、决策、生产等一系列概况。设计画册需要研究其规律和技巧，确保真实地反映商品、服务和形象信息等内容，清楚明了地介绍企业的风貌。

画册的种类繁多，可以分为图文画册、摄影画册、平面画册等。它以其良好的艺术效果，能够提升主题或企业的形象，增强消费者的认可感，对企业的宣传起着直接的作用。因此，画册设计也是生产厂家、经销商及消费者之间的媒介及桥梁。

8.1.2 画册书籍广告制作基础知识

1. 了解画册书籍广告的目的

画册广告和书籍广告虽然都是推广媒介，但它们的目的、差异和侧重点各有不同。

画册广告主要目的是展示产品或服务的视觉效果，强调美观和吸引力，以激发潜在消费者的兴趣。它们通常用于企业宣传、产品目录、活动展览等场合，侧重于图像的高质量和设计的创新性，以快速传达信息并留下深刻印象。

书籍广告则更侧重于内容的深度和信息的翔实性。它们的目的是推广书籍本身，包括小说、非小说、教科书等，通过介绍书籍的内容、作者背景、读者评价等信息，吸引读者购买。书籍广告通常在杂志、报纸、网络媒体等渠道出现，侧重于文字描述和内容摘要，以促进读者对书籍的了解和兴趣。

2. 熟悉画册、书籍广告设计的原则

画册广告和书籍广告设计应遵循以下原则。

（1）清晰性：确保广告内容简洁明了，信息传达直接有效。在设计中，使用清晰的字体

和布局，避免过多杂乱的元素，确保目标受众能够迅速理解广告的主旨。

（2）目标受众定位：了解并针对特定的目标受众设计广告。考虑他们的兴趣、需求和偏好，确保广告内容和视觉元素与他们产生共鸣。

（3）视觉吸引力：使用引人注目的视觉元素，如颜色、图像和图形等，以吸引观者的注意力。确保这些元素与广告的主题和信息相协调。

（4）品牌一致性：保持广告设计与品牌形象和调性一致。使用品牌色彩、标志和字体等元素，以加强品牌识别度和信任感。

（5）创意与创新：运用创意和创新的元素使广告脱颖而出。避免使用陈词滥调，尝试新的设计方法和概念，以吸引观者的注意。

在实际应用中，设计师应将这些原则融入广告设计的每一个环节。例如，在设计画册时，可以先确定核心信息，然后选择与之匹配的视觉元素和布局，确保整体设计既吸引人又易于理解。在书籍广告设计中，应考虑书籍的类型和内容，选择合适的风格和色彩，同时确保广告能够准确传达书籍的卖点。

违背这些原则可能会产生不良效果，如信息传达不清晰导致受众误解广告意图，或者设计缺乏吸引力而被忽视。不一致的品牌形象可能会损害品牌信誉，而缺乏创意的广告则可能在竞争激烈的市场中被淹没。因此，遵循这些设计原则对于创作有效的画册广告和书籍广告至关重要。

3. 掌握 Photoshop 基本操作

在处理画册广告和书籍广告的图像时，可以遵循以下技巧和方法。

（1）高质量的图像源：确保使用的图像分辨率高，细节清晰，适合放大使用而不失真。

（2）色彩校正：调整图像的色彩平衡和饱和度，确保颜色真实、鲜明，符合广告主题。

（3）对比度调整：增强图像的对比度，使图像更加鲜明，突出广告的视觉效果。

（4）图像裁剪：根据广告版面设计需要，合理裁剪图像，去除多余部分，突出重点。

（5）图层处理：使用图层技术，对图像的不同部分进行独立编辑和调整，便于后期修改。

（6）文字与图像的结合：在图像上合理添加文字，注意字体的选择、大小和颜色，确保文字与图像协调，易于阅读。

（7）特效应用：适当使用滤镜和特效，如模糊、锐化、光晕等，增强图像的视觉冲击力。

（8）保持一致性：确保画册或书籍中所有广告图像的风格和色彩保持一致，以维护品牌形象。

（9）优化输出：在最终输出前，检查图像的分辨率和颜色模式，确保其适合印刷或网络展示。

（10）专业软件使用：利用专业图像处理软件进行编辑，如 Photoshop，可以更精确地调整图像效果。

8.1.3　画册书籍广告的设计与制作

画册广告和书籍广告的设计与制作可以分为以下 9 个步骤。

（1）确定目标受众：明确广告的目标受众，了解其需求和偏好。

（2）制订广告策略：根据产品特性和目标受众，制订相应的广告策略和创意方向。

（3）收集素材：搜集与产品相关的图片、文字等素材，确保素材的相关性和质量。

（4）设计版面布局：根据广告内容和策略，设计画册或书籍的版面布局，包括文字排版、图片选择和整体风格。

（5）创意制作：运用创意技巧，将素材和版面布局结合起来，制作出吸引人的广告设计。

（6）审核修改：完成初稿后，进行内部审核，根据反馈进行修改和优化。

（7）打样确认：制作样书或样册，供客户或团队进行最终确认。

（8）生产制作：确认无误后，开始批量生产画册或书籍广告。

（9）分发与反馈：将制作完成的广告分发给目标受众，并收集反馈信息，用于评估广告效果和进行后续改进。

8.1.4　拓展内容

在 Photoshop 中，融图（也称为溶图）是一个常见的图像处理技术，主要用于将两张或多张图片融合在一起，以创建出具有艺术感或特定视觉效果的新图像。融图技术广泛应用于多种场景，以下是三种融图的方法。

（1）在 Photoshop 软件中打开本章素材中的"飞机.jpg"素材图片，选择左侧工具栏中的"套索工具"选取飞机的大体轮廓，如图 8-1-1 所示，按"Ctrl+C"组合键执行"复制"命令，复制选取部分，切换到背景图层，按"Ctrl+V"组合键执行"粘贴"命令，按住 Shift 键选择背景图层和飞机图层，执行"编辑"→"自动混合图层"命令，在弹出的"自动混合图层"对话框中选择"堆叠图像"选项，设置完成后单击"确定"按钮，如图 8-1-2 所示。融合后的效果如图 8-1-3 所示。

图 8-1-1 选取飞机部分

图 8-1-2 粘贴选取部分发并执行"自动混合图层"命令

图 8-1-3 融合后的效果

（2）将产品融入背景中，同时保留产品的阴影效果。在 Photoshop 软件中打开背景图片，执行"文件"→"打开"命令，然后在弹出的"打开"对话框中选择本章素材中的"产品.jpg"素材图片，执行"选择"→"主体"命令，选出产品主体区域，如图 8-1-4 所示，按"Ctrl+J"

组合键执行"复制图层"命令，复制产品图层，选择下方产品图层，设置图层混合模式为"正片叠底"，按"Ctrl+L"组合键执行"色阶"命令，在弹出的"色阶"对话框中，拖动白色滑块，调整该图层中的灰色与暗部区域，达到融合更加自然的目的，如图 8-1-5 所示。调整产品图层的位置，效果如图 8-1-6 所示。

图 8-1-4　选择产品主体区域　　　图 8-1-5　调整图像色阶　　　图 8-1-6　融合后的效果

（3）将人物融入背景中，发现人物与背景颜色不协调，需要调整人物的大小及位置，如图 8-1-7 所示。选择人物图层，单击鼠标右键，选择"栅格化图层"选项。执行"图像"→"调整"→"匹配颜色"命令，在弹出的"匹配颜色"对话框中设置"源"为本章素材中的"森林.jpg"素材图片，设置"图层"为背景，再适当地调整"图像选项"中的数值，使人物和背景颜色相匹配，效果如图 8-1-8 所示。

图 8-1-7　放置人物　　　　　　　图 8-1-8　融合后的效果

213

8.2 案例一 卡通风格书籍封面设计

8.2.1 作品介绍

在这幅充满温馨与梦幻色彩的书籍广告作品中，我们仿佛踏入了一个被浅蓝色温柔环绕的世界。天空如洗，几朵悠然自得的白云轻轻飘浮，它们似乎在低语着不为人知的秘密，又似乎在为这片宁静添上一抹悠闲。气泡轻盈地穿梭其间，每一颗都承载着梦想与希望，它们缓缓上升，直至融入那片无垠的蓝色，令人心生向往。

画面中央，一座座错落有致的房子静静地伫立着，它们被郁郁葱葱的树木环绕，显得格外和谐而安宁。这不仅是家的象征，更是心灵得以栖息的港湾。树木的枝叶轻轻摇曳，仿佛在诉说着岁月的故事，又或是为这宁静的画面增添一抹生动的绿意。

在画面的左下角，一辆醒目的黄色校车映入眼帘，它不仅是孩子们通往知识殿堂的桥梁，更是童年记忆中不可或缺的一部分。校车的出现，让这幅画瞬间充满了活力与希望，仿佛在提醒我们，无论走到哪里，学习的旅程永不停歇。

而画面的右下角，一位背着粉红色书包的小女孩成为了视觉的焦点。她面带微笑，眼神中闪烁着好奇与期待，正迈着轻快的步伐向前方走去。那粉红色的书包，不仅装载着书本与文具，更装满了她对未知世界的好奇与向往。她的形象，无疑是这幅画中最能体现积极向上精神的存在，让人不由自主地为之动容。

画面上方，三个精心设计的圆形内，卡通风格的"睡前故事"四个字跃然其上，以温馨而富有童趣的方式，引领着观者的思绪飘向那一个个充满想象与奇幻的夜晚。字体下方是两个沉浸在书海之中的小孩形象，他们的身影虽小，却传递出了阅读带来的无尽乐趣与温馨陪伴。

在画面的右上方，作者信息以低调而优雅的方式呈现，如同这幅画面的点睛之笔，让人在欣赏之余，也能对创作者的匠心独运表达敬意。而画面下方的出版社信息，则以其专业的身份，为这幅画增添了更多的文化内涵与价值认同。

综上所述，这幅书籍广告作品以其独特的视觉语言，巧妙地构建了一个充满温馨、希望与梦想的世界。它不仅是对一本书的推广，更是对美好生活的向往与追求。作品效果如图 8-2-1 所示。

图 8-2-1　作品效果图

8.2.2　设计思路

　　本广告设计旨在通过温馨而富有想象力的画面，传达出书籍带给孩子们的无限乐趣与成长动力。浅蓝色的背景象征着宁静与梦想的天空，云朵和气泡的轻盈飘动，为画面增添了一份纯真与活泼。整个画面不仅展现了一个和谐美好的自然环境，还巧妙地融入了书籍文化的元素，激发了孩子们对知识的渴望和对美好生活的向往。

　　浅蓝色背景上的白云和气泡，如同孩子们心中的梦想与幻想，在广阔的天空中自由飞翔。树木郁郁葱葱，房子温馨舒适，营造出一个理想的成长环境，寓意书籍是孩子们心灵的港湾。

　　左下角的黄色校车，色彩鲜明，象征着孩子们学习旅程的开始。小女孩背着粉红色的书包，面带微笑，脚步轻快，正朝着校车走去，展现了她对学习和生活的积极态度。她的形象活泼可爱，与整个画面氛围相得益彰，吸引着观者的目光。

　　画面上方的三个圆形内，以卡通大字呈现的"睡前故事"，是整幅广告的核心主题。字体设计温馨可爱，下方的小孩看书场景，进一步强化了这一主题，让人联想到温暖的灯光下，父母与孩子共读的美好时光。这不仅是一个关于书籍的故事，更是关于亲情、陪伴与成长的故事。

　　画面右上方的作者信息，以简洁明了的方式呈现了书籍的创作者，体现了对作者辛勤付出的尊重与认可。而画面下方的出版社信息，则以低调而优雅的方式展示了出版机构的品牌形象，增强了广告的专业性和可信度。

整幅广告设计以温馨、积极、向上的情感基调贯穿始终,通过细腻的画面构图和丰富的色彩搭配,营造出一种梦幻而又真实的氛围。它不仅是一幅广告画面,更是一幅充满爱与希望的画卷,引导着孩子们在书籍的海洋中遨游,探索未知的世界,享受成长的快乐。

8.2.3 设计步骤

1. 核心技能展示

- ◆ 应用"文字工具"添加文字
- ◆ 应用"填充工具"填充颜色
- ◆ 应用"椭圆工具"绘制圆形
- ◆ 应用"图层混合模式"更改样式
- ◆ 应用"描边工具"设置描边颜色
- ◆ 应用"不透明度工具"调整图像不透明度

2. 操作步骤

(1)打开 Photoshop 软件,执行"文件"→"新建"命令,在弹出的"新建文档"对话框中设置"宽度"为 210 毫米,"高度"为 297 毫米,"分辨率"为 150 像素/英寸,"颜色模式"为 RGB 颜色(8 位),"背景内容"为自定义(#8dcfd4),设置完成后单击"创建"按钮,如图 8-2-2 所示。

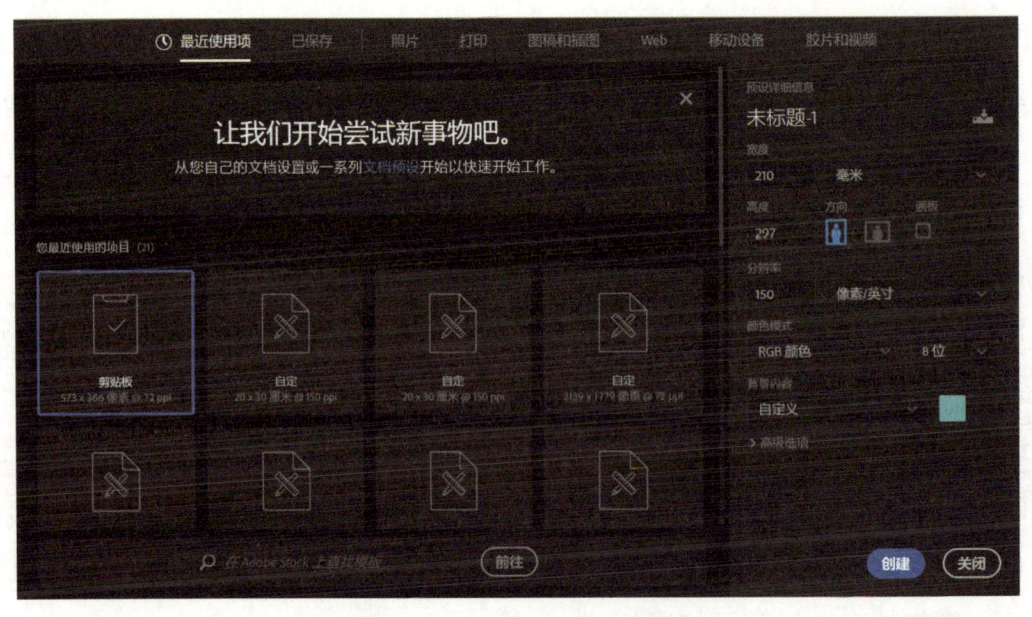

图 8-2-2 "新建文档"对话框

（2）执行"文件"→"打开"命令，在弹出的"打开"对话框中选择本章素材中的"草地.png"素材图片，选择左侧工具栏中的"移动工具"将其拖动至背景图中，按"Ctrl+T"组合键执行"自由变换"命令，调整素材图片的大小及位置，如图8-2-3所示。

（3）执行"文件"→"打开"命令，在弹出的"打开"对话框中选择本章素材中的"房子.png"素材图片，选择左侧工具栏中的"移动工具"将其拖动至背景图左侧，按"Ctrl+T"组合键执行"自由变换"命令，调整素材图片的大小及位置，如图8-2-4所示。

图 8-2-3　添加"草地"素材图片效果 　　　　图 8-2-4　添加"房子"素材图片效果

（4）执行"文件"→"打开"命令，在弹出的"打开"对话框中选择本章素材中的"巴士.png"素材图片，选择左侧工具栏中的"移动工具"将其拖动至背景图中房子的下面，按"Ctrl+T"组合键执行"自由变换"命令，调整素材图片的大小及位置，如图8-2-5所示。

（5）执行"文件"→"打开"命令，在弹出的"打开"对话框中选择本章素材中的"云朵.png"素材图片，选择左侧工具栏中的"移动工具"将其拖动至背景图中，按"Ctrl+J"组合键执行"复制图层"命令，复制两个"云朵"图层，如图8-2-6（a）所示。按"Ctrl+T"组合键执行"自由变换"命令，调整三个"云朵"素材图片的大小及位置，如图8-2-6（b）所示。

图 8-2-5　添加"巴士"素材图片效果

图 8-2-6（a） 复制两个"云朵"图层　　图 8-2-6（b） 调整"云朵"素材图片效果

（6）执行"文件"→"打开"命令，在弹出的"打开"对话框中选择本章素材中的"气泡.png"素材图片，选择左侧工具栏中的"移动工具"将其拖动至背景图中，设置图层混合模式为"滤色"，如图 8-2-7（a）所示。按"Ctrl+T"组合键执行"自由变换"命令，调整素材图片的大小及位置，如图 8-2-7（b）所示。

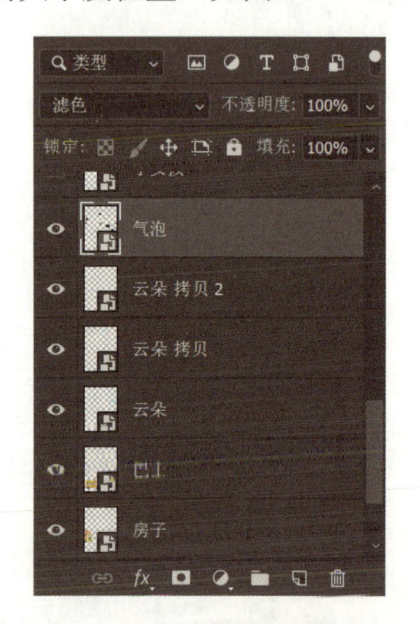

图 8-2-7（a） 设置图层混合模式为"滤色"　　图 8-2-7（b） 添加"气泡"素材图片效果

（7）执行"文件"→"打开"命令，在弹出的"打开"对话框中选择本章素材中的"小女孩.png"素材图片，选择左侧工具栏中的"移动工具"将其拖动至背景图中，按"Ctrl+T"

组合键执行"自由变换"命令，调整素材图片的大小及位置，如图 8-2-8 所示。

图 8-2-8　添加"小女孩"素材图片效果

（8）选择左侧工具栏中的"椭圆工具"，按住 Shift 键绘制一个圆形，设置"颜色填充"为白色（#ffffff），"不透明度"为 70%，如图 8-2-9（a）所示。选择左侧工具栏中的"椭圆工具"，按住 Shift 键再绘制一个圆形，设置"颜色填充"为橘色（#f39800），按"Ctrl+J"组合键执行"复制图层"命令，复制一个圆形，并将新圆形颜色填充为红色（#cb4a49），调整圆形的大小及位置，如图 8-2-9（b）所示。

图 8-2-9（a）　绘制白色圆形　　　　图 8-2-9（b）　调整橘色和红色圆形效果

（9）选择左侧工具栏中的"椭圆工具"绘制两个圆形，设置"颜色填充"为关闭，"描边颜色"为蓝色（#25b0ce）和红色（#da2a26），"描边大小"为 10 像素，如图 8-2-10 所示。

图 8-2-10　绘制两个圆形

（10）选择左侧工具栏中的"横排文字工具"输入主题文字"睡前故事"，分别调整"睡""前""故事"的字体、大小和颜色，参数设置如图 8-2-11（a）～图 8-2-11（c）所示。效果如图 8-2-11（d）所示。

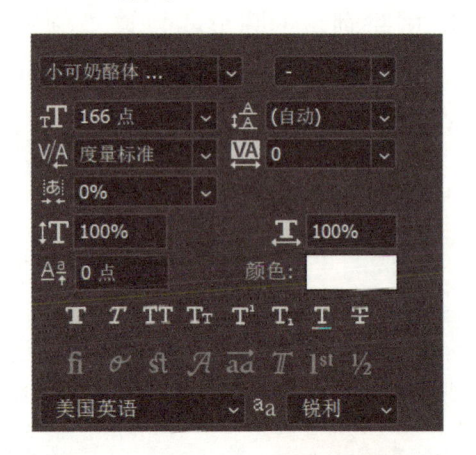

图 8-2-11（a）　"睡"字参数设置

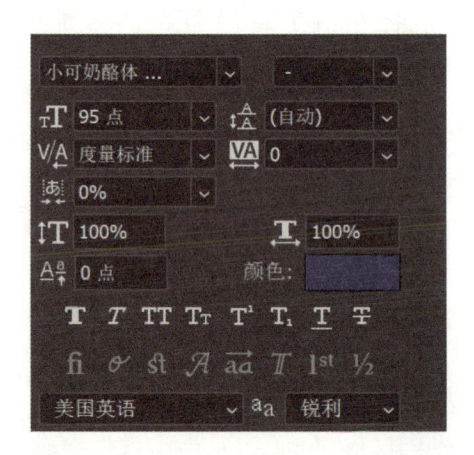

图 8-2-11（b）　"前"字参数设置

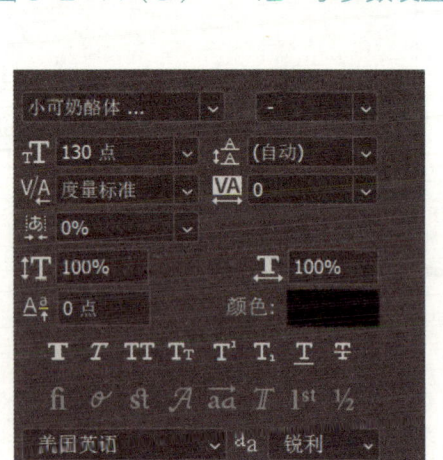

图 8-2-11（c）　"故事"字参数设置

图 8-2-11（d）　"睡前故事"效果

（11）执行"文件"→"打开"命令，在弹出的"打开"对话框中选择本章素材中的"书.png""男孩女孩.png"素材图片，选择左侧工具栏中的"移动工具"将素材图片拖动至背景图中，按"Ctrl+T"组合键执行"自由变换"命令，调整素材图片的大小及位置，如图 8-2-12 所示。

图 8-2-12　添加素材图片效果

（12）选择左侧工具栏中的"横排文字工具"输入"作者：小星星""****出版社"，分别设置字体样式、大小、颜色，参数设置如图 8-2-13（a）、图 8-2-13（b）所示。按"Ctrl+T"组合键执行"自由变换"命令，调整文字的大小及位置，效果如图 8-2-13（c）所示。

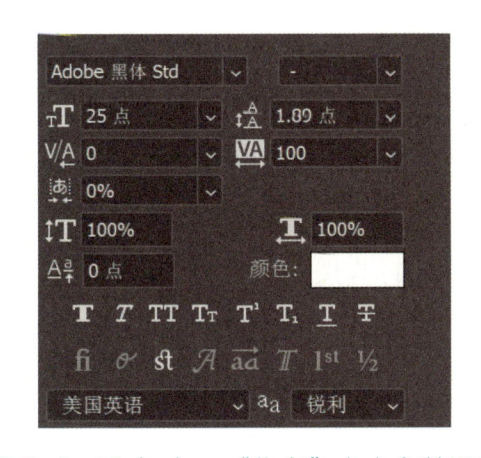

图 8-2-13（a）　"作者"文字参数设置 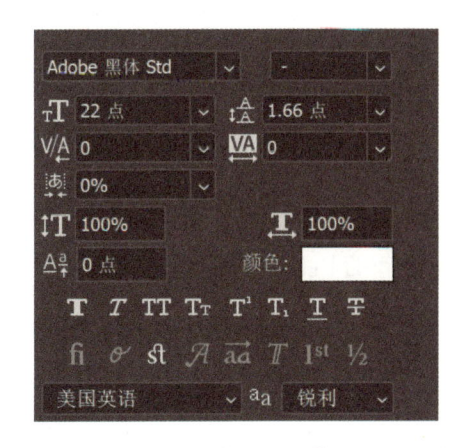　　　图 8-2-13（b）　"出版社"文字参数设置

（13）成品效果如图 8-2-14 所示。

图 8-2-13（c） 添加作者和出版社信息效果　　　　图 8-2-14　成品效果

8.3　案例二　企业画册设计

8.3.1　作品介绍

　　这是一幅精心设计的企业画册广告作品，以简洁而高雅的白色为背景，巧妙地运用了视觉元素构建出丰富的层次感与专业性。

　　画面的核心区域，通过精细的矩形选区设计，巧妙地将大厦与写字楼的高耸背景图融入其中，左右两侧各展其姿，不仅展示了企业的雄厚实力与现代化办公环境，还巧妙地引导了观者的视线流动，增强了整体的视觉冲击力。

　　在画面的顶端，公司 Logo 以醒目的姿态呈现，紧随其后的是公司名称"量子跃迁**科技公司"，以及对应的英文名称，这一系列元素以简约、大气的排版方式呈现，传达了企业的品牌形象与国际化视野。

　　画面的左侧，是公司简介的精心布局。这里，文字与画面空间得到了完美的平衡，既确保了信息的完整传达，又避免了视觉上的拥挤感。简介内容精练而富有吸引力，为观者提供了对公司快速而全面的了解。

而在画面的正下方，则是整个广告作品的点睛之笔——"量子跃迁**宣传画册"。这些文字采用了鲜明的金黄色调，与白色背景形成了强烈的对比，不仅突出了画册的主题，还赋予了整个画面强烈的视觉焦点。在字体的左侧，地址、联系电话、网址等实用信息——呈现，为观者提供了便捷的联系方式与进一步了解企业的途径。

整体来看，这幅企业画册广告作品以其独特的视觉设计、丰富的信息传达以及专业的品牌形象展示，成功地吸引了观者的注意力并留下了深刻的印象。作品效果如图 8-3-1 所示。

图 8 3-1 作品效果图

8.3.2 设计思路

选择白色作为背景色，是因为它简洁、明亮，能够突出画册中的其他元素，使整体设计显得清新、专业。在白色背景上，通过矩形选区在左右两边分别导入大厦和写字楼背景图，这种设计手法不仅增加了画面的视觉冲击力，还巧妙地运用了对比与融合，使画面更具层次感。大厦和写字楼的选择应与公司形象相符，体现公司的行业地位和实力。

在画面上方居中位置放置公司 Logo，确保其在视觉上占据重要地位，易于识别。紧接着下方是公司名称"量子跃迁**科技公司"及其英文名称，字体应选择简约、现代的风格，以体现公司的科技感和前瞻性。

在画面左侧，一段精练的文字介绍了公司的基本情况、业务范围、核心竞争力等信息。文字排版应整齐有序，字体大小适中，便于阅读。

在画面正下方，使用金黄色字体突出显示"量子跃迁**宣传画册"，金色不仅显得高贵典雅，还能迅速吸引观者的注意力。标题字体设计应具有力量感，与整个画面的风格相协调。

除了金黄色的标题外，其他文字部分可选用黑色或深灰色，以确保与白色背景形成良好对比，提高可读性。同时，可以根据需要为不同部分的文字设置不同的字体大小和粗细，以增强视觉层次感。

注意各元素之间的空间关系，避免过于拥挤或空旷。通过合理地布局和留白，使画面看起来既饱满又不失透气感。

利用矩形工具绘制选区时，可以考虑为这些选区适当地添加阴影或边框效果，以增强其立体感和层次感。同时，也可以通过调整选区的透明度或颜色叠加等方式，使画面更加丰富多彩。

8.3.3 设计步骤

1. 核心技能展示

- ◆ 应用"钢笔工具"绘制图形
- ◆ 应用"填充工具"填充颜色
- ◆ 应用"剪切蒙版"将图片剪切到图形上
- ◆ 应用"矩形工具"绘制圆角矩形
- ◆ 应用"魔棒工具"选择对象
- ◆ 应用"颜色叠加"更改颜色
- ◆ 应用"文字工具"制作文字

2. 操作步骤

（1）打开 Photoshop 软件，执行"文件"→"新建"命令，在弹出的"新建文档"对话框中设置"宽度"为 210 毫米，"高度"为 297 毫米，"分辨率"为 150 像素/英寸，"颜色模式"为 RGB 颜色（8 位），"背景内容"为白色（#ffffff），设置完成后单击"创建"按钮，如图 8-3-2 所示。

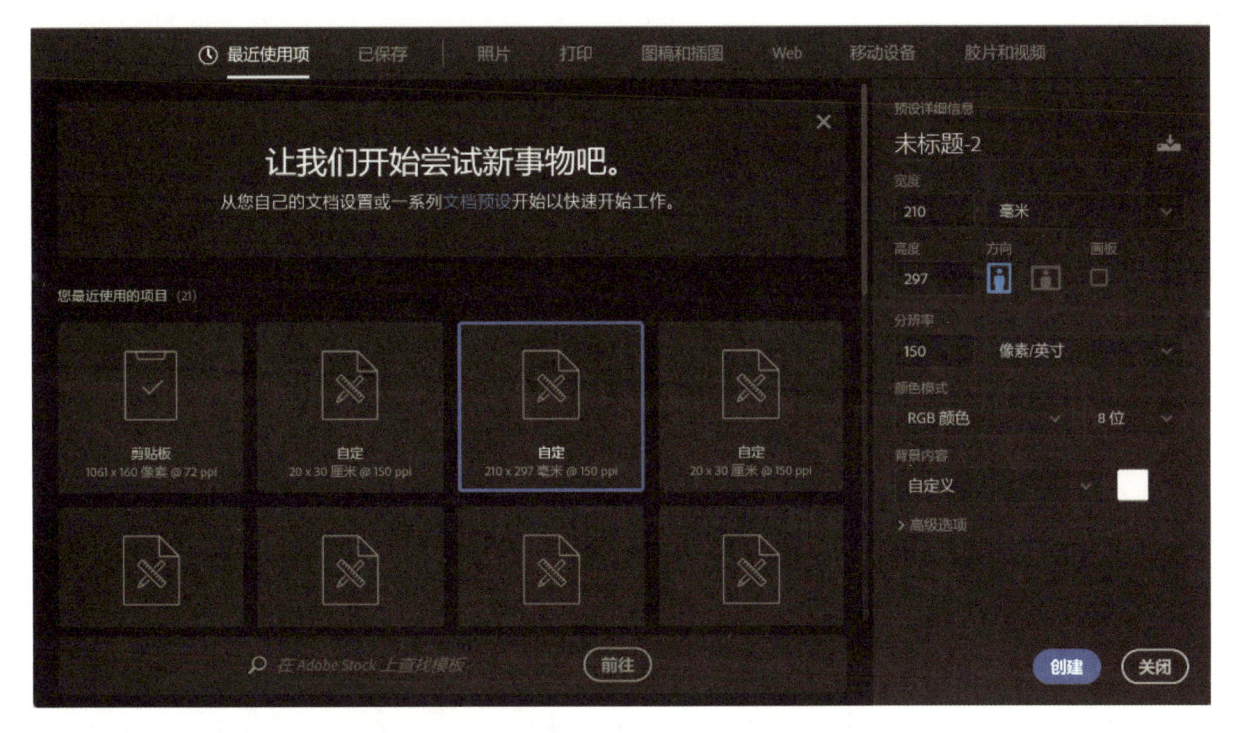

图 8-3-2 "新建文档"对话框

（2）选择左侧工具栏中的"矩形工具"绘制一个矩形，设置"颜色填充"为浅蓝色（#8dcfd4），按"Ctrl+T"组合键执行"自由变换"命令，旋转矩形方向，如图 8-3-3（a）所示。使用"钢笔工具"绘制矩形，拖入本章素材中的"大厦 1.jpg"素材图片，使用"剪切蒙版工具"将素材图片剪切到矩形上面，并调整素材图的大小及位置。按"Ctrl+T"组合键执行"自由变换"命令，调整素材图片大小及位置，如图 8-3-3（b）所示。

图 8-3-3（a） 绘制矩形　　　　图 8-3-3（b） 使用"剪切蒙版工具"制作效果

（3）按"Ctrl+J"组合键执行"复制图层"命令，复制矩形，并放置在左边合适的位置。将本章素材中的"大厦 2.jpg"素材图片拖动至左侧矩形上，使用"剪切蒙版工具"将素材图片剪切到矩形上，按"Ctrl+T"组合键执行"自由变换"命令，调整素材图片大小及位置，如图 8-3-4 所示。

图 8-3-4　添加素材图片效果 1

（4）选择左侧工具栏中的"矩形工具"绘制一个圆角矩形，设置"颜色填充"为黄色（#f3db42）。按"Ctrl+T"组合键执行"自由变换"命令，旋转圆角矩形 45 度，放置在背景图中合适的位置，按"Ctrl+J"组合键执行"复制图层"命令，复制圆角矩形图层，设置"填充颜色"为关闭，"描边"为 1 像素，设置"颜色"为黄色（#f3db42），"大小"为 4.2 点，效果如图 8-3-5 所示。

图 8-3-5　绘制圆角矩形效果

（5）选择上一步骤中的两个圆角矩形图形，按"Ctrl+J"组合键执行"复制图层"命令，复制出四个圆角矩形图形，按"Ctrl+T"组合键执行"自由变换"命令，调整四个圆角矩形图形的大小，分别放置在整个画面的左右两侧，如图 8-3-6 所示。

（6）执行"文件"→"打开"命令，在弹出的"打开"对话框中选择本章素材中的"简介.png""宣传画册.png"素材图片，选择左侧工具栏中的"移动工具"将素材图片拖动至背景图中，按"Ctrl+T"组合键执行"自由变换"命令，调整素材图片的大小及位置，如图 8-3-7 所示。

图 8-3-6　复制圆角矩形

图 8-3-7　添加素材图片效果 2

（7）执行"文件"→"打开"命令，在弹出的"打开"对话框中选择本章素材中的"Logo.png"素材图片，选择左侧工具栏中的"移动工具"将其拖动至背景图中合适的位置，按"Ctrl+T"组合键执行"自由变换"命令，调整素材图片的大小及位置。选择左侧工具栏中的"横排文字工具"输入公司名称，中文文字参数设置，如图 8-3-8（a）所示，英文文字参数设置，如图 8-3-8（b）所示，效果如图 8-3-8（c）所示。

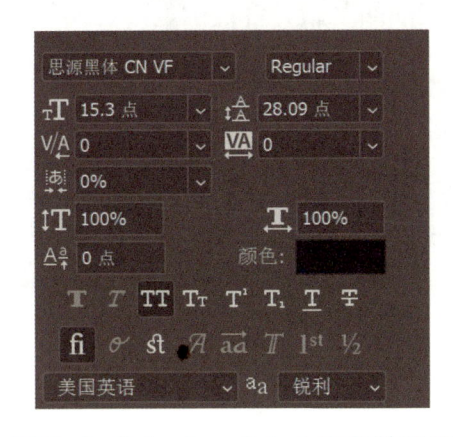

图 8-3-8（a）　中文文字参数设置

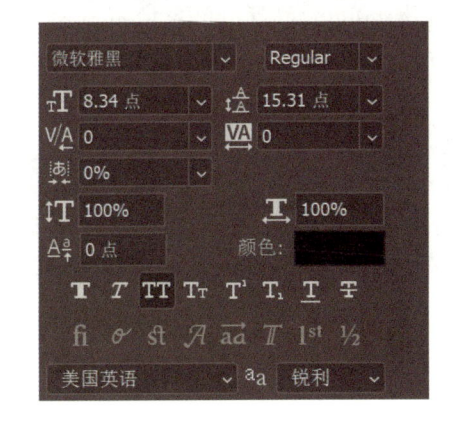

图 8-3-8（b）　英文文字参数设置

图 8-3-8（c） 添加公司名称及 Logo 效果

（8）分别将本章素材中的"地址.png""电话.png""网址.png"素材图片拖动至背景图中，按"Ctrl+T"组合键执行"自由变换"命令，调整其大小及位置，并添加图层样式为"颜色叠加"，设置"混合模式"为正常，"颜色"为黑色（#000000），"不透明度"为100%，设置完成后单击"确定"按钮，如图 8-3-9（a）所示。效果如图 8-3-9（b）所示。

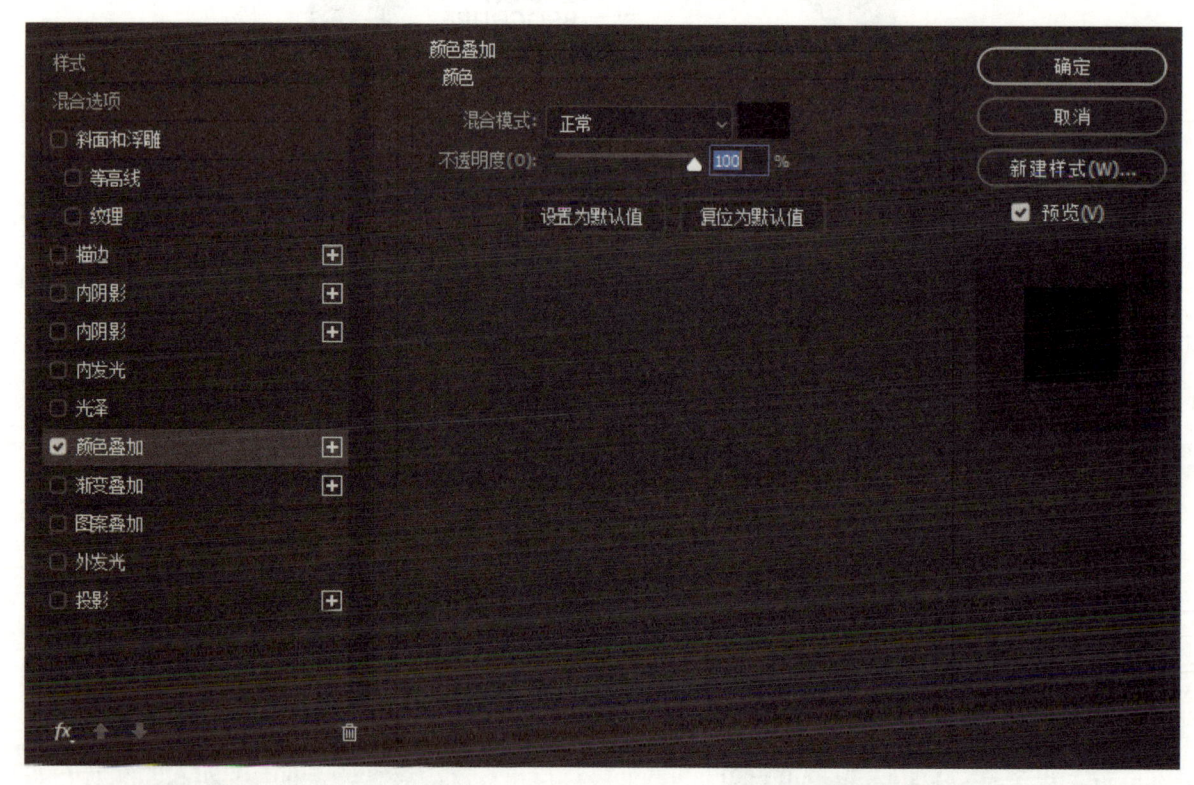

图 8-3-9（a） "颜色叠加"参数设置

图 8-3-9（b） 添加"颜色叠加"效果

（9）选择左侧工具栏中的"横排文字工具"分别在三个素材图片下面添加地址、电话、网址的信息，文字参数设置如图 8-3-10（a）所示。效果如图 8-3-10（b）所示。

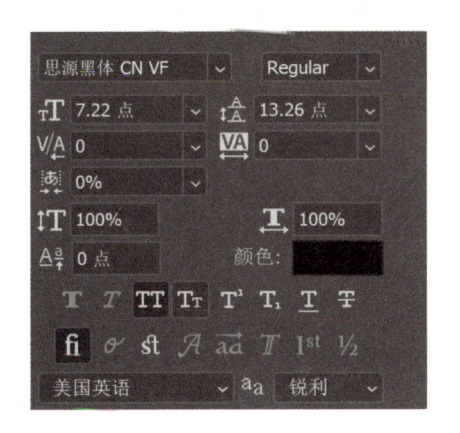

图 8-3-10（a） 文字参数设置

图 8-3-10（b） 添加"文字"效果

（10）成品效果如图 8-3-11 所示。

图 8-3-11 成品效果

8.4 本章实训

◆ 主题：记录改革开放时期的书籍封面设计

◆ 设计思路

1. 色彩运用

在色彩运用方面，除了常用的红色和金色以外，还可以适当加入蓝色或绿色。蓝色代表开放与包容，绿色象征发展与希望，这些色彩共同构建出一个充满活力与希望的改革开放时期的画面。色彩的运用应注重对比与和谐，通过色彩的渐变或搭配，营造出一种历史的厚重感与现代的轻盈感并存的视觉效果。

2. 图像与符号

在选取标志性图像时，可以考虑使用多幅图拼接成一幅大图，每幅图代表改革开放不同时期的重要事件或成就，如家庭联产承包责任制、经济特区的建立、互联网的发展等，以此展现改革开放的全貌。同时，也可以利用抽象符号或图形来隐喻改革开放时期的精神内核，如波浪线代表改革浪潮、箭头代表前进方向等。

3. 文字设计

书名的设计应醒目且富有力量感，可以采用粗体或特殊字体来突出显示。副标题或简介文字应简洁明了，概括书籍的主要内容或特色，字体大小可适当缩小，以免喧宾夺主。封底或书脊应加入作者信息、出版单位名称等必要信息，并注意保持整体设计的平衡与美观。

4. 材质与工艺

使用高质量的纸张或特殊材质作为封面材料，如铜版纸或哑粉纸等，既要美观大气，又要具有保护书籍内页的特点。还可以通过烫金、UV 等工艺增强文字或图像的立体感与光泽度，使封面更加精致美观。

5. 文化元素的融入

在设计中融入中国传统文化元素，如书法、国画、传统图案等，可以增添书籍的文化底蕴和民族特色。同时，也可以将现代设计手法与传统文化元素相结合，创造出具有独特魅力的封面设计。

6. 用户体验

封面设计不仅要美观大方，还要考虑用户体验。确保封面易于拿取、不易滑落，并能在书架上与其他书籍形成良好的视觉对比。此外，封面上的信息应易于辨认和阅读，以便读者快速了解书籍的基本信息。

反侵权盗版声明

电子工业出版社依法对本作品享有专有出版权。任何未经权利人书面许可，复制、销售或通过信息网络传播本作品的行为；歪曲、篡改、剽窃本作品的行为，均违反《中华人民共和国著作权法》，其行为人应承担相应的民事责任和行政责任，构成犯罪的，将被依法追究刑事责任。

为了维护市场秩序，保护权利人的合法权益，我社将依法查处和打击侵权盗版的单位和个人。欢迎社会各界人士积极举报侵权盗版行为，本社将奖励举报有功人员，并保证举报人的信息不被泄露。

举报电话：（010）88254396；（010）88258888

传　　真：（010）88254397

E-mail：　　dbqq@phei.com.cn

通信地址：北京市万寿路173信箱

　　　　　电子工业出版社总编办公室

邮　　编：100036